航海类高等职业教育项目化教材

船舶机舱资源管理

王仕军　主　编
张东方　副主编
张云逸　主　审

上海浦江教育出版社

图书在版编目(CIP)数据

船舶机舱资源管理/王仕军主编. —上海：上海浦江教育出版社有限公司,2014.8
(航海类高等职业教育项目化教材)
ISBN 978-7-81121-368-3

Ⅰ.①船… Ⅱ.①王… Ⅲ.①机舱—船舶管理—资源管理—高等职业教育—教材 Ⅳ.①U663.82

中国版本图书馆 CIP 数据核字(2014)第 196585 号

上海浦江教育出版社出版

社址：上海市海港大道 1550 号上海海事大学校内　邮政编码：201306
电话：021-38284923(总编室)　38284910/12(发行)　38284910(传真)
上海市印刷十厂有限公司印装　上海浦江教育出版社发行
幅面尺寸：185 mm×260 mm　印张：16.25　字数：392 千字
2014 年 8 月第 1 版　2014 年 8 月第 1 次印刷
责任编辑：王　露　封面设计：赵宏义
定价：52.00 元

总　　序

当前，我国高等职业教育已进入了快速发展时期，职业教育的教学模式也悄然发生着改变，传统学科体系的教学模式正逐步转变为行动体系的教学模式。项目化教学是“行动导向”教学法的一种，因其具有实践性、自主性、发展性、综合性、开放性等多个优点而被高等职业院校广泛采用。但由于受传统学科体系的教学模式和海事局船员适任考试评估大纲的影响，航海类高等职业教育的教材目前大多仍按知识体系架构编写，内容偏重于理论知识，而轻视实践技能的训练，与职业能力培养要求存在较大的差距。国内部分院校虽然也进行过项目化教学改革的尝试，但编写的配套教材大多采用模块(知识体系)+实训(海事局评估项目)架构，教学方法上采用“理论与实践交替互动”的模式，没有真正实现以项目为载体的理实一体化教学。

为了培养高素质航海技术技能人才，使教学模式遵循职业教育教学规律和高职学生的认知规律，我们组织编撰了《航海类高等职业教育项目化教材》(丛书)。为了高质量地完成教材的编撰工作，编委会组织了一批企业专家、知名学者和专职教师，在以华东师范大学博士徐国庆教授为核心的“职业教育项目化教改团队”的指导下，大力推进航海类专业以工作任务为导向的课程体系改革。本次课程体系改革，完全打破以往的基于知识体系的课程体系模式，而是以海船船员典型工作任务为导向，从船员岗位的工作领域和职业能力分析入手，形成了一套集知识目标和技能目标于一体、融理论学习和技能训练于一身的全新航海类项目化专业主干课程教材。

教材是课程教与学的载体，也是课程教与学模式的具体体现。在重新优化和构建以工作任务为导向的课程体系的基础上，编委会配套制定了各课程教学标准，分组开展了项目化课程设计，并以此指导项目化系列教材的编撰。

本套教材紧扣船员工作岗位的实际工作项目，通过“项目描述”“项目目标”“任务描述”“任务实施”“任务评价”等栏目逐层递进，在项目实施中完成对学生知识的积累和能力的培养。这种“做中学、学中做”教学方法，既符合高等职业教育的需求，也符合高等职业院校学生的认知规律。

航海类专业职业教育“课证融通”的特点，要求毕业生参加海事局组织的船员适任证书考试和评估，并取得相应船员适任证书。所以，本套教材在编撰过程中，还特别强调紧扣国际海事组织 STCW 公约 2010 年马尼拉修正案的新内容、新要求，在知识内容和实训项目设置上，完全涵盖中国海事局全国海船船员适任考试和适任评估两个大纲的要求，实现了理论和实践的有机融合。此外，本套教材还根据航海技术的最新发展动态，增加或修订了一些新技术或新设备内容，由此满足船员适任考试和评估的双重需要，还可作为船舶技术人员的参考用书。

本套教材的编撰，是我国航海教育项目化课程改革的有益探索和创新，由于我们的水平有限，书中或仍有某些不足，敬请专家、同行和其他读者不吝指教，以便我们适时改进，为推进我国航海高等职业院校项目化课程改革添砖加瓦。

《航海类高等职业教育项目化教材》编写委员会

2014 年 7 月

前　言

自2007年开始，国际海事组织海上安全委员会(MSC)对《海员培训、发证和值班标准国际公约》(STCW公约)进行了一次全面回顾。2010年6月21—25日，在菲律宾马尼拉召开的国际海事组织(IMO)外交大会上通过了STCW公约马尼拉修正案。现行的STCW公约也被称为STCW 78/10公约，它将“领导和团队工作技能的使用(操作级)”和“领导力和管理技能的使用(管理级)”加入强制性适任标准。

STCW 78/10公约已于2012年1月1日生效，我国的海船船员考试规则也随之产生了变化，新的考试规则已于2012年3月1日生效。

本书是紧扣STCW 78/10公约的要求，并结合船舶人员管理、船舶维修管理、船舶物料和备件管理等编写而成的。在编写过程中，引用了许多管理学原理和管理学案例，并结合海船轮机人员的实践需要，旨在培养轮机人员应用管理知识的能力。本书的特点是突出“人力资源管理”和“案例教学”，并采用项目化编写形式，明确每个项目的教、学任务。其中，“任务实施”部分将理论知识转化为实践操作，内容紧密联系轮机人员的职业需要，使学生能够将学到的理论知识及时运用到实际操作中，加深学生对理论知识的理解。

本书由江苏海事职业技术学院王仕军主编、张东方副主编，由南京远盛船务有限公司张云逸轮机长主审。参加本书编写的还有惠节、包恒亮、刘万鹤、赵春生、刘文科、王洪涛和袁均福等老师。本书共7个项目：王仕军负责项目一、项目二、项目三的编写；张东方负责项目四、项目五的编写；赵云博负责项目六的编写；黄云头负责项目七的编写。

本书在编写过程中得到江苏海事局、苏州泛洋船舶管理有限公司、南京远盛船务有限公司等单位的大力支持，有关专家对本教材的编写提出了许多有益的建议。在此表示感谢！

受编写时间和编者水平的限制，本书不足之处在所难免，敬请读者批评指正。

编　者

2014年7月

目　录

项目一
管理技能的培养

项目概述

管理技能是指管理者有效行使管理职能,对组织所拥有的资源进行合理配置和有效使用的能力。管理技能的培养有利于提高轮机团队的工作效率,有利于减少机舱事故的发生。同一个机舱在不同人的管理下所表现出的生产力是不同的。本项目首先要求学生能够分析管理的基本职能,进而通过轮机模拟器操作培养学生的管理能力。

任务1　管理的基本职能分析

任务概述

管理的5项基本职能包括计划职能、组织职能、人员管理、领导职能和控制职能。本任务要求学生掌握管理的这5项基本职能，并能够利用管理的这5项基本职能进行案例分析。

学习目标

1. 能够利用管理的基本职能对给定的案例进行分析；
2. 管理的基本职能在机舱日常工作和应急行动中的运用。

相关知识

一、管理的定义与内涵

1. 管理的定义

管理是指组织为达到个人无法实现的目标，通过各项职能活动，合理分配、协调相关资源的过程。

对管理比较系统的理解应该是：管理是管理者或管理机构，在一定范围内，通过计划、组织、领导、控制等职能，对组织所拥有的资源（包括人、财、物、时间、信息）进行合理配置和有效使用，以实现组织预定目标的过程。

2. 管理的基本要素

管理有4个基本要素：管理者、管理对象、管理目的、管理环境。

管理是一种行为，而行为应当有发出者和承受者，即谁对谁做；此外，管理行为是带有一定的目的的。因此，形成一种管理活动，首先要有管理主体，即由谁来进行管理；其次要有管理客体，即说明管理的对象或管理什么；最后要有管理目的，即说明为何而进行管理的问题。同时，任何管理活动都不是孤立的活动，它必须在一定的环境和条件下进行。

管理具有两重性，即管理的自然属性和社会属性。

自然属性：是指管理者要用科学、理性、制度、规范的方法管理组织，用运筹、数理、统计、系统的方法作企业决策。

社会属性：是指管理者要按照心理学、社会学关于人性、人本的原则，创造组织的良好氛围，极大地调动员工的积极性，使员工自觉自愿、互帮互助地完成组织目标。

二、管理的基本职能

国外普遍将管理职能分为5项：计划、组织、人员管理、领导、控制。管理职能是指管理承担的功能。管理的任务是设计和维持一种环境，使在这一环境中工作的人们能够用尽可能少的支出实现既定的目标，或者以现有的资源实现最大的目标。

1. 计划职能

计划是管理的首要职能，它贯穿于整个管理工作中。计划也是实施其他管理职能的条件。计划是一项科学性极强的管理活动，是为实现组织既定目标而对未来的行动进行规划和安排的工作过程。在具体内容上，它包括组织目标的选择和确立、实现组织目标方法的确定和抉择、计划原则的确立、计划的编制以及计划的实施。

1）计划的分类

（1）战略计划与战术计划。战略计划更多地是从大的方面来讲的，是一个总的纲领；战术计划则是战略计划中的一项子计划，是支持战略计划的。战略计划是制定目标，战术计划是实现目标的方法。

（2）按计划的时期界限划分，计划又可以分为短期计划与长期计划。机舱管理计划一般是长期计划，主要是因为设备的维护和保养是不能间断的；而驾驶台管理计划则偏重于短期计划，主要是因为船舶航次、船舶载货是变化的，有时租船人也是变化的等。

（3）具体计划与指导计划。具体计划有明确的目标，如对某个设备的维修保养、加油计划、企业未来6个月的销售额等；指导计划只规定某些一般的方针和行动原则，行动者有较大的决定权，它指出重点，但不规定行动方案。比如：公司要求减少PSC检查的滞留率，这是一个指导计划；特定的船舶有自己的实施方案，其属于具体计划。

2）计划的主要内容

计划的主要内容可以概括为7个方面，简称为“5W2H”。

What——做什么？明确计划的目标与内容。

Why——为什么做？明确制订计划的原因。

Who——谁去做？明确计划的执行人员。

Where——何地做？明确计划实施的地点。

When——何时做？明确计划执行过程的时间表。

How——怎么做？明确执行计划的方式、手段。

How much——需要多大代价？明确完成计划所需要的人、财、物、时间等。

一个良好的计划，特别是战略计划须体现：积极的意义、必要的弹性、具备反馈与修订功能、考虑多方协作性。一个良好的计划还要考虑到外界环境的变化、人员的变化和战略目标的变化。

3）计划的实施方法

（1）目标管理。目标管理（Management by Objectives）是由现代管理学之父Peter Drucker提出的。根据Drucker的说法，管理人员一定要避免“活动陷阱”（Activity Trap），不能只顾低头拉车而不抬头看路，最终忘了自己的主要目标。

制订目标看似是一件简单的事情，每个人都有过制订目标的经历，但是如果上升到技术的层面，必须学习并掌握SMART原则。S＝Specific（明确性），M＝Measurable（可衡量性)，A＝Attainable(可达成性)，R＝Relevant(相关性)，T＝Time-bound(时限性)。

目标管理法是指使管理活动围绕和服务于目标中心，以分解和执行目标为手段，以圆满实现目标为宗旨的一种管理方法。目标管理包括 3 个阶段，即目标的制订与分解；目标的组织与实施；检查与考核。

(2) PDCA 循环。PDCA 循环又叫戴明环，是美国质量管理专家休哈特博士首先提出的，由戴明采纳、宣传，使其获得普及，因而也被称为"戴明环"。它是全面质量管理所应遵循的科学程序。

PDCA 是由英语单词 Plan(策划)、Do(实施)、Check(检查)和 Action(行动)的第一个字母组成的，PDCA 循环就是按照这样的顺序进行质量管理，并且循环不停止地进行下去的科学程序。P(Plan)策划，包括方针和目标的确定以及活动计划的制订。D(Do)实施，具体运作，实现计划中的内容。C(Check)检查，总结执行计划的结果，分清哪些对了，哪些错了，明确效果，找出问题。A(Action)行动，对检查的结果进行处理，对成功的经验加以肯定，并予以标准化；对于失败的教训也要总结，引起重视。对于没有解决的问题，应提交给下一个 PDCA 循环去解决。

图 1-1-1 表示 PDCA 循环过程，这 4 个过程周而复始地进行，一个循环结束，解决一些问题，未解决的问题进入下一个循环。PDCA 循环是一个螺旋式上升循环。

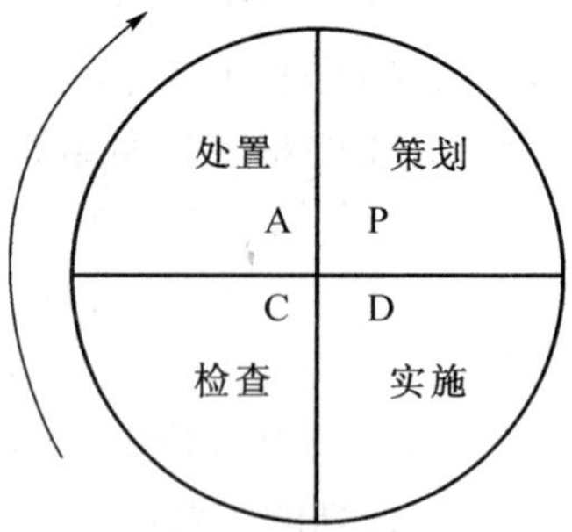

图 1-1-1　PDCA 循环

PDCA 循环分 4 个阶段：

第一阶段是策划阶段(P)：通过市场调查、用户访问等，摸清用户对产品质量的要求，确定质量政策、质量目标和质量计划等。计划阶段可以分为 4 个步骤，即：现状调查；因素分析；确定主要因素；制订计划。

第二阶段是实施阶段(D)：实施上一阶段所规定的内容。根据质量标准进行产品设计、试制、试验及计划执行前的人员培训。

第三阶段是检查阶段(C)：主要是在计划执行过程中或执行之后，检查执行情况，看是否符合计划的预期结果和效果。

第四阶段是处置阶段(A)：主要是根据检查结果，采取相应的措施。巩固成绩，把成功的经验尽可能纳入标准，进行标准化，遗留问题则转入下一个 PDCA 循环去解决，即巩固措施和下一步的打算。

PDCA 循环的特征：

首先，PDCA 循环是大循环套小循环。大循环是小循环的依据，小循环是大循环的保证。

其次，系统每循环一次，就提高一步。PDCA 代表组织的计划管理活动，每完成一次 PDCA 循环都要进行总结，提出新目标，再进行第二次 PDCA 循环，使质量管理的车轮滚滚向前。PDCA 每循环一次，质量水平和管理水平均提高一步。

最后，PDCA 循环是开放式循环。在循环过程中，要不断根据客观环境的变化，适应新情况，解决新问题。PDCA 循环是一个动态管理过程，在受到客观条件影响后能进行新的综合平衡。比如，一个公司在制订造船计划后，受航运市场的影响，造船计划会有所调整。

因而，循环的 4 个阶段不是绝对的，各阶段之间也不是截然分开的，而是紧密相连的，有时还得一边计划，一边实施，一边检查，一边处理，各个环节交叉进行。PDCA 循环体现了计划管理过程是一个从实践到认识，再从认识回到实践，并且不断地通过再认识、再实践，从而使主观认识和客观实际逐步趋于统一的事物发展过程，这正是辩证唯物主义的认识论和方法论在计划管理工作中的具体应用。

2. 组织职能

为实现管理目标和计划，就必须设计和维持一种职务结构，在这一结构里，把为达到目标所必需的各种业务活动进行组合分类，把管理每一类业务活动所必需的职权授予主管这类工作的人员，并规定上下左右的协调关系，为有效实现目标，还必须不断对这个结构进行调整，这一过程即为组织。组织为管理工作提供了结构保证，它是进行人员管理、指导和领导、控制的前提。

1）组织定义

组织是指为了有效地配置内部资源和开展活动，实现一定的共同目标而按照一定的规则、程序所构成的一种责权结构安排和人员协作关系，其目的在于以最高的效率使目标得以实现。

组织包括 2 层含义：其一是静态的组织含义，即从组织结构上来讲，是指由若干因素构成的有序的结构系统；其二是动态的组织含义，即组织工作，是指根据一定的目的，按照一定的程序，对一些事物进行安排和处理的活动或行为。组织是分工的前提，又是协作的基础。在管理活动中，组织是一种管理主体，同时又是管理客体、管理对象。

2）组织分类

从不同的角度，组织可以划分为不同类别。按组织规模划分，可分为小型组织、中型组织和大型组织；按社会职能划分，可分为文化性组织、经济性组织和政治性组织；按内部是否有正式分工关系划分，可分为正式组织和非正式组织。这里介绍正式组织和非正式组织。

（1）正式组织。为了建立合理的组织机构和结构，规范组织成员在活动中的关系，从而形成所谓的正式组织。正式组织是为实现组织目标，按组织的章程和规程建立的，其成员有明确的编制，是建立在组织效率逻辑和成本逻辑的基础之上的。

正式组织有明确的目标、任务、结构、职能以及由此决定的成员间的责权关系，对个人具有某种程度的强制性。合理、健康的正式组织无疑为组织活动的效率提供了保证。

（2）非正式组织。非正式组织是伴随着正式组织的运转而形成的。在正式组织展开活动的过程中，组织成员必须发生业务上的联系，这种工作上的接触会促进成员之间的相互认识和了解，并开始工作以外的联系，频繁的非正式联系又促进了他们之间的相互了解。久而久之，一些正式组织成员之间的私人关系从相互接受、了解逐步上升为友谊，一些无形的、与正式组织有联系但又独立于正式组织的小群体便慢慢地形成了。其成员由于工作性质相近、社会地位相当、对一些具体问题的认识基本一致、观点基本相同，或者在性格、业余爱好以及感情相投的基础上，产生一些被大家接受并遵守的行为规则，从而使原来松散型群体渐渐成为趋向固定的非正式组织。

（3）正式组织与非正式组织的区别如表 1-1-1 所示。

表 1-1-1　正式组织与非正式组织的区别

项目	正式组织	非正式组织
形成原因	为实现共同目标而有意识地组织起来	因人们性格、爱好、交往、感情等逐渐形成，并无自觉的共同目标
表现形式	是有形的组织，表现为组织图、职务说明书等	是无形的组织，无任何成文的表现形式
成员范围	按组织设计规定的层次、部门配备合格的人员，人数相对稳定	自愿结合，不受正式组织规定的层次、部门、职务等的限制，人数不定
行为标准	以效率逻辑为标准，有明确的方针、制度，要求严格执行	以感情逻辑为标准，只有不成文的约定，若违反，则受到疏远或排斥
领导者的产生方式	按有关规定选拔产生	自然产生，往往是团体中交往最多的或威望最高者

3）组织设计原则

组织所处的环境、采用的技术、制订的战略、发展的规模等情况不同，所需的职务和部门及其相互关系也不同。尽管如此，在进行组织设计时，还是可以找到一些需要共同遵守的原则。

(1) 目标统一原则。该原则是指组织结构的设计和组织形式的选择必须有利于组织目标的实现。组织目标层层分解，机构层层建立下去，直到每个人都了解自己在总目标实现中应完成的任务，这样建立起来的组织机构才是一个有机整体，才能为保证组织目标的实现奠定基础。组织设计要求从工作特点和需要出发，因事设机构、设职，因职用人。

(2) 分工协作原则。分工是按照提高专业化程度和工作效率的要求，把组织的目标、任务进行分解，明确各层次、各部门乃至个人的职责。协作是明确部门与部门之间以及部门内部的协调关系与配合方法。只有分工没有合作，分工就失去了意义；但如果没有分工，也就谈不上协作，两者是相辅相成的。

组织系统中的各部门都不可能脱离其他部门而单独运行，他们都必须经常与其他部门相互协调，在实现本部门目标的同时，保证整个组织目标的实现。高度分工是个人和部门取得良好绩效的基础，而高度整体化是整个组织达成目标、取得整体效益的基础。因此，组织设计必须坚持统一领导下的分工负责和密切合作，以实现高度分工与高度整体化的统一。

(3) 职、责、权、利相对应原则。有了分工，就意味着明确了职务，承担了责任，就要有与职务和责任相等的权力，并享有相应的利益。这就是职、责、权、利相对应的原则，简称权责对等原则。该原则要求：职务要实在、责任要明确、权力要恰当、利益要合理。它们的关系应当是相互对应的正方形。

如果责任大而权力和利益小，会导致下属缺乏主动性、积极性，难以有效履行责任；如果权力和利益偏大而责任较小，下属就有可能不负责任地滥用权力，容易助长官僚主义的习气。

(4) 统一指挥原则。统一指挥原则是指组织中的每位下属都应当有一个而且只能有一个上级主管，向一个人直接汇报工作，从而形成一条清晰的指挥链。如果一个下属有多个上级，那么就会由于上级之间可能彼此不同甚至互相冲突的命令而导致政出多门、指挥不统一，令下属无所适从。

(5) 有效管理跨度原则。管理跨度又称管理幅度，是指一名主管人员有效地指挥、监督、管理的直接下属的人数。一般来说，任何主管人员能够有效地指挥和监督的下属的数量总是有限的。所以，每个主管都要根据管理的职责和职权，考虑各种影响因素，慎重确定自己的管理跨度。

(6) 集权与分权相结合原则。集权与分权是反映组织纵向职权关系的一个特征，用于描述组织中决策权限的集中与分散程度。所谓分权，指的是组织的决策权分配给较低层次的部门或人员的一种倾向；而集权则是指组织的决策权主要集中在较高层次的管理人员手中。集权和分权各有优缺点，过分集权或分权都会给组织带来问题。实际中的组织应根据自身的具体条件选择合适的分权程度，从而在集权与分权的平衡中获得良好发展。

(7) 精简与效率原则。管理学大师彼得·费迪南·德鲁克说，组织设计要“努力用经济来维持管理，并把摩擦减至最小限度”。组织的管理机构必须精干简明、以一当十，这样才能提高效率。如果机构臃肿、层次繁多、手续繁杂，则必然导致人浮于事、效率低下。国际上著名的“帕金森定律”揭示了组织管理中的职位数与效率之间恶性循环的特征，即在金字塔结构的组织中，随着各级管理人员职位的增多，人们之间的相互关系会进一步复杂化，推诿扯皮的现象会增加，内耗也就增大，于是又要增加管理人员……如此反复，机构不断膨胀，管理效率却日益降低，从而呈现出恶性循环。

(8) 稳定性与弹性结构相结合原则。该原则是指组织结构及其形式要有相对的稳定性，不能轻易变动。这是因为组织的变动涉及人员、分工、职责、协调等方面的调整，对人员的情绪、工作方法、工作习惯带来各种影响，都要有一个适应过程；但同时组织为适应多变的环境、提高竞争能力和效率，又必须能够灵活地对所涉及的结构进行动态的调整。所以，作为领导必须懂得：一个一成不变的组织，是个僵化了的组织；一个经常变化的组织，是个不出业绩的组织。故应该在保持稳定性的基础上进一步加强和提高企业组织机构的适应性。

(9) 执行与监督分离原则。在进行组织设计时，应将外部监督人员与执行人员分设，否则由于监督者与被监督者在利益上趋于一体化，会导致监督职能形同虚设。比如，车间的专职质量检查员应归属总厂质检部编制，由质检部对其工作进行考核和奖惩，而不应归车间编制，由车间考核和奖惩，只有这样才能确保其严格履行质量检查职责。

4) 管理跨度与管理层次

(1) 管理跨度。如图 1-1-2 所示，主管人员甲的管理跨度为 3，乙的管理跨度为 5，丙的管理跨度为 7，丁的管理跨度为 8。

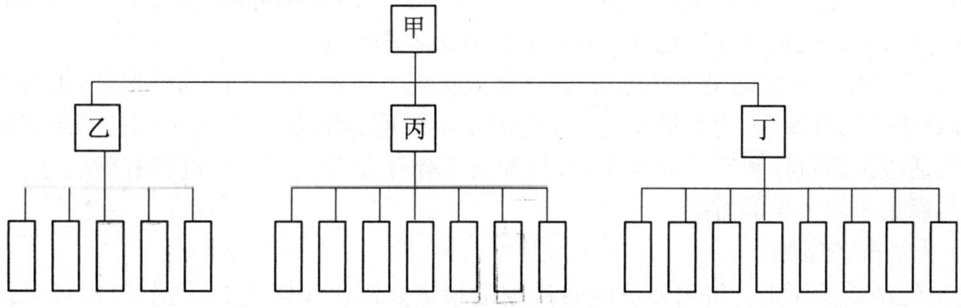

图 1-1-2　管理跨度示意

管理幅度是影响组织内部各单位规模大小的重要决定因素。

任何组织在进行结构设计时,都必须考虑到管理幅度的问题。一般来说,即使在同样获得成功的组织中,每位主管直接管辖的下属数量也不相同。有效管理幅度的大小受到管理者本身素质及被管理者的工作内容、能力、工作环境与工作条件等诸多因素的影响,每个组织都必须根据自身的特点,确定适当的管理幅度。

(2) 管理层次。由于主管人员能够直接有效地指挥和监督的下属数量是有限的,因此,最高主管的被委托人也需要将受托担任的部分管理工作再委托给另一些人来协助进行,以此类推,直至受托人能直接安排和协调组织成员的具体业务活动,由此就形成组织中最高主管到具体工作人员之间的不同管理层次。

因此,管理层次是指组织内部从最高一级管理组织到最低一级管理组织的职位等级数目。在图 1-1-2 中,管理层次为 3。

(3) 管理跨度与管理层次的关系。组织的管理层次受到组织规模和管理跨度 2 方面的影响。在管理跨度给定的条件下,管理层次与组织规模大小成正比,组织规模越大,成员数目越多,其所需的管理层次就越多。在组织规模既定的条件下,管理层次与管理跨度成反比,管理跨度越大,所需的管理层次就越少;反之,管理跨度越小,所需的管理层次就越多。

3. 人员管理

组织设计仅为系统运行提供可供依托的框架,框架要能够发挥作用,使其有效地运转,组织机构中的每个岗位都要有适当的人去占据,实现管理目标所必须进行的每项活动也要有合格的人去完成。人员配备就是根据组织结构中所规定的职务的数量和要求,对所需管理人员进行恰当而有效的选择、考评、培训,其目的是配备合适的人员去充实组织中的各项职务,以保证组织活动的正常进行,进而实现管理目标。换言之,就是利用合格的人力资源对组织结构中的职位进行不断填充的过程。因此,人员配备是组织设计的逻辑延续,它通过分析人与事的特点,谋求人与事的最佳组合,实现人与事的不断发展。

1) 人员配备工作在管理五大职能中的地位作用及其重要性

(1) 管理中的人员配备是指对主管人员进行恰当而有效地选拔、培训和考评。其目的在于配备合适的人员去充实组织结构中所规定的各种职务,保证组织活动的正常进行,实现组织目标。

(2) 人员配备是管理的五大职能之一,与其他职能存在着密切的联系:目标与计划是组织工作的依据,组织结构决定了所需主管人员的数量和种类;适当的人员配备有利于做好指导和领导工作;选拔优秀的主管人员也会促进控制工作;人员配备工作要采用开放的方法,不仅从组织内部,也通过环境把各项管理职能有机地联系起来。

(3) 人员配备工作的重要性体现在:一是人员配备是组织有效活动的保证,人是实现组织目标最重要的资源,主管人员在组织中起着举足轻重的作用;二是人员配备是组织发展的准备,为适应组织目标和环境的变化,人员配备工作还要对主管人员进行有效的选择、培训和考评,满足组织未来的需要。

2) 人员配备原则

(1) 经济效益原则。组织人员配备计划的拟定要以组织需要为依据,以保证经济效益的提高为前提;它既不是盲目地扩大员工队伍,更不是单纯为了解决员工就业,而是为了保证组织效益的提高。

(2) 任人唯贤原则。在人事选聘方面大公无私，实事求是地发现人才、爱护人才，本着求贤若渴的精神，重视和使用确有真才实学的人。这是组织不断发展壮大、走向成功的关键。

(3) 因事择人原则。因事择人就是员工的选聘应以职位的空缺和实际工作的需要为出发点，以职位对人员的实际要求为标准，选拔、录用各类人员。

(4) 量才使用原则。量才使用就是根据每个人的能力大小安排合适的岗位。人的差异是客观存在的，一个人只有处在最能发挥其才能的岗位上，才能干得最好。

(5) 程序化、规范化原则。员工的选拔必须遵循一定的标准和程序。科学合理地确定组织员工的选拔标准和聘任程序是组织聘任优秀人才的重要保证。只有严格按照规定的程序和标准办事，才能选聘到真正愿为组织的发展作出贡献的人才。

(6) 人事动态平衡原则。管理者要以发展的眼光看待人与事的配合关系，不断根据变化的情况进行适时调整，实现人与工作的动态平衡与最佳匹配。

3)《海员培训、发证和值班标准国际公约》

船员的职业素质和技术技能直接影响海上人命财产安全和海洋环境保护的效果，《海员培训、发证和值班标准国际公约》(STCW 公约)是国际海事组织(IMO)约 50 个公约中最重要的公约之一，用于控制船员职业技术素质和值班行为。

(1) STCW 78/95 公约的产生。《1978 年海员培训、发证和值班标准国际公约》(International Convention on Standards of Training, Certification and Watchkeeping for Seafares 1978，简称 STCW 78 公约)于 1978 年 7 月 7 日在 IMO 总部召开的国际海员培训、发证外交大会上获得通过。1980 年 6 月 8 日，我国政府向 IMO 提交了批准 STCW 78 公约的文件，成为该公约的缔约国。1984 年 4 月 28 日，STCW 78 公约生效。该公约的生效实施，对促进各缔约国船员素质的提高，保障海上人命和财产安全以及保护海洋环境和有效地控制人为因素对海难事故的影响，都起到积极的作用。

随着航运事业的迅速发展，船舶科技水平的不断提高，船舶配员的多国化，以及各国对海上安全、海洋环境保护的严重关注和对海难事故的人为因素的日益重视，就船员素质要求而言，STCW 78 公约在某些方面已不能适应，势必要求对该公约作相应调整。STCW 78 公约经多次修正，其中：1991 年修正案是关于全球海上遇险与安全系统(即 GMDSS)和驾驶台单人值班试验的，于 1992 年 12 月 1 日生效；1994 年修正案是关于液货船船员的特殊培训的，于 1996 年 1 月 1 日生效；1993 年，IMO 开始对 STCW 78 公约进行全面的修改，并在 2 年时间内完成全面修改工作。在 STCW 78 公约签字日 17 周年的 1995 年 7 月 7 日，通过了“经 1995 年修正的 STCW 78 公约”(简称 STCW 78/95 公约)。STCW 78/95 公约于 1997 年 2 月 1 日生效，1998 年 8 月 1 日起强制实施。对于 1998 年 8 月 1 日之前已经进入船员队伍的人员以及已在接受船员教育和培训的人员，最迟在 2002 年 2 月 1 日前全面符合 STCW 78/95 公约的规定。STCW 78/95 公约生效至今已过去 10 多年，其间又经多次修正。

STCW 78/95 公约除正文条款外，对 STCW 78 公约作了全面的修改，原公约的附则和附属大会决议均重新起草，并新增与公约和附则相对应的更为具体的“海员培训、发证和值班规则”(Seafarers' Training, Certification and Watchkeeping Code，即 STCW Code 或 STCW 规则)。

(2) STCW 78/95公约的构成和性质。公约的构成。STCW 78/95公约主要包含公约正文、附则和STCW规则。STCW规则分为A,B两部分。A部分是关于附则有关规定的强制性标准,与附则的章节一一对应,共有8章,详述了附则中制定的标准、证书格式,功能证书中各职能或责任级别与传统发证标准对应的适任内容或知识、理解和熟练要求程度或表明适任的方法或评价适任的标准。B部分是关于附则的建议和指导,它与公约附则、规则A部分的章节一一对应,是关于如何实施公约及其附则的建议和指导。

公约的编排。STCW 78/95公约的附则以规则的形式体现公约技术条款,其内容共分8章:第1章"总则";第2章"船长和甲板部";第3章"轮机部";第4章"无线电通信和无线电人员";第5章"特定类型船舶的船员特殊培训要求";第6章"应急、职业安全、医护和救生职能";第7章"可供选择的发证";第8章"值班"。

当提及公约和附则的要求时,也应提及STCW规则A部分和B部分的相应规定。

公约的适用范围。适用于在有权悬挂缔约国国旗的海船上服务的船员,但在下列船舶上服务的船员除外:①军舰、海军辅助舰艇或者为国家拥有或营运而只从事政府非商业性服务的其他船舶;②渔船;③非营业的游艇;④构造简单的木船。

(3) STCW 78/95公约新增的内容。与STCW 78公约相比,STCW 78/95公约除结构方面的变化外,还增加了下列内容:全面、严格、多方位的遵章核实机制,包括对缔约国主管机关的监督、对船舶和船员的港口国监督(PSC)、对方便旗船舶船员发证的监督等;加强对船员的实际技能培养和评估,并规定船员必须接受系统的专业教育和培训;对船员培训、考试、评估和发证,规定必须建立质量标准体系并受到连续的质量控制;允许重组传统的船上岗位分工体系,引入适应先进自动化船舶的"职能发证"体系;增加了包括模拟器训练、特殊类型船舶、基本安全和人员管理在内的多种强制性和非强制性的培训项目;严格并扩大对证书再有效的规定和适用范围;集中和系统地规定了船员在各种条件下保证正常和安全值班的原则和要求。

(4) STCW公约马尼拉修正案。产生的背景:随着全球经济一体化进程的加快,船舶朝着大型化、快速化、专业化、现代化的方向发展,全球对海洋环境保护更严格,包括信息技术(IT)在内的新技术的应用越来越广泛与深入,对船员的培训与值班标准的要求越来越高。同时,由于海盗猖獗,海运安全受到严重的挑战,对船员的培训与值班标准又提出了新的保安要求。1995年修正案生效后,IMO又对STCW公约和STCW规则进行了多次修正。1995年修正案通过10年后,IMO认为需要对STCW公约和STCW规则进行全面回顾,从而对STCW公约和STCW规则进行系统的修正。

2006年,应STW分委会第37次会议的请求,国际海事组织海上安全委员会(MSC)第81次会议指示STW分委会在工作计划中加入"对STCW公约和规则全面回顾"的高优先权议题。2007年STW分委会第38次会议确定了对"STCW公约和规则全面回顾"的8项原则,即①保留1995年修正案的结构与目标;②不降低现有标准;③不修改公约条款;④解决不一致的问题,清理过时的要求,体现技术发展的需求;⑤确保有效的信息交流;⑥由于技术的创新,在履行培训、发证与值班要求方面提供一些灵活性;⑦考虑短航线船舶与近海石油工业的特点与环境;⑧考虑海上保安。

主要修正内容。经过4次STW分委会会议及2次特别会间会议的审议,2010年1月召开的STW分委会第41次会议基本完成对"STCW公约和规则进行全面回顾"的议题,形成STCW公约和规则的修正草案。该修正草案于2010年6月21—25日在菲律宾马尼拉召开的STCW公约缔约国外交大会上获得通过，称为“STCW公约马尼拉修正案”，并于2012年1月1日生效。其主要包括以下内容。

第Ⅰ章“总则”的主要修正内容。① 新增“适任证书”“培训证明”“书面证明”“电子电气员”“电子技工”“高级值班水手”“高级值班机工”“保安职责”等新定义。明确证书分为3层：适任证书(COC)、培训合格证书(COP)和书面证明。适任证书系指依据本附则第Ⅱ,Ⅲ,Ⅳ或Ⅴ章的条款向船长、高级船员以及GMDSS无线电操作员签发或签注的证书。培训合格证书系指向船员签发的除适任证书以外，说明符合本公约要求的相关培训、能力和海上服务资历的征书。书面证明系指除适任证书或培训合格证书以外，用来证明已符合本公约的相关要求的文件。新修正案提高了证书的签发、签证、认可的审查要求，规定适任证书及根据规则第V/1-1条和规则第V/1-2条规定，签发给船长和船员的培训合格证书仅应由主管机关签发，强调现代化船舶中电子电气员的必要性。为适应海上运输保安的需要增设船舶保安方面的强制性培训要求。②新增证书的签发和登记条款。对海上服务资历的认可、培训课程的确认、登记的电子查询、证书注册数据库的开发等都作了明确的规定。③在近岸航行原则中新增缔约国应与相关缔约国就有关航区和其他相关条件的细节达成一致的条款。④增加了独立评价报告内容的明确要求。对最初资料交流(履约报告)、后续报告(独立评价报告)及有资格人员的小组作了明确的规定。⑤明确了船员健康标准及健康证书的签发要求。要求船员健康检查均应由缔约国认可的完全合格的有经验的从业医生完成；缔约国应制定认可从业医生的规则，对从业医生进行登记，并根据请求向其他缔约国、公司及船员提供。⑥增加了公司的责任。公司应确保其指派到任一船上的船员均接受了本公约要求的知识更新的培训，任何时候都必须按SOLAS公约第Ⅴ章第14条第3款的规定确保其在船上能进行有效的口头交流。⑦明确了过渡期的安排。过渡期为生效日加5年。

第Ⅱ章“船长和甲板部”的主要修正内容。①强调电子海图显示与信息系统(ECDIS)的应用。新增使用ECDIS保持安全的航行值班(操作级)和使用有助于指挥决策的ECDIS和附属系统，以保持安全航行(管理级)的要求。②简化天文航海的知识、理解和熟练要求，提倡使用电子航海天文历和天文航海计算软件。③新增领导和团队工作技能的使用(操作级)及领导力和管理技能的使用(管理级)的强制性适任能力。驾驶台资源管理成为强制性适任标准。④新增海洋环境保护意识方面的知识、理解和熟练要求。⑤新增按照船舶报告系统和VTS报告程序的一般规定进行报告的内容。⑥新增高级值班水手发证的强制性最低要求。

第Ⅲ章“轮机部”的主要修正内容。①删除“至少30个月的认可的教育与培训”的要求。②提高普通船员晋升轮机员的要求，从1995年修正案的“不少于6个月的轮机部海上服务资历”提高到“完成不少于12个月的金工实习和认可的海上服务资历”，其中包括不少于6个月的机舱值班(在轮机员的指导下)服务资历。③新增领导和团队工作技能的使用(操作级)及领导力和管理技能的使用(管理级)的强制性适任能力。机舱资源管理成为强制性适任标准。④新增电子电气员和电子技工发证和资格的强制性最低要求。⑤新增高级值班机工发证的强制性最低要求。

第Ⅳ章“无线通信和无线电操作员”的修正内容。本次修订对第Ⅳ章的有关概念进行了修改。将第Ⅳ章标题“无线电通信和无线电人员”修改为“无线电通信和无线电操作员”。本章中出现的“无线电人员”全部被改为“无线电操作员”，此外，在第Ⅰ章的规则Ⅰ/1（定义和说明）中增加了GMDSS无线电操作员的定义。

第Ⅴ章“特定类型船舶的船员特殊培训要求”的修正内容。①对1995年修正案的液货船船长、高级船员和普通船员培训和资格强制性的最低要求作了重大的调整，由Ⅴ/1“液货船（油船、化学品船、液化气船）船长、高级船员和普通船员培圳和资格强制性最低要求”分解为“Ⅴ/1-1油船、化学品船船长、高级船员和普通船员培训和资格强制性最低要求”及“Ⅴ/1-2液化气船船长、高级船员和普通船员培圳和资格强制性最低要求”2部分。证书调整为5种：油船和化学品船货物操作基础培训证书、油船货物操作高级培训证书、化学品船货物操作高级培训证书、液化气船货物操作基础培训证书、液化气船货物操作高级培训证书。②新增承担货物装卸、积载、洗舱、过驳或其他与货物有关操作直接责任的人员强制性适任能力的要求。③将原来的Ⅴ/2“滚装客船的船长、高级船员、普通船员和其他人员的培训和资格的强制性最低要求”和Ⅴ/3“除滚装客船以外的客船的船长、高级船员、普通船员和其他人员的培训和资格的强制性最低要求”修改为新的第Ⅴ/2条。第Ⅴ/2条标题相应改为“客船船长、高级船员、普通船员和其他人员的培训和资格的强制性最低要求”，不再突出滚装客船的特殊要求。④在B部分，增加：B-V/e“对近海供给船上的船长、负责航行值班驾驶员培训和资格的指导”；B-V/f“对操作动力定位系统的人员的培训和资历的指导”；B-V/g“对航行极地水域船舶船长和高级船员培训的指导”。

第Ⅵ章“应急、职业安全、医护和求生职能”的主要修正内容。①明确所有船员的熟悉和基本安全培训及训练的强制性最低要求，增加海洋环境保护基本知识、船上有效沟通、团队工作、理解并采取措施控制疲劳等新内容。②保安培训分为4类：船舶保安员培训、熟悉保安培训、保安意识培训、负有指定保安职责人员的培训。船舶保安员必须持有船舶保安员培训合格证书，所有船员必须持有“保安意识培训合格证书”，被指定负有保安职责的船员则还应持有“负有保安职责培训合格证书”。③对船员保持包括基本安全、熟练操作救生艇、高级消防等适任能力的方式修改为每5年需要提供保持适任的证据；对于那些可以在船上实施的训练项目，主管机关可以接受船员在船上的训练和实践经历。但对于“如何保持不能在船上实施的训练项目的适任能力的方式与方法”并没有达成一致。

第Ⅶ章“可供选择的发证”的主要修正内容。增加了高级值班机工申请高级值班水手和高级值班水手申请高级值班机工应符合的适任标准，支持级船员发证资历要求和甲板部、轮机部特殊综合培训项目的指导。

第Ⅷ章“值班”的主要修正内容。规定主管机关为防止负有安全、防污染及保安职责的值班人员疲劳，应制定与实施保证足够休息时间的措施，规定主管机关为防止滥用药物和酗酒，应制定适当的措施，增加了负有保安职责的值班人员的规定、值班时间和休息时间的要求和防止药物和酒精滥用的指导。

（5）“STCW规则”的性质和主要内容。“STCW规则”A部分将在适任标准中规定的应具有的能力归纳为以下7项职能和3个责任级别。

7项职能为：①航行（Navigation）；②货物装卸和积载（Cargo Handling and Stowage）；③船舶作业管理和人员管理（Controlling the Operation of the Ship and Care for Persons on Board）；④轮机工程（Marine Engineering）；⑤维护和修理（Maintenance and Repair）；⑥电气、电子和控制工程（Elecrtrical，Electronic and Control Engineering）；⑦无线电通信（Radiocommunications)。

3 个责任级别为：①管理级(Management level)；②操作级(Operational level)；③支持级(Support level)。

船长和大副、轮机长和大管轮属于"管理级"；二/三副、二/三管轮、电子电气员及 500 总吨(或 750 kW)以下船舶的高级船员属于"操作级"；值班水手、值班机工和电子技工属于"支持级"。船长、轮机长、驾驶员和轮机员都必须适任"船上操作和人员管理"职能；支持级仅涉及"航行"或"轮机工程"职能。

A 部分作为强制性规定，给出了船员最低适任标准、特殊培训和专业培训的要求、发证标准以及船员值班标准等。我国作为 IMO 的 A 类理事国和 STCW 公约的缔约国，已将这些标准全部形成履约文件，并作为国家法规性文件由主管机关颁布施行，如本章中的"海船船员适任考试、评估和发证规则"和"海船船员值班规则"等。

B 部分是关于公约及其附则的建议和指导，旨在协助缔约国和其他各方以统一的方式使公约得以充分和完全实施。B 部分由"关于 STCW 公约条款的指导"和"关于 STCW 公约附则条款的指导"2 部分组成。

"关于 STCW 公约附则条款的指导"的条文编排与公约附则及 A 部分的章节一一对应，亦分为 8 章：

第 1 章关于总则的指导；

第 2 章关于船长和甲板部的指导；

第 3 章关于轮机部的指导；

第 4 章关于无线电通信和无线电人员的指导；

第 5 章关于特定类型船舶的船员特殊培训要求的指导；

第 6 章关于应急、职业安全、医护和救生职能的指导；

第 7 章关于可选择的发证的指导；

第 8 章关于值班指导。

B 部分所建议的措施虽为非强制性的，但在我国履约文件中多已体现。

4)《2006 年海事劳工公约》

(1) 公约的构成。《2006 年海事劳工公约》在结构上分为 3 个层次，即正文条款(Articles)、规则(Regulations)和守则(Code)。条款和规则规定了核心权利和原则以及批准公约成员国的义务，只能由大会在《国际劳工组织章程》框架下修改。守则包含规则的实施细节，由 A 部分(强制性标准)和 B 部分(非强制性导则)组成。守则可以通过本公约所规定的简化程序来修订。由于守则涉及具体实施，对守则的修正必须仍放在条款和规则的总体范畴内。

规则和守则是公约的标准，在内容上分为 5 个标题(Titles)。标题一为"海员上船工作的最低要求"，包括最低年龄、体检证书、培训和资格、招募与安置等方面内容；标题二为"就业条件"，包括船员就业协议、工资、工作或休息时间、休假的权利、遣返、船舶灭火或沉没时对船员的赔偿、配员水平、职业和技能发展、船员就业机会等；标题三为"船上居住、娱乐设施、食品和膳食服务"，包括居住舱室和娱乐设施、食品和膳食等；标题四为"健康保护、医疗、福利和社会保障"，包括船上和岸上医疗、船舶所有人的责任、保护健康和安全保护及防止事故、获得使用岸上福利设施和社会保障等；标题五为"遵守与执行"，包括检查与发证、港口国控制、船上及岸上投诉程序及船员提供国应尽的义务等。

(2) 公约的性质。国际劳工组织(ILO)自2001年以来,经过近5年的努力,整合并修订了自20世纪20年代以来的ILO现有60多个公约及建议书,形成了一本综合海事劳工公约,并于2006年2月23日在日内瓦举行的第94届大会暨第10届海事大会上以314票赞成、0票反对、4票弃权的绝对多数通过了“国际海事劳工公约”。该公约将在至少30个国家批准且这些国家的商船总吨位占世界商船总吨位的33%之日起12个月后生效。

该公约适用于通常从事商业活动的任何吨位的海船,但专门在内河或在遮蔽的水域或与其紧邻水域或在港口规定适用水域航行的船舶、军事船舶或军辅船、从事捕鱼或类似捕捞的船舶、用传统方法制造的船舶(如独桅三角帆船和舢板)除外;200总吨以下国内航行船舶可免除守则中的有关要求。按公约规定,公约生效后,舱室标准对现有船舶将不进行追溯。

该公约要求500总吨及以上国际航行船舶应持有“海事劳工证书”和“符合声明”,并规定公约生效后,缔约国可对非缔约国的到港船舶进行PSC检查。

国际海事界普遍认为,海事劳工公约的通过在世界劳工史和海运史上具有划时代的意义,必将对海事界产生深远的影响,并将构成今后全球质量航运(Quality Shipping)的重要内容。这项被称为全球120万船员的“权利法案”,将与IMO的《国际海上人命安全公约》《国际防止船舶造成污染公约》《海员培训、发证和值班标准国际公约》一起,构成世界海事法规体系的四大支柱。公约生效也将对我国船公司的船员管理运作、船员的福利待遇、船员职业安全与健康、船员招募与安置、船舶设计与建造等诸多方面带来一系列较大影响。虽然按公约规定的程序,公约生效尚需一定的时间,但造船界和航运界等有关单位应予以高度重视,尽早研究公约的有关要求,以人为本,不断改善船员在船上工作和生活的条件,为公约生效后的实施提前做好准备。

《2006年海事劳工公约》的根本目标是有以下几个。

目标一:在正文和规则中规定一套确定的权利和原则。

目标二:通过守则允许成员国在履行这些权利和原则的方式上有相当程度的灵活性。

目标三:通过“标题五”确保这些权利和原则得以妥善遵守和执行。

(3) 公约的规则和守则的主要内容。公约的规则和守则按以下标题被划归为5个领域。

标题一:海员上船工作的最低要求。

标题二:就业条件。

标题三:起居舱室、娱乐设施、食品和膳食服务。

标题四:健康保护、医疗、福利和社会保障。

标题五:遵守与执行。

标题一:海员上船工作的最低要求,包括最低年龄、体检证书、培训和资格、招募与安置以及船员身份证件等方面的内容。

(1) 最低年龄:明确未成年人不得上船工作,最低年龄为16岁。

(2) 体检证书:船员须有体检证书证明其健康情况适合其履行职责,体检标准有国际指南。

(3) 培训和资格:确保船员经过培训或具备履行其船上职责的资格,STCW规则规定了船员适任标准。

(4) 招募和安置:确保船员有机会利用有效和良好规范的船员招募和安全系统。各成员国应向经批准的船员招募和安置服务机构颁发许可证。

(5) 海员身份证件:确保船员能获得身份证件。

标题二:就业条件,包括船员就业协议、工资、工作或休息时间、休假的权利、遣返、船舶灭失或沉没时对船员的赔偿、配员水平、船员职业和技能发展及就业机会等方面的内容。

(1) 船员就业协议:确保船员得到公平的就业协议。船员和船舶所有人提前终止"船员就业协议"发出预先通知的最短期限应在与有关船舶所有人和船员组织协商后确定,但不得短于 7 天。

(2) 工资:确保所有船员均应根据其就业协议定期获得全额工作报酬。在 B 部分包括最低工资。关于工资的规定共 4 条。

第一条:各成员国应要求按不超过 1 个月的间隔并根据任何适用的集体协议向在悬挂其旗帜的船舶上工作的船员支付其应得的报酬。

第二条:应给船员一个应得报酬和实付数额的月薪账目,包括工资、额外报酬,以及在其报酬采用的货币或兑换率不同于曾经达成一致的货币或兑换率时所用的兑换率。

第三条:"基本报酬或工资"一词系指正常工作时间的报酬,无论这一报酬如何构成,它不包括加班报酬、奖金、津贴、带薪休假或任何其他额外酬劳;"合并工资"一词系指包括基本工资和与工资有关的其他津贴在内的工资或薪资,可以包括对所有加班工作给予的补偿和所有其他与工资相连的津贴,也可以包括部分合并工资内的某些津贴。

第四条:出于计算工资的目的,在海上和港口的正常工作时间每天不应超过 8 h;对于由基本报酬或工资所涵盖的每周正常工作时间,应由国家法律或条例确定,但每周不得超过 48 h。加班补偿率不应低于每小时基本报酬或工资的 1 倍和 1.25 倍。所有加班时间应由船长或船长指定的人员进行记录,并至少按每月的间隔由船员签字。

(3) 工作或休息时间:确保船员享有的规范工作或休息时间。

船员的正常工时标准应以每天 8 h,每周休息 1 天和公共节假日休息为依据。应考虑到船员疲劳带来的危险,特别是那些职责涉及航行安全以及船舶的安全和保安操作的船员,对船员的工作或休息时间应作如下限制。

最长工作时间:在任何 24 h 时段内不得超过 14 h,且在任何 7 天时间内不得超过 72 h。

最短休息时间:在任何 24 h 时段内不得少于 10h,且在任何 7 天时间内不得少于 77 h。

休息时间最多可分为 2 段,其中一段至少要有 6 h,且相连的两段休息时间的间隔不得超过 14 h。

船员经常进出的地点应张贴一份船上工作安排表,该表应至少包括每一岗位在海上和在港口的工作时间、最长工作时间和最短休息时间。

应保持对船员的日工作时间或日休息时间进行记录,以便监督。记录应采用主管当局确定的标准格式。该表格应以船上的一种或多种工作语言和英文制订。船员应得到一份由船长或船长授权人员以及船员本人签字认可的有关其本人记录的副本。

出于船舶、船上人员或货物的紧急安全需要,或出于帮助海上遇险的其他船舶或人员的目的,船长可中止工作时间或休息时间安排,要求一名船员从事任何时间的必要工作,直至恢复正常情况。一旦情况恢复正常,船长应尽快地确保所有在计划安排的休息时间内从事工作的船员获得充足的休息时间。

(4) 休假的权利:确保船员有充足的休假。各成员国应通过法律和条例,确定在悬挂其国旗的船舶上工作的船员的最低年休假标准,并充分考虑到船员对这种休假的特殊需要。

船员带薪年休假的权利应以每服务两个月最低 2.5 日为基础加以计算。合理的缺勤不应被视做年假。禁止达成放弃享受最低带薪年休假的任何协议。

根据由主管当局或适用的集体协议确定的条件,因参加认可的海事职业培训班或处于患病或受伤或因生育等原因造成的缺勤,应算做服务期的一部分。

在年休假期间的报酬水平应为国家法律或条例或适用的船员就业协议中规定的船员正常报酬水平。对于受雇期短于 1 年的船员,或在雇佣关系终止的情况下,休假的权利应按比例计算。

下述情况不应算做带薪年休假的一部分:船旗国认可的公共和传统假日,不论其是否发生在带薪年休假假期内;在由各国主管当局或通过适当的机制确定的条件下,因患病或受伤或因生育而不能工作的期间;在履行就业协议期间准许船员的短期上岸休息;主管当局或通过各国适当的机制确定的条件下,任何类型的补休。

(5) 遣返:确保船员能够回家。船员在以下情形有权得到遣返:如果当船员在国外时船员就业协议到期;如果其船员就业协议被船舶所有人终止或被船员出于合理的理由终止;如果船员不再具备履行其就业协议中职责的能力或在具体情形下不能指望其履行这些职责,如:因患病或受伤或其他健康问题需要其遣返且身体状况适于旅行时;在船舶失事时;由于破产、变卖船舶、改变船舶登记或任何其他类似原因而船舶所有人不能继续履行其法律或契约义务时;在船舶驶往战乱区域而船员不同意前往的情况下;根据仲裁裁定或集体协议而终止或中断雇用,或出于其他类似原因终止雇用时。

船员在有权得到遣返前在船上服务的最长期间应少于 12 个月;船舶所有人应给予的遣返权利,包括遣返的目的地、旅行方式、船舶所有人负担的费用项目和将作出的其他安排方面的内容。

禁止船舶所有人要求船员在开始受雇时预付遣返费用,禁止船舶所有人从船员的工资或其他收益中扣回遣返费用,除非根据国家法律或条例或其他措施或适用的集体谈判协议,船员出现严重失职而被遣返。

由船舶所有人承担的遣返费用应至少包括:到达遣返目的地的旅费;从船员离船时起至抵达遣返目的地时止的食宿费;如果本国法律、条例或集体协议有规定,从船员离船时起至抵达遣返目的地时止的工资和津贴;将船员个人行李 30 kg 运至遣返目的地的运输费;在必要时,提供医疗使船员身体状况适合前往遣返目的地的旅行,等待遣返所用的时间和遣返旅行时间不应从船员积累的带薪年假中扣减。

船舶所有人负责通过适当和迅速的方式对遣返作出安排,通常的旅行方式应为乘坐飞机。成员国应规定船员可被遣返的目的地。目的地应包括:船员同意接受雇佣的地点,集体协议规定的地点,船员的居住国或可能在聘用时双方同意的其他地点。船员有权从规定的目的地中选择其将被遣返的地点。

如果有关船员在国家法律或条例或集体协议规定的合理的时间内未提出遣返要求,其应享的遣返权利可能失效。

(6) 船舶灭失或沉没时对船员的赔偿:确保在船舶灭失或沉没时对船员进行赔偿。船员有权就由于船舶灭失或沉没所造成的伤害、损失或失业得到充分的赔偿。在任何船舶灭失或沉没的各种情况下，船舶所有人就这种灭失或沉没所造成的失业向船上每个船员支付赔偿。在船员实属失业期间，应按合同规定以同样工资比率支付这笔赔偿费，但向任何一个船员支付的赔偿总额可仅限于 2 个月的工资。

(7) 配员水平：为了船舶运营的安全、高效和保安，确保船员在人员充足的船上工作。各成员国应要求悬挂其国旗的所有船舶考虑到船员的疲劳以及航行的性质和条件，在船上配有充足数目的船员以确保船舶的安全、高效操作，并充分注意到在各种条件下的保安。

(8) 船员职业和技能开发及就业机会：促进船员的职业发展和技能开发及就业机会。各成员国应建立船员登记册，定期评审船员登记册名单的总人数，使之达到符合航运业需求。应有国家政策促进船员就业，并鼓励在其领土内居住的船员发展职业和开发技能，以及更多的就业机会。

标题三：起居舱室、娱乐设施、食品和膳食服务，包括船上居住舱室和娱乐设施、食品和膳食服务等方面的内容。确保船员在船上有体面的起居舱室和娱乐设施；确保船员获得根据规范的卫生条件提供的优质食品和饮用水。

起居舱室和娱乐设施：在 A 部分包括房间和其他起居舱室空间的尺寸，取暖和通风，噪声和振动及其他环境因素，卫生设施，照明，起居舱室的净高，卧室的要求。这些标准在 PSC 检查中作为重要项目。但公约生效后，舱室标准对现有船舶将不进行追溯。

食品和膳食：确保船员得到根据规范的卫生条件提供的优质食品和膳食，包括对船上厨师的要求，年满 18 岁，持船上厨师资格证书。在船员受雇期间，应为船上的船员免费提供食物。

船长或经船长授权，在船上对以下方面开展有记录的经常性检查：食品和饮用水供应；用于储存和处理食物、饮用水的所有场所及设备；用于准备和供应餐食的厨房或其他设备。

标题四：健康保护、医疗、福利和社会保障，包括船上和岸上医疗，船舶所有人的责任，保护健康和安全保护及防止事故，获得使用岸上福利设施和社会保障等。

(1) 船上和岸上医疗。保护船员健康并确保其迅速得到船上和岸上医疗，包括医疗设备、医疗指南和船上医疗箱内药品应由主管当局指定负责人员妥善维护，并每隔不超过 12 个月进行定期检查。

(2) 船舶所有人的责任。确保船员得到保护免受与其工作相关的疾病、受伤或死亡的财务影响，包括船舶所有人投保和应支付的医疗费用。

船舶所有人应根据以下最低标准，对船上工作的所有船员的健康保护和医疗负责。

对于在其船上工作的船员，船舶所有人应有责任对船员从开始履行职责之日起到遣返之日期间的疾病和受伤承担费用。

船舶所有人应提供财务担保，保证对船员因工伤、疾病或危害而死亡或长期残疾的情况提供国家法律或船员就业协议或集体协议所确定的赔偿。

船舶所有人应有责任支付医疗费用，包括治疗及提供必要的药品和治疗设备，以及在外的膳宿，直到该患病或受伤船员康复，或直到该疾病或技能丧失被宣布为永久性的，以及如果发生船员受雇期间在船上或岸上死亡的情况，船舶所有人应有责任支付丧葬费用。

如果疾病或受伤造成船员工作能力丧失，船舶所有人应有责任：只要患病或受伤船员还留在船上或者在船员得到遣返以前，向其支付全额工资；从船员被遣返或到达上岸之时起直到身体康复，或直到有权根据有关成员国的法律获得保险金（如果早于康复的话），按照国内法律或条例或集体协议的规定向其支付全额或部分工资。

船舶所有人支付医疗和膳宿费用的责任限制以及船舶所有人向离船船员支付全部或部分工资的责任限制在从患病或受伤之日起均不少于 16 周的期限内。

以下情况可排除船舶所有人的责任:在船舶服务之外发生的其他受伤;受伤或患病是因患病、受伤或死亡船员的故意不当行为所致;在接受雇用时故意隐瞒的疾病或病症。

(3) 保护健康和安全及防止事故,确保船员的船上工作环境有利于职业安全和健康。各成员国应确保悬挂其国旗的船舶上的船员得到职业健康保护,并且在一个安全和卫生的环境下在船上生活、工作和培训。

一切职业事故、职业伤害和疾病均应报告,从而能够对其开展调查以及保持、分析和公布完整的统计数据,并应考虑到保护有关船员的个人数据。报告不应局限于伤亡事故或涉及船舶的事故。统计数据应包括职业事故、职业伤害和疾病的次数、性质、原因和影响,如果可行,则应明确指出事故发生在船上的什么岗位、事故的类型以及在海上还是在港口。

(4) 获得使用岸上福利设施,确保船员获得使用岸上设施和服务及在船上工作期间身心健康。

(5) 社会保障,确保采取措施向船员提供社会保障的保护。全面的社会保障的保护包括:医疗、疾病津贴、失业津贴、老年津贴、工伤津贴、家庭津贴、生育津贴、病残津贴和遗属津贴等 9 个分项。各成员国所提供的保护应至少包括上述所列 9 个分项中的 3 个,即医疗、疾病津贴和工伤津贴。

标题五:遵守与执行,包括检查与发证、港口国控制、船上及岸上投诉程序及船员提供国应尽的义务等。公约要求 500 总吨及以上国际航行船舶应持有"海事劳工证书"和"符合声明",并规定公约生效后、缔约国可对非缔约国的到港船舶进行 PSC 检查。

(1) 船旗国的责任。确保各成员国就悬挂其国旗的船舶实施根据公约应负的责任。

海事劳工证书和海事劳工符合声明(或海事劳工遵守情况声明):各成员国要求船舶携带和保存一份符合公约要求的海事劳工证书和一份海事劳工符合声明。

海事劳工证书,证明该船舶上的船员的工作和生活条件,以及海事劳工符合声明中所包括的持续符合措施,经检查符合国家法律或条例的规定和公约要求。

海事劳工符合声明,陈述在船员的工作和生活条件方面实施本公约的国家要求,并列明船舶所有人为确保符合对有关船舶的要求所采取的措施。

500 总吨或以上国际航行船舶应携带主管机关或主管机关认可的组织签发的海事劳工证书和海事劳工符合声明。海事劳工证书的有效期不得超过 5 年,在第 2 与第 3 个周年日之间举行一次中期检查,以确保持续符合国家履约法规的要求,中期检查的范围和深度应与证书换证检查相同。在中期检查通过后应对证书进行签注。

海事劳工符合声明应有 2 个部分:第Ⅰ部分应由主管当局编制;第Ⅱ部分应由船舶所有人编制,并明确所采取的确保在两次检验之间持续符合国内要求的措施和为确保不断改进而建议的措施。主管机关或认可的组织应该对第Ⅱ部分予以认证并签发海事劳工符合声明。

海事劳工符合声明应附在海事劳工证书之后。在任何情况下,主管机关核实海事劳工符合声明的间隔期不得超过 3 年。

(2) 港口国的责任。其目的是使各成员国能够履行本公约关于在外国船舶上实施和执行公约标准方面进行国际合作的责任。

港口国授权官员可要求到港船舶出示海事劳工证书和海事劳工符合声明，若发现问题或有投诉指称船上船员的工作和生活条件不符合公约要求，则可以进行一次更详细的检查。

如果有理由相信某些缺陷构成对公约要求（包括船员的权利）的严重违反，或对船员的安全、健康或保安构成重大威胁，则禁止船舶在采取必要措施前离港。

“投诉”系指由船员、专业机构、协会、工会或总体而言，由那些关心船舶安全，包括关心船上船员的安全或健康危害的任何人提交的信息。

(3) 劳工提供责任，确保各成员国履行其在本公约下关于船员招募和安置以及对其船员提供社会保护的责任。

4. 领导职能

1)领导的内涵

美国前国务卿基辛格（Henry Kissinger）博士说：“领导就是要让他的人们，从他们现在的地方，带领他们去还没有去过的地方。”

管理的组织职能是对组织的资源进行配置，但如何让它们运作起来，需要通过领导职能来完成。管理的领导职能侧重于对组织中人的行为施加影响，发挥领导者对下属的指挥、协调、激励和沟通作用，以便更有效地完成组织的目标。

领导有 2 层含义。领导的名词含义：领导就是领导者、领导人，即组织中的首领。领导的动词含义：领导＝领导职能，领导者影响集体和个人以达到组织目标的活动过程。

领导具有指挥、协调和激励 3 方面作用。领导的指挥作用是认清所处的环境，指明组织的目标和路径；领导的协调作用是指协调管理过程中的各种关系和活动，朝着共同的目标前进；领导的激励作用是指引导、强化和影响下属内在的需求和动机。

2) 沟通

(1) 沟通的定义。沟通也称为信息交流，是指发讯者把信息（也包括发讯者的思想、知识、观念、意图、想法等在内）按照可以理解的方式传递给收讯者，达到相互了解和协调一致的效果，以确保组织目标的实现，如图 1-1-3 所示。

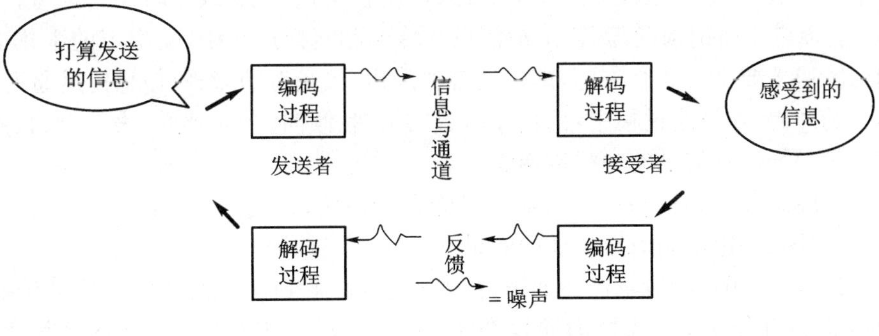

图 1-1-3　沟通过程

(2) 沟通应具备的基本条件。必须在 2 个或 2 个以上人之间进行；必须有一定的沟通客体，即沟通情况等；必须有传递信息情报的一定手段，如语言、文字等。

(3) 沟通的分类。①正式沟通和非正式沟通。依据一定的组织规定进行的信息传递与交流称为正式沟通（如会议、公函、文件等）。非正式的会议、闲聊、走动式交谈、吃饭时进行的交谈等属于非正式沟通。②上行沟通、下行沟通和平行沟通。上行沟通是指组织中的成员、群体通过一定的渠道与决策层进行的信息交流，如下级向上级定期或不定期的汇报工作，进行情况或问题的反映，征求意见等。下行沟通是指自上而下的信息传递和沟通。平行沟通又称横向沟通，是指在组织系统中处于相同层次的人、群体、职能部门之间进行的信息传递和交流。③单向沟通和双向沟通。单向沟通是指发送者和接受者这两者之间的地位不变(单向传递)，一方只发送信息，另一方只接收信息。双向沟通是指发送者和接受者两者之间的位置不断交换，且发送者是以协商和讨论的姿态面对接受者，信息发出以后还需及时听取反馈意见，在必要时双方可进行多次重复商谈，直到双方共同明确和满意为止，如讨论、协商等。④口头沟通和书面沟通。

(4) 沟通的作用。沟通有利于消除误会，确立互信的人际关系，营造良好工作氛围，增强组织凝聚力；有利于协调组织成员的步伐和行动，确保组织计划和目标的顺利完成；有利于领导者准确、迅速、完整地了解组织及部属的动态，获取高质量的信息，有助于提高领导工作的效率；有利于加强组织与外部环境的联系，同外部环境进行物质、信息及能量的交换，保证组织与环境协调一致；有利于激励下属的斗志，激发整体创新智慧，增强组织的持续发展动力。

(5) 有效沟通的条件。达成有效沟通须具备 2 个必要条件：一是信息发送者清晰地表达信息的内涵，以便信息接受者能确切理解；二是信息发送者重视信息接受者的反应并根据其反应及时修正信息的传递，免除不必要的误解，两者缺一不可。有效沟通主要指组织内人员的沟通，尤其是管理者与被管理者之间的沟通。

(6) 有效沟通的原则。①倾听：不随意插断对方的话，听懂别人的想法。②赞美：沟通对象有道理的地方，应适当予以赞美。沟通时要做到“待上以敬，待下以宽”。③平心静气：沟通双方如无“平心静气”的心理准备，沟通起来就易“斗气”，就达不到沟通的目的。④沟通内容要清晰：可以用举例、比喻、列数字等形式，尽量使需要沟通的内容变得清晰。⑤创造良好的沟通环境：在被沟通者觉得舒适的环境下沟通，能够让被沟通者精神放松，提高沟通效率。⑥充分考虑接受者的立场：沟通时要注意把握分寸，做到“抑扬有度”。⑦解决问题的方案有很多个：当某种沟通方法没有效果时，要及时更换沟通方法，或暂时停止沟通。

(7) 沟通障碍。所谓沟通障碍，是指信息在传递和交换过程中，受噪声的干扰而失真或中断。沟通障碍主要来自 3 个方面，即传送者的障碍、接受者的障碍、信息传播通道的障碍。

发送者的障碍：在沟通过程中，信息发送者的情绪、倾向、个人感受、表达能力、判断力和人格影响力等都会影响信息的完整传递。

接受者的障碍：在沟通的另一端，信息接受者的情绪、倾向、兴奋点、共鸣性、注意力、判断力、记忆力等因素，也影响信息传递的效果。

信息传播通道的障碍：信息传播通道的问题也会影响到沟通的效果。信息传播通道的障碍主要有以下几个方面：选择沟通媒介不当；几种媒介相互冲突；沟通渠道过长；外部干扰。

常见的沟通障碍表现形式有：形体障碍、语言障碍、地位障碍、文化障碍、心理障碍、环境障碍和人数障碍。

克服沟通障碍的艺术有：建立正式、公开的沟通渠道；克服不良的沟通习惯；领导者要善于聆听。

(8) 外部沟通和内部沟通。管理沟通分为外部沟通和内部沟通。

外部沟通：一是通过公共关系手段，利用大众传媒、内部刊物等途径，与客户、政府职能部门、周边社区、金融机构等，建立良好关系，争取社会各界支持，创造好的发展氛围；二是企业导入企业形象识别系统，把理念系统、行为系统、视觉系统进行有效整合，进行科学合理的传播，树立良好的企业形象，提高企业的知名度、美誉度、资信度，为企业腾飞和持续发展提供好的环境。

内部沟通：内部沟通是指为了实现组织的目标，组织内部领导班子成员之间、领导与下属之间、组织各部门之间以及职工之间的关系的协调与信息交流。内部沟通有助于改进个人以及群众作出的决策，促使企业员工协调有效地工作，提高员工的士气。

内部沟通有 2 个 70%值得注意。作为一个领导，每天大概有 70%的时间是用来沟通的；在工作中遇到的问题、障碍，70%是由沟通不畅造成的。一般来说，在内部沟通中容易存在三大障碍和问题：向上沟通无胆；向下沟通无心；平行沟通无肺。那么，领导如何破解这 3 个问题？作为领导，要赋予下属胆量和勇气，让他们敢于反应问题；在和员工沟通时，要用心用情；在和同事或各单位各部门之间沟通时，要敞开心扉，共享经验。

3) 协调

(1) 协调的含义。协调职能，是指组织领导者从实现组织的总体目标出发，依据正确的政策、原则和工作计划，运用恰当的方式、方法，及时排除各种障碍，理顺各方面的关系，促进组织机构正常运转和工作平衡发展的一种管理职能。

在组织机构运行的过程中出现的各种矛盾和冲突，都在协调的范围之内。根据与组织的关系，这些矛盾和冲突可分为内部和外部两大类：对组织内部的各种矛盾和冲突的协调，称为内部协调；对组织与其他组织、个人的矛盾、冲突的协调，称为外部协调。

(2) 冲突。所谓冲突，即意见的对立或不一致，是指 2 个或 2 个以上行为主体之间存在互不相容的目标、认知或感情，并引起对立或不一致的相互作用的任何一个状态。对冲突的定义可以从 3 个方面理解：冲突是普遍现象；冲突表现为 3 种类型，即目标冲突、认知冲突、感情冲突；冲突是双方意见的对立或不一致，以及有一定程度的相互作用。

(3) 冲突的两重性。①冲突的积极作用，主要表现在 3 个方面：促进组织的积极变革；形成竞争性氛围；提高决策的有效性。②冲突的消极作用，主要表现在：分散组织的资源；有损员工的心理健康；对组织的整体效率产生不良影响。

(4) 处理冲突的策略。①暴力的策略：为了获取自己的利益而牺牲别人的利益。②迁就的策略：是指一方为了抚慰另外一方，愿意把对方的利益放在自己的位置之上。迁就别人是为了维持相互好的关系，一方愿意自我牺牲，遵从他人观点。③回避的策略：是指一个人意识到冲突的存在，希望逃避或抑制而采取的既不合作，也不维护自身利益，一躲了之的办法。④合作的策略：合作是指主动跟对方一起寻求解决问题的办法，是一种互惠互利的双赢。双方的意图都可以坦率的澄清，不是我迁就你，你迁就我。⑤妥协的策略：是指双方都愿意放弃一些东西，并且共同分享利益，所带来的结果。目的在于得到一个快速的、双方都可以接受的方案。妥协的方式没有明显的输家和赢家，在非原则问题上较适合。

4) 激励

激励有激发和鼓励的意思，是管理过程中不可或缺的环节和活动。有效的激励可以成为组织发展的动力保证，实现组织目标。它有自己的特性，以组织成员的需要为基点，以需求理论为指导。激励有物质激励和精神激励、外在激励和内在激励等不同类型。

(1) 激励的基本原则。其主要有以下几种。

目标结合原则:在激励机制中,设置目标是一个关键环节。目标设置必须同时体现组织目标和员工需要的要求。

物质激励和精神激励相结合的原则:物质激励是基础,精神激励是根本。在两者结合的基础上,逐步过渡到以精神激励为主。

引导性原则:外激励措施只有转化为被激励者的自觉意愿,才能取得激励效果。因此,引导性原则是激励过程的内在要求。

合理性原则:激励的合理性原则包括 2 层含义。其一,激励的措施要适度,要根据所实现目标本身的价值大小确定适当的激励量;其二,奖惩要公平。

明确性原则:激励的明确性原则包括 3 层含义。其一,明确,激励的目的是需要做什么和必须怎么做;其二,公开,特别是分配奖金等大量员工关注的问题时,更为重要;其三,直观,实施物质奖励和精神奖励时都需要直观地表达它们的指标,总结和授予奖励和惩罚的方式。直观性与激励影响的心理效应成正比。

时效性原则:要把握激励的时机,"雪中送炭"和"雨后送伞"的效果是不一样的。激励越及时,越有利于将人们的激情推向高潮,使其创造力连续有效地发挥出来。

正激励与负激励相结合的原则:所谓正激励就是对员工的符合组织目标的期望行为进行奖励。所谓负激励就是对员工违背组织目的的非期望行为进行惩罚。正、负激励都是必要而有效的,不仅作用于当事人,而且会间接地影响周围其他人。

按需激励原则:激励的起点是满足员工的需要,但员工的需要因人而异、因时而异,并且只有满足最迫切需要(主导需要)的措施,其效价才高,其激励强度才大。因此,领导者必须深入地进行调查研究,不断了解员工需要层次和需要结构的变化趋势,有针对性地采取激励措施,才能收到实效。

(2) 需求层次理论。著名心理学学家马斯洛把人的需要由低到高分为 5 个层次(见图1-1-4),即生理需要、安全需要、社交或爱的需要、尊重需要、自我实现的需要,并认为人的需要有轻重层次之分,在特定时刻,人的一切需要如果都未得到满足,那么满足最主要的需要就比满足其他需要更迫切,只有排在前面的那些属于低级的需要得到满足,才能产生更高一级的需要。

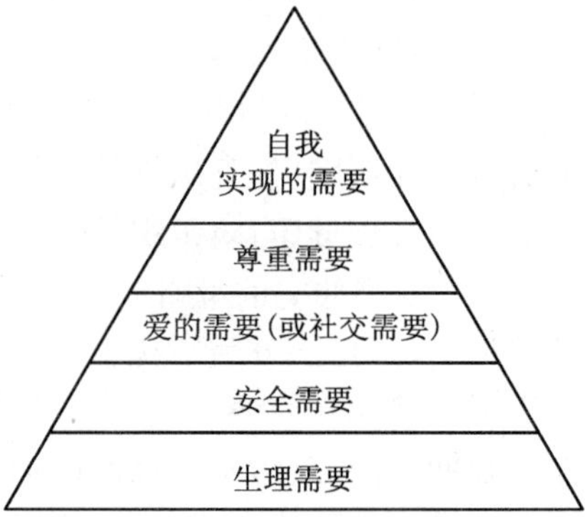

图 1-1-4　马斯洛的需求层次理论

当一种需要得到满足后,另一种更高层次的需要就会占据主导地位。从激励的角度看,没有一种需要会得到完全满足,但只要其得到部分的满足,个体就会转向追求其他方面的需要。按照马斯洛的观点,如果希望激励某人,就必须了解此人所处的需要层次,然后着重满足这一层次或在此层次之上的需要。比如,一个饥肠辘辘的人,他更渴望你给他几个馒头或面包,而不是你赞赏他长得如何英俊潇洒或如何出类拔萃。

(3) 双因素理论。激励-保健因素理论是由美国的行为科学家弗雷德里克·赫茨伯格(Fredrick Herzberg)提出的,又称双因素理论,该理论是他最主要的成就。

20 世纪 50 年代末期，赫茨伯格和他的助手们在美国匹兹堡地区对 200 名工程师、会计师进行调查访问。结果发现，使职工感到满意的都是属于工作本身或工作内容方面的；使职工感到不满的，都是属于工作环境或工作关系方面的。他把前者叫做激励因素，后者叫做保健因素，如图 1-1-5 所示。

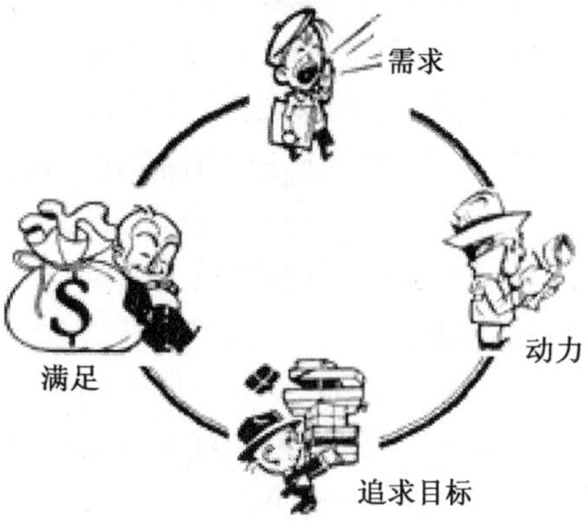

图 1-1-5　赫茨伯格的双因素理论

保健因素包括公司政策、管理措施、监督、人际关系、工作条件、工资和福利等。当这些因素恶化到人们认为可以接受的水平以下时，就会产生对工作的不满意。但是，当人们认为这些因素很好时，它只是消除了不满意，并不会导致积极的态度，这就形成了一种既不是满意、又不是不满意的中性状态。

那些能带来积极态度、满意和激励作用的因素就叫做激励因素，这是能满足个人自我实现需要的因素，包括成就、赏识、挑战性的工作、增加的工作责任，以及成长和发展的机会。如果具备这些因素，就能对人们产生更大的激励。从这个意义出发，赫茨伯格认为传统的激励因素，如工资刺激、人际关系的改善、提供良好的工作条件等，都不会产生更大的激励；它们能消除不满意，防止产生问题，但即使达到最佳程度，也不会产生更大的激励。

根据赫茨伯格的研究发现，管理者应该认识到保健因素是必需的，不过它一旦使不满意中和以后，就不能产生更积极的效果。只有激励因素才能使人们有更好的工作成绩。

双因素理论告诉我们，满足各种需要所引起的激励深度和效果是不一样的。物质需求的满足是必要的，没有它会导致不满，但是即使获得满足，它的作用往往也是很有限的、不能持久的。要调动人的积极性，不仅要注意物质利益和工作条件等外部因素，而且更重要的是要注意工作的安排、量才使用、个人成长与能力提升等，注意对人进行精神鼓励，给予表扬和认可，注意给人以成长、发展、晋升的机会。随着人们物质“小康”问题的解决，人们对精神“小康”的需求也越来越迫切。

（4）期望理论。美国心理学家弗鲁姆于 1964 年提出期望理论。该理论认为，激发的力量来自效价与期望值的乘积，即激励的效用＝期望值×效价。也就是说，推动人们去实现目标的力量，是 2 个变量的乘积，如果其中有一个变量为 0，激励的效用就等于 0。效价是指企业和团队的目标达到后，对个人有什么好处或价值，及其价值大小的主观估计。期望值是达到企业目标的可能性的大小，以及企业目标达到后兑现个人要求可能性大小的主观估计。这 2 种估计在实践过程中会不断修正和变化，发生所谓的“感情调整”。比如，我认为我有能力完成这项任务，完成任务后我估计老板肯定会兑现他给我晋升工资的诺言，而增加工资正是我的最大期望，所以，我工作的积极性肯定很高；反之，任何一个变量的变化，就会影响到工作的积极性。管理者的任务就是要使这种调整有利于达到最大的激发力量。因此，期望理论是过程型激励理论。

（5）激励手段。激励手段主要包括以下几种。

目标激励：就是确定适当的目标，诱发人的动机和行为，达到调动人的积极性的目的。目标作为一种诱引，具有引发、导向和激励的作用。一个人只有不断启发对高目标的追求，才能启发其奋发向上的内在动力。每个人实际上除金钱目标外，还有如权力、成就等目标。

管理者就是要将每个人内心深处的这种或隐或现的目标挖掘出来，并协助他们制订详细的实施步骤，在随后的工作中引导和帮助他们努力实现目标。当每个人的目标强烈和迫切地需要实现时，他们就对企业的发展产生热切的关注，对工作产生强大的责任感，平时不用别人监督就能自觉地把工作搞好。这种目标激励会产生强大的效果。

尊重激励：我们常听到"公司的成绩是全体员工努力的结果"之类的话，表面看起来管理者非常尊重员工，但当员工的利益以个体方式出现时，管理者会以企业全体员工整体利益加以拒绝，他们会说"我们不可以仅顾及你的利益"或者"你不想干就走，我们不愁找不到人"，这时员工就会觉得"重视员工的价值和地位"只是口号。显然，如果管理者不重视员工感受，不尊重员工，就会大大打击员工的积极性，使他们的工作仅仅为了获取报酬，激励因此大大削弱。这时，懒惰和不负责任等情况将随之发生。尊重是加速员工自信力爆发的催化剂，尊重激励是一种基本激励方式。上下级之间的相互尊重是一种强大的精神力量，它有助于企业员工之间的和谐，有助于企业团队精神和凝聚力的形成。

参与激励：现代人力资源管理的实践经验和研究表明，现代的员工都有参与管理的要求和愿望，创造和提供一切机会让员工参与管理是调动他们积极性的有效方法。毫无疑问，很少有人参与商讨和自己有关的行为而不受激励的。因此，让职工恰当地参与管理，既能激励职工，又能为企业的成功获得有价值的知识。通过参与，形成职工对企业的归属感、认同感，可以进一步满足自尊和自我实现的需要。

工作激励：工作本身具有激励力量。为了更好地发挥员工工作的积极性，管理者要考虑如何才能使工作本身更有内在意义和挑战性，给职工一种自我实现感。管理者要进行"工作设计"，使工作内容丰富化和扩大化，并创造良好的工作环境，还可通过员工与岗位的双向选择，使职工对自己的工作有一定的选择权。

荣誉和提升激励：荣誉是众人或组织对个体或群体的崇高评价，是满足人们自尊需要，激发人们奋力进取的重要手段。从人的动机看，人人都具有自我肯定、光荣、争取荣誉的需要。对于一些工作表现比较突出、具有代表性的先进员工，给予必要的荣誉奖励，是很好的精神激励方法。荣誉激励成本低廉，但效果很好。另外，提升激励是对表现好、素质高的员工的一种肯定，应将其纳入"能上能下"的动态管理制度。

负激励：激励并不全是鼓励，它也包括负激励措施，如淘汰、罚款、降职和开除激励。淘汰激励是一种惩罚性控制手段。按照激励中的强化理论，激励可采用处罚方式，即利用带有强制性、威胁性的控制技术，如批评、降级、罚款、降薪、淘汰等来创造一种令人不快或带有压力的条件，以否定某些不符合要求的行为。现代管理理论和实践都指出，在员工激励中，正面的激励远大于负面的激励。越是素质较高的人员，淘汰激励对其产生的负面作用就越大。如果用双因素理论来说明这一问题可能更易让人理解。淘汰激励一般采用单一考核指标，给员工造成工作不安定感，同时也很难让员工有总结经验教训的机会。同时，还会使员工与上级主管之间的关系紧张，同事间关系复杂，员工很难有一个长期工作的打算。

危机激励：危机激励的实质是树立全体员工的忧患意识，做到居安思危，无论是在组织顺利还是困难的情况下，都永不松懈，永不满足，永不放弃对竞争对手的警惕。日本学者小山秋义把这种激励方法称为"怀抱炸弹经营"、"置之死地而后生"，唤醒全体员工的危机意识，确保组织立于不败之地。

5. 控制职能

控制是按既定目标和标准对组织的活动进行监督、检查，发现偏差，采取纠正措施，使工作能按原定计划进行，或适当调整计划以达预期目的。控制工作是一个延续不断的、反复发生的过程，其目的在于保证组织实际的活动及其成果同预期目标相一致。

控制职能是与计划职能紧密相关的，包括制订各种控制标准；检查工作是否按计划进行，是否符合既定的标准，如工作发生偏差要及时发出信号，然后分析偏差产生的原因，纠正偏差或制订新的计划，以确保实现组织目标。

1）控制职能的实行条件

（1）有明确的执行标准，如数量、定额、指标、规章制度、政策等；

（2）及时获得发生偏差的信息，如报表、简报、原始记录、口头汇报等；

（3）纠正偏差的有效措施。

缺少任何一个条件，管理活动便会失去控制。

2）控制职能的基本方式

（1）控制时间：任何任务的完成都必须具有时限性，节省时间是提高工作效率的重要途径。

（2）控制数量：心中有数，才能统观全局，全局上的很多指标是通过数量反映出来的。

（3）控制质量：以质量求生存是重要的经营之道，没有质量就没有数量，没有质量就没有效益。

（4）控制安全：人身安全、财产安全、资料安全。

任务实施

模块1　分析“三个和尚没水喝”

【任务要求】

学生6～8人一组，每组学生分析并讨论，每组指派组长一名负责汇总分析结果并向全班汇报。分析的视角是利用管理学原理。

【任务准备】

1. 教学资料准备：“三个和尚没水喝”故事简介

有个小和尚住在山顶的小庙里，山坡下有条小河，小和尚经常要自己去挑水吃。过了几天，一个瘦和尚路过这儿，他想：这里有山有水真是好地方，就在这儿住下吧！他正好碰到小和尚来挑水。

“小师傅你好！”

“瘦师傅你好！”

“我想在这儿住住你看行吗？”

“当然可以，我有个伴更好。”

“那么你去挑点水我来喝好吗？”

小和尚一听可不高兴了，“我挑水你喝水，哼！哪有这样的道理，想喝水那你就去挑吧。”

“唉，你看我走了一天的路，已经累得不行了。”

“你要吃水让我去挑说得过去吗?”

“唉！也不是我一个人吃啊，你挑来水，咱们两个人都吃嘛!”说着他们就吵了起来，最后两个人决定一起下山去抬水。

又过了几天，一个胖和尚路过这儿，他看到这地方山清水秀，于是就来到庙门前，正好碰到小和尚和瘦和尚抬着一只水桶出来。

“两位师傅你们好!”

“胖师傅你好!”

“咱们三个一起住行不行?”

“可以啊!”

胖和尚说：“我累坏了，也渴坏了，请两位师傅快去抬水吧!”

小和尚和瘦和尚一听脸绷得紧紧的，把水桶嘭地搁在一边，小和尚说：“你想吃水自己去挑，要不你跟瘦师傅一起去抬。”瘦师傅说：“怎么能让我抬呢，小师傅，你跟胖师傅去抬吧。”

于是，三个和尚吵了起来。他们都很渴，可就是没有人愿意去挑水，也没有人去抬水，他们皱起眉头，撅起了嘴，坐在那儿一动也不动，就这么一直坐着。

等到天黑，谁也没站起来，再过了一会儿，他们都呼呼地睡着了。这时候一只小老鼠大模大样地钻出洞来，东跑西溜，碰倒了一支点着的蜡烛，引起寺庙大火，将寺庙烧个精光。

2. 人员分组，每6～8人为一组，每组设组长一名，负责汇报分析讨论的结果。

3. 准备多媒体教学设备。

【任务操作】

从计划、组织、领导、控制、人员管理等某个特定的视角来分析为什么“三个和尚没水吃”。

1. 从管理的重要性角度分析

“一个和尚挑水吃”是自给自足，没有分工也没有协作或合作，靠本能生存，不需要制度，但生存风险较大。“两个和尚抬水吃”改善了生存条件，形成了分工和协作，以及简单的管理关系。在相互监督下，他们每人可以省一半力。“三个和尚没水吃”表明在人数增加过程中，有必要制定管理制度来保证水的供应，否则每个和尚都想偷懒，最后造成都没有水吃。

2. 从管理职能角度分析

3个和尚形成了一个团队，这个团队没有领导，没有职责分工，没有激励机制，没有制订挑水计划等，最终导致大家都没水吃。

模块2　填写“沟通障碍”自我检查表

【任务要求】

根据自己的实际情况，完成表1-1-2。

【任务准备】

1. 教学资料准备：沟通障碍自我检查表每人一份；
2. 人员分组，每6～8人为一组，每组设组长一名，收集“沟通障碍自我检查表”；
3. 多媒体教学设备准备。

【任务操作】

独立完成沟通障碍自我检查表（见表1-1-2），组长负责收集上交。

表1-1-2　沟通障碍自我检查表

检查项目	描述你在沟通中存在的障碍	制订改进计划
形体障碍		
心理障碍		
语言障碍		
环境障碍		
地位障碍		
人数障碍		
文化障碍		

【任务评价】

评估要素：管理的职能；分工和协调；激励；沟通与交流；人员分派。

【任务拓展】

一、《国际卫生条例》的有关规定

（一）概述

在1830—1847年间，肆虐欧洲的霍乱促进了频繁的传染病外交和公共卫生方面的多边合作。其后，1851年，在巴黎召开第1届国际卫生会议。1948年《世界卫生组织法》生效，而后世界卫生组织会员国于1951年通过了《国际公共卫生条例》，并于1969年改名为《国际卫生条例》。1969年通过的《国际卫生条例》分别于1973年和1981年作了细微修改。

《国际卫生条例（1969）》的初衷是监测和控制6种严重的传染病：霍乱、鼠疫、黄热病、天花、回归热和伤寒。根据《国际卫生条例（1969）》，只有霍乱、鼠疫和黄热病仍属法定报告疾病。这表明如果在其领土内发生以上疾病时，各国必须通报世界卫生组织。

20世纪90年代，由于一些人所共知的流行性疾病（如南美洲部分地区的霍乱、印度的鼠疫）的死灰复燃和新传染性疾病（如埃博拉出血热）的出现，1995年召开的第48届世界卫生大会通过一项决议，要求修订《国际卫生条例（1969）》。

2001年5月，世界卫生大会通过了题为“全球健康保障：对流行病的预警和反映”的

WHA54.14号决议，决议要求世界卫生组织支持会员国增强发现和快速应对传染病威胁、突发事件的能力。

2003年5月，关于修订《国际卫生条例》的WHA56.28号决议建立了向所有会员国开放的政府间工作小组(IGWG)，其任务为审查和建议提请世界卫生大会审议的《国际卫生条例》修正草案。IGWG分别于2004年11月、2005年2月和2005年5月先后召开3次会议，赞同将最终修正文本提请第58届世界卫生大会审议。第58届世界卫生大会于2005年5月23日以WHA58.3号决议通过了《国际卫生条例(2005)》(以下统称IHR或条例)。

(二)条例的主要内容

1. 目的和范围

本条例的目的和范围是以针对公共卫生危害，同时又避免对国际交通和贸易造成不必要干扰的适当方式预防、抵御和控制疾病的国际传播，并提供公共卫生应对措施。

2. 原则

(1) 本条例的执行应充分尊重人的尊严、人权和基本自由。

(2) 本条例应在联合国宪章和世界卫生组织《组织法》的指导之下执行。

(3) 本条例的执行应以其广泛用以保护世界上所有人民不受疾病国际传播之害的目标为指导。

(4) 根据联合国宪章和国际法的原则，具有主权权利的国家在根据其卫生政策进行立法和实施法规时，应当遵循本条例的目的。

3. 负责部门

(1) 每个缔约国应当指定或建立《国际卫生条例》国家归口单位以及在各自管辖行政范围内负责按本条例实施卫生措施的部门。

(2)《国际卫生条例》国家归口单位应随时能够同世界卫生组织《国际卫生条例》联络点保持联系。《国际卫生条例》国家归口单位的职责应该包括：①代表有关缔约国同世界卫生组织《国际卫生条例》联络点就有关本条例实施的紧急情况进行沟通，特别是根据第6～12条的规定。②向有关缔约国的相关行政管理部门传播信息，并汇总反馈意见，其中包括负责监测和报告的部门、入境口岸、公共卫生服务机构、诊所、医院和其他政府机构。

(3) 世界卫生组织应当指定《国际卫生条例》联络点，后者应与《国际卫生条例》国家归口单位随时保持联系。世界卫生组织《国际卫生条例》联络点应将本条例的执行情况(特别是根据第6～12条的规定)及时分送有关缔约国的《国际卫生条例》国家归口单位。世界卫生组织《国际卫生条例》联络点可由世界卫生组织在本组织总部或区域一级任命。

(4) 缔约国应当向世界卫生组织提供本国《国际卫生条例》国家归口单位的详细联系方式，同时世界卫生组织应当向缔约国提供世界卫生组织《国际卫生条例》联络点的详细联系方式。以上联系细节应不断更新并每年予以确认。世界卫生组织应当让所有缔约国了解世界卫生组织按本条规定所收到的《国际卫生条例》国家归口单位的联系细节。

4. 入境口岸

1) 总职责

除本条例规定的其他职责外，每个缔约国应当：

(1) 确保规定的指定入境口岸的能力在规定的期限内得到加强。

(2) 确定负责本国领土上每个指定入境口岸的主管部门。

(3) 当为应对特定的潜在公共卫生危害提出要求时,尽量切实可行地向世界卫生组织提供有关入境口岸有可能导致疾病的国际传播感染源或污染源(包括媒介和宿主)的相关资料。

2) 机场和港口

缔约国应当指定理应加强规定的能力的机场和港口。

缔约国应当确保:根据要求和示范格式签发船舶免予卫生控制证书和船舶卫生控制证书。

每个缔约国应当向世界卫生组织寄送被授予以下权限的港口名单:

(1) 签发船舶卫生控制证书和提供附件提及的服务。

(2) 只签发船舶免予卫生控制证书。

(3) 延长船舶免予卫生控制证书 1 个月,直至船舶抵达可能收到证书的港口。

每个缔约国应当将列入名单的港口情况可能发生的任何改变通知世界卫生组织。世界卫生组织应当公布根据本款收到的信息。在有关缔约国的要求下,世界卫生组织可以在经适当调查后设法证明:在其领土上的机场或港口符合要求。以上证明材料可由世界卫生组织在与缔约国协商下定期审核。

世界卫生组织在与相关政府间组织和国际机构的合作下,应当制定和公布按本条规定为机场和港口颁发证书的准则。世界卫生组织还应该发布经认证的机场和港口的清单。

5. 公共卫生措施

1) 总则

(1) 到达和离开时的卫生措施。遵循适用的国际协议和本条例各有关条款,缔约国出于公共卫生目的可要求在到达或离开时:①对旅行者进行检查。②对行李、货物、集装箱、交通工具、物品、邮包和骸骨进行检查。

(2) 如通过规定的措施或通过其他手段取得的证据表明存在公共卫生危害,缔约国尤其对嫌疑或受染旅行者可在个别情况个别处理的基础上,按本条例采取能够实现防范疾病国际传播的公共卫生目标的干扰性和创伤性最小的医学检查等额外卫生措施。

(3) 根据缔约国的法律和国际义务,未经旅行者本人或其父母或监护人的事先知情同意,不得进行本条例规定的医学检查、疫苗接种、预防或卫生措施,但有例外。

(4) 根据缔约国的法律和国际义务,按本条例接种疫苗或接受预防措施的旅行者本人或其父母或监护人应当被告知接种或不接种疫苗以及采用或不采用预防措施引起的任何风险,缔约国应当根据该国的法律将此要求通知医生。

(5) 当对旅行者实行或施行涉及疾病传播危险的任何医学检查、医学操作、疫苗接种或其他预防措施时,必须根据既定的国家或国际安全准则和标准,以尽量减少这种危险。

2) 对交通工具和交通工具运营者的特别条款

(1) 交通工具运营者。缔约国应当采取符合本条例的一切可行措施,确保交通工具运营者:①遵守世界卫生组织建议并经缔约国采纳的卫生措施。②告知旅行者世界卫生组织建议并经缔约国采纳的舱内卫生措施。③经常保持所负责的交通工具无感染源或污染源(包括媒介和宿主)状态。如果发现有感染源或污染源的证据,需要采取相应的控制措施。

本条对交通工具和交通工具运营者的具体规定见附件。在媒介传播疾病方面,适用于交通工具和交通工具运营者的具体措施见附件。

(2) 过境船舶和飞机。除另有规定或经适用的国际协议授权外,缔约国对以下情况不得采取卫生措施:①不是来自受染地区、在前往另一国家领土港口的途中经过该缔约国领土的沿海运河或航道的船舶。在主管部门监督下应当允许任何此类船舶添加燃料、水、食物和供应品。②通过该缔约国管辖的航道,但不在港口或沿岸停靠的任何船舶。③在该缔约国管辖的机场过境的飞机,但可限制飞机停靠在机场的特定区域,不得上下人员和装卸货物。然而,在主管部门监督下应当允许任何此类飞机添加燃料、水、食物和供应品。

(3) 过境的民用卡车、火车和客车。除另有规定或经适用的国际协议授权外,不得对来自非疫区并在无人员上下和装卸货物的情况下通过领土的民用卡车、火车或客车采取卫生措施。

(4) 受染交通工具。如果根据公共卫生危害的事实和证据发现交通工具舱内存在临床迹象或症状和情况(包括感染和污染源),主管部门应当认为该交通工具受染,并可:①对交通工具进行适宜的消毒、除污、除虫或灭鼠,或使上述措施在其监督下进行。②结合每个具体情况决定所采取的技术,以保证按本条例的规定充分控制公共卫生危害。若世界卫生组织为此程序有建议的方法或材料,应予以采用,除非主管当局认为其他方法也同样安全和可靠。

主管当局可执行补充卫生措施,包括在必要时隔离交通工具,以预防疾病传播。应该向《国际卫生条例》国家归口单位报告这类补充措施。

如果入境口岸的主管部门不具备执行本条要求的控制措施的实力,受染交通工具在符合以下条件的情况下可允许离港:①主管部门应当在离港之际向下一个已知入境口岸的主管当局提供相关信息。②如为船舶,则在船舶卫生控制证书中应当注明所发现的证据和需要采取的控制措施。应当允许任何此类船舶在主管部门监督下添加燃料、水、食品和供应品。

主管部门对以下情况表示满意时,曾被认为受染的交通工具应不再被认为受染:①本条规定的措施已经被有效执行。②舱内没有构成公共卫生危害的情况。

(5) 入境口岸的船舶和飞机。除适用的国际协议另有规定外,不应当因公共卫生原因而阻止船舶或飞机在任何入境口岸停靠。但是,如果入境口岸不具备执行本条例规定的卫生措施的能力,可命令船舶或飞机在自担风险的情况下驶往可到达的最近适宜入境口岸,除非该船舶或飞机有会使更改航程不安全的操作问题。

除适用的国际协议另有规定外,缔约国不应当出于公共卫生理由拒绝授予船舶或飞机“无疫通行”,特别是不应当阻止其上下乘员、装卸货物或储备用品,或添加燃料、水、食品和供应品。缔约国可在授予“无疫通行”前进行检查,若舱内发现感染或污染源,则可要求进行必要的消毒、除污、灭虫或灭鼠,或采取其他必要措施防止感染或污染传播。

在可行的情况下,缔约国如根据船舶或飞机到达前收到的信息认为该船舶或飞机的到达不会引起或传播疾病,则应当通过无线通信或其他通信方式授予无疫许可。

船舶的负责官员或飞机的机长或其代理在到达目的地港口或机场前应当将舱内任何显示出某种传染病迹象的患病者的情况或存在公共卫生危害的证据,在负责官员或机长一旦获知存在这类病情或公共卫生危害后尽早通知港口或机场管制部门。此信息必须立即告知港口或机场的主管部门。在紧急情况下,负责官员或机长应直接向有关港口或机场部门通报此类信息。

若由于非飞机机长或船舶负责官员所能控制的原因,嫌疑受染或受染的飞机或船舶着陆或停泊于不是原定到达的机场或港口，则应当采取以下措施：①飞机机长或船舶负责官员或其他负责人，应当尽一切努力立即与最近的主管部门联系。②主管部门一旦得知飞机着陆，可采取世界卫生组织建议的卫生措施或本条例规定的其他卫生措施。③除非出于紧急情况或与主管部门进行联系的需要，或得到主管部门的批准，否则搭乘飞机或船舶的旅客不得离开飞机或船舶附近，也不得从飞机或船舶附近移动货物。④在执行主管部门要求的所有卫生措施后，如果此类措施圆满完成，飞机或船舶可继续前往原定着陆或停泊的机场或港口，或如因技术原因不能在这里着陆或停泊，可前往位置方便的机场或港口。

虽然有本条所含的条款，船舶的负责官员或飞机的机长可为了舱内旅客的健康和安全而采取认为必需的紧急措施，但负责官员或机长应就按本款采取的任何措施尽早告知主管部门。

（6）入境口岸的民用卡车、火车和客车。世界卫生组织应与缔约国协商，制定对入境口岸和通过陆地过境点的民用卡车、火车和客车所采取卫生措施的指导原则。

3）对货物、集装箱和集装箱装卸区的特别条款

（1）转口货物。除非另有规定或经适用的国际协议授权，否则除鲜活的动物外，无须转运的转口货物不应当接受本条例规定的卫生措施或出于公共卫生目的而被扣留。

（2）集装箱和集装箱装卸区。缔约国应当在可行的情况下确保集装箱托运人在国际航行中使用的集装箱保持无感染源或污染源（包括媒介和宿主），特别是在打包过程中。缔约国应当在可行的情况下确保集装箱装卸区保持无感染源或污染源（包括媒介和宿主）。

一旦缔约国认为国际集装箱装卸量非常繁重，主管当局应当采取符合本条例的一切可行措施（包括进行检查）评估集装箱装卸区和集装箱的卫生状况，以确保本条例规定的义务得到履行。在可行的情况下，集装箱装卸区应配备检查和隔离集装箱的设施。如集装箱装卸区具有多种用途，集装箱托运人和受托人应当尽力避免交叉污染。

6. 卫生文件

1）一般规定

除本条例或世界卫生组织发布的建议所规定的卫生文件外，在国际航行中不应要求其他卫生文件，但本条不适用于申请临时或长期居留的旅行者，也不适用于根据使用的国际协议有关国际贸易中物品或货物公共卫生状况的文件要求。主管当局可要求旅行者填写符合规定要求的通信地址表和关于旅行者健康情况的调查表。

2）疫苗接种或其他预防措施证书

按本条例或建议对旅行者进行的疫苗接种或预防措施，以及与此相关的证书应当符合附件的规定，适用时应当符合附件有关特殊疾病的规定。

除非主管当局有可证实的迹象和（或）证据表明疫苗接种或其他预防措施无效，否则持有与附件相符的疫苗接种或其他预防措证书的旅行者不应当由于证明中提及的疾病而被拒绝入境，即使该旅行者来自受染地区。

3）海事健康申报单

船长在到达缔约国领土的第一个停靠港口前应当查清船上的健康情况，而且除非缔约国不要求，否则船长应当在船舶到达后或到达之前（如果船舶有此配备且缔约国要求事先提交），填写海事健康申报单，并提交给该港口的主管部门；如果带有船医，海事健康申报单则应当有后者的副签。

船长或船医(如果有)应当提供主管当局所要求的有关国际航行中船上卫生状况的任何信息。

海事健康申报单应当符合附件规定的示范格式。

缔约国可决定:

(1) 免予所有到港船舶提交海事健康申报单。

(2) 根据对来自疫情地区的船舶的建议,要求提交海事健康申报单或要求可能携带感染或污染的船舶提交此文件。

缔约国应当将以上要求通知船舶运营者或其代理。

4) 船舶卫生证书

船舶免予卫生控制措施证书和船舶卫生控制措施证书的有效期最长应为 6 个月。如果所要求的检查或控制措施不能在港口完成,此期限可延长 1 个月。

如果未出示有效的船舶免于卫生控制措施证书或船舶卫生控制措施证书,或在舱内发现公共卫生危害的证据,缔约国可根据本条例行事。

本条提及的证书应当符合附件的示范格式。

只要有可能,控制措施应当在船舶和船舱腾空时进行。如果船舶有压舱物,应在装货前进行。

如需要进行控制措施,并圆满完成,主管当局应当签发船舶卫生控制措施证书,注明发现的证据和采取的控制措施。

主管当局如对船舶无感染或污染(包括媒介和宿主)状况表示满意,可在规定的任何港口签发船舶免于卫生控制措施证书。当船舶和船舱腾空时或只剩下压舱物或其他材料(按其性质和摆放方式可对船舱进行彻底检查)时,才能对船舶进行检查,检查后一般应签发证书。

如果执行控制措施的港口主管部门认为,由于执行措施的条件有限,不可能取得满意的结果,主管部门应当在船舶卫生控制措施证书上如实注明。

二、我国劳动法的有关规定

(一)《中华人民共和国劳动法》的有关规定

《中华人民共和国劳动法》(以下简称劳动法)已由中华人民共和国第八届全国人民代表大会常务委员会第八次会议于 1994 年 7 月 5 日通过,自 1995 年 1 月 1 日起施行。

1. 劳动法的构成和性质

劳动法共 107 条,分为 13 章,其主要内容包括:总则;促进就业;劳动合同和集体合同;工作时间和休息、休假;工资;劳动安全卫生;女职工和未成年工特殊保护;职业培训;社会保险和福利;劳动争议;监督检查;法律责任;附则。其宗旨是保护劳动者的合法权益,调整劳动关系,建立和维护适应社会主义市场经济的劳动制度,促进经济发展和社会进步。

2. 劳动法的总则

为保护劳动者的合法权益,调整劳动关系,建立和维护适应社会主义市场经济的劳动制度,促进经济发展和社会进步,根据宪法,制定本法。

在中华人民共和国境内的企业、个体经济组织(以下统称用人单位)和与之形成劳动关系的劳动者,适用本法。

劳动者享有平等就业和选择职业的权利、取得劳动报酬的权利、休息休假的权利、获得劳动安全卫生保护的权利、接受职业技能培训的权利、享受社会保险和福利的权利、提请劳动争议处理的权利以及法律规定的其他劳动权利。

劳动者应当完成劳动任务，提高职业技能，执行劳动安全卫生规程，遵守劳动纪律和职业道德。

用人单位应当依法建立和完善规章制度，保障劳动者享有劳动权利和履行劳动义务。

国家采取各种措施，促进劳动就业，发展职业教育，制定劳动标准，调节社会收入，完善社会保险，协调劳动关系，逐步提高劳动者的生活水平。

国家提倡劳动者参加社会主义义务劳动，开展劳动竞赛和合理化建议活动，鼓励和保护劳动者进行科学研究、技术革新和发明创造，表彰和奖励劳动模范和先进工作者。

劳动者有权依法参加和组织工会。工会代表和维护劳动者的合法权益，依法独立自主地开展活动。

劳动者依照法律规定，通过职工大会、职工代表大会或者其他形式，参与民主管理或者就保护劳动合法权益与用人单位进行平等协商。

国务院劳动行政部门主管全国劳动工作。

县级以上地方人民政府劳动行政部门主管本行政区域内的劳动工作。

（二）《中华人民共和国劳动合同法》的有关规定

《中华人民共和国劳动合同法》（以下简称劳动合同法）已由中华人民共和国第十届全国人民代表大会常务委员会第二十八次会议于 2007 年 6 月 29 日通过，自 2008 年 1 月 1 日起施行。

劳动合同法分 8 章，共有 98 条，其主要内容包括总则、劳动合同的订立、劳动合同的履行和变更、劳动合同的解除和终止、特别规定（集体合同、劳务派遣和非全日制用工）、监督检查、法律责任和附则。这是自劳动法颁布实施以来，我国劳动和社会保障法制建设中的又一个里程碑。劳动合同法的颁布实施，对于更好地保护劳动者的合法权益，构建和发展和谐稳定的劳动关系，促进社会主义和谐社会建设，具有十分重要的意义。

(1) 制定劳动合同法是尊重劳动、保护劳动者的重要举措。劳动者是社会主义国家的主人，切实保护广大劳动者的合法权益，是我国社会主义现代化建设的根本要求，也是社会主义制度生命力和优越性的体现。劳动合同法通过对劳动合同的订立、履行、解除、终止等作出符合社会主义市场经济要求和我国国情的规定，在尊重用人单位用工自主权的基础上，要求用人单位必须与劳动者订立书面劳动合同、规定用人单位必须全面履行劳动合同、引导用人单位合理约定劳动合同期限、规范用人单位解除和终止劳动合同行为、要求用人单位在解除和终止劳动合同时必须依法支付经济补偿，从而在劳动者十分关心的这些问题上，有效地保护劳动者的合法权益。

(2) 制定劳动合同法是落实科学发展观、构建社会主义和谐社会的重要内容。劳动是人类社会最基本的社会活动，劳动关系是最基本的社会关系。所以，“以人为本”，重要的是要以劳动者为本；社会和谐，重要的是劳动关系的和谐。劳动关系的和谐稳定，是保证企业正常的生产经营秩序，促进经济社会和谐发展的前提和基石，在劳动关系中，用人单位与劳动者一方面有共同的利益，另一方面又有不同的利益需求，是一对既统一又对立的矛盾共同体。劳动合同法在维护用人单位合法权益的同时，侧重于维护处于弱势一方的劳动者的合法权益，以实现双方之间力量与利益的平衡，从而促进劳动关系和谐稳定，促进社会主义和谐社会的构建。

(3) 制定劳动合同法是完善劳动保障法律体系的重要举措。劳动合同在保护劳动者各项劳动保障权益中发挥着关键作用。劳动合同一方面可以从形式上确立劳动关系，从而为劳动者获得劳动报酬、休息休假、社会保险等各项法定权益奠定了基础；另一方面又从内容上具体约定劳动者的工资、工作内容、工作时间等权益，从而为劳动者实现和保障自身的权益提供了依据。劳动合同的重要性，决定了劳动合同法在劳动保障法律体系中处于基础地位。制定劳动合同法，不仅可以直接维护劳动者的劳动合同权益，而且还可以起到间接维护劳动者的其他各项劳动保障权益的作用。由此可见，劳动合同法的出台，标志着我国在完善劳动保障法律体系方面迈出了重要的一步。

(三)《中华人民共和国船员条例》的有关规定

《中华人民共和国船员条例》(以下简称船员条例)于 2007 年 3 月 28 日国务院第 172 次常务会议通过。船员条例自 2007 年 9 月 1 日起施行。

船员条例共 73 条，分为 8 章，其主要内容包括总则、船员注册和任职资格、船员职责、船员职业保障、船员培训和船员服务、监督检查、法律责任和附则。

船员条例从提高船员素质、明确船员的职责、维护船员合法权益和保证船员有序流动等方面进行了规定。

在提高船员素质方面，主要从 4 个方面进行规定：第一，建立船员注册制度；第二，建立船员任职资格制度；第三，建立船员培训许可制度；第四，明确船员上船应当完成相应的专业培训、特殊培训和适任培训。

在明确船员职责方面，主要从 6 个方面进行规定：第一，规定船员应当携带有效的船员证书；第二，规定船员不得隐匿、篡改或者销毁有关船舶法定证书、文书；第三，规定船员应当遵守船舶的管理制度和值班规定；第四，规定船员应当参加船舶应急训练、演习，落实各项应急预防措施；第五，规定船员发现或发生险情、事故或者保安事件以及影响航行安全的情况，应当及时报告，在不严重危及自身安全的情况下，尽力救助遇险人员；第六，规定船员不得利用船舶私运旅客、货物，不得携带违禁物品。

在维护船员合法权益方面，主要从 7 个方面进行规定：第一，明确船员用人单位和船员应当按照国家有关规定参加工伤保险、医疗保险、养老保险、失业保险以及其他社会保险，并依法按时足额缴纳各项保险费用；第二，明确船员生活和工作的场所应符合国家船舶检验规范中有关船员生活环境、作业安全和防护的要求；第三，明确船员服务机构向船员用人单位提供船舶配员服务时，应当督促船员用人单位与船员依法订立劳动合同；第四，明确船员用人单位应当根据船员职业的风险性、艰苦性、流动性等因素，向船员支付合理的工资，并按时足额发放给船员，任何单位和个人不得克扣船员的工资；第五，明确船员用人单位应当向在劳动合同有效期内的待派船员，支付不低于船员用人单位所在地人民政府公布的最低工资；第六，明确船员除享有国家法定的节假日外，还享有在船舶上每工作 2 个月不少于 5 日的年休假，船员用人单位应当向在年休假期的船员，支付不低于船员在船服务期间平均工资的报酬；第七，明确船员要求遣返和选择遣返地点的权利。

在保证船员有序流动方面，主要从 4 个方面进行规定：第一，建立船员服务许可制度；第二，明确船员服务机构应当建立船员档案，加强船舶配员管理，掌握船员的培训、任职资历、安全记录、健康状况等情况；第三，明确船员服务机构应当向社会公布服务项目和收费标准；第四，明确船员服务机构为船员提供服务，应当诚实守信，不得提供虚假信息，不得损害船员的合法权益。

船员条例的颁布实施，有利于加强船员管理、提高船员素质、维护船员的合法权益、规范船员服务行业、保障水上交通安全和促进航运的健康发展。

(四)《中华人民共和国海船船员适任考试和发证规则》的有关规定

为提高海船船员素质，保障海上人命和财产安全，保护海洋环境，根据《中华人民共和国海上交通安全法》《中华人民共和国船员条例》以及我国缔结或者加入的有关国际公约，制定《中华人民共和国海船船员适任考试和发证规则》(以下简称本规则)。

本规则自 2012 年 3 月 1 日起施行。2004 年 8 月 1 日由原交通部颁布的《中华人民共和国海船船员适任考试、评估和发证规则》(交通部令 2004 年第 6 号)同时废止。国家海事管理机构在国务院交通运输主管部门的领导下，对海船船员适任考试和发证工作进行统一管理。国家海事管理机构所属的各级海事管理机构按照国家海事管理机构确定的职责范围具体负责海船船员适任考试和发证工作。

(五)《中华人民共和海船船员值班规则》的有关规定

STCW 78 公约生效以来，对提高海员素质、保障航行安全起到了积极作用。随着世界海运业的发展，加上公约里许多内容不够完善，一些标准亟待修订，原公约已难以适应海运业发展的新要求。为此，IMO 于 1995 年对 STCW 78 公约进行了全面修正，并于 1997 年 2 月 1 日开始生效。经 1995 年修正的 STCW 78 公约中的规则分为 2 部分：A 部分是强制性的，B 部分是指导性的。为配合 STCW 78/95 公约的全面实施，提高我国船员的整体素质，认真履行缔约国的义务，原交通部于 1997 年 10 月 16 日经第十三次部长办公会议通过《中华人民共和国海船船员值班规则》(中华人民共和国交通部令 1997 年第 11 号)(以下简称本规则)，并于 1997 年 10 月 20 日发布，自 1998 年 1 月 1 日起施行。

本规则主要由 10 章内容构成，共 148 条，其主要内容包括：总则；航次计划及值班安排；航行值班应遵守的原则；不同环境下的航行值班；轮机值班应遵守的原则；无线电值班应遵守的原则；港内值班；驾驶、轮机联系制度；船员健康适任要求；附则。

为加强海船船员值班管理，防止船员疲劳操作，保障海上人命与财产安全，保护海洋环境，根据《中华人民共和国海上交通安全法》和《中华人民共和国海洋环境保护法》等有关法律、法规的规定，以及 IMO 1995 年修正的 STCW 78 公约和国际电信联盟《无线电规则》的要求，制定本规则。

本规则适用于在 100 总吨及以上中国籍海船上服务的组成值班的船员，但在下列船上服务的船员除外：军用船舶；渔业船舶；非营业的游艇；构造简单的木质船。

中华人民共和国海事局是实施本规则的主管机关。

各船公司应保证指派到船上任职的每个值班船员均能熟悉船上的有关设备和船舶特性以及本人职责，并能在紧急情况下有效地执行安全和防污染工作。

船长及全体船员应了解由于操作不当或意外事故对海洋环境造成污染的严重后果，并应遵照国际公约和我国有关防止船舶造成污染的法律、法规的要求，制定出本船防污染的具体措施，采取切实有效的手段，防止船舶对海洋环境造成污染。

为维护驾驶台的良好秩序和环境，保证航行安全。各船公司应编制《驾驶台规则》《机舱值班规则》和《无线电报房规则》张贴在船舶各部门的易见之处，并要求全体船员遵守执行。

(六) 我国船员管理的其他相关规定

政府通过制定相应的法规来加强对船员的管理，从而有效控制船员的身份、职业素质和行为，以及控制船员的出入境、海关、卫生检疫、边防等国境管理事务。

航海事业是一项崇高而又伟大的事业，历来被人称颂为智慧、力量和勇敢的象征。航海职业的特点是航程和航行时间长，运输环境多变甚至具有一定的风险，需要靠全体船员同舟共济，靠集体力量和团队精神，才能保证安全航行；同时，还存在着较长时间与社会、家庭的隔离。因此，为保证海上运输的安全，要求船员必须不断提高自身职业素质，具备良好的船员素质。

船员工作比较艰苦、风险大，职业素质要求高。因此，许多国家都通过立法加强对船员的管理和保护船员的权益，IMO 和 ILO 也制定了相应的公约。对船员的管理，世界各国主要依据 STCW 78 公约及其修正案提出的原则来制定符合本国情况的规定。有些国家以《船员法》《劳工法》等法令形式出现。我国根据 STCW 78 公约的规定对原有管理条例进行了修改，颁布了一系列有关"船员管理"的法规。这些法令和法规的颁布与实施，对于加强船员的管理、维护船员的权益、提高船员的素质和履行国际公约等方面都有重大的现实意义。国家对船员的管理主要由海事局、海关、国境卫生检疫机关与边防检查机关等组织实施。

1. 海事局对船员的管理

中华人民共和国海事局是我国船员管理的主管机关。主管机关通过海员证、船员服务簿、培训、考试和发证、安全配员及值班标准等立法来管理船员。海员证是船员的身份证明，用以加强船员出入境管理，保障航行安全和航运秩序。船员服务簿用以加强对船员的监督管理，核定其在船上的服务资历。培训、考试和发证用以控制船员的技术素质。安全配员规定用以确保船舶在航行和停泊时，配有足够数量的合格船员以保证船舶安全。海船船员值班规则用以加强船员值班管理。

(1) 海员证。海员证是我国船员出入中国国境和在境外通行使用的有效身份证件，是根据我国原交通部、外交部、公安部联合制定的《中华人民共和国海员证管理办法》(1989 年 12 月 1 日起施行)，由中华人民共和国海事局或其授权的下属海事局(下称颁发机关)颁发。海员证在国外的延期和补发，由我国驻外的外交代表机关、领事机关或外交部授权的其他驻外机关办理。海员证颁发给在国际航线航行的中国籍船舶上工作的中国船员和由国内有关部门派往外国藉船舶工作的中国船员，以加强对船员出入境的管理，保障航行安全和航运秩序。

海员证由船员所在单位或派出单位向颁发机关申请办理。海员证的有效期，由颁发机关根据船员出境任务所需时间长短确定，最长不超过 5 年。船员脱离原工作单位应交回海员证，否则颁发机关可处以罚款。

(2) 船员服务簿。船员服务簿是记录船员本人的海上资历，参加有关专业训练和体格检查情况的证件，是船员申请考试、办理职务升级签证和换领船员适任证书的证明文件之一。

船员服务簿中"任解职记载"栏内的各项内容都必须正确无误，不得谎报或涂改。

(3) 船员培训、考试、发证。中华人民共和国海事局是全国船员考试、发证的主管机关，负责监督实施船员考试发证工作，监督指导船员专业训练。船员适任证书由中华人民共和国海事局统一印制，正式授权官员署名签发，有效期最长不超过5年。

(4) 船舶最低安全配员证书。现行的《中华人民共和国船舶最低安全配员规则》于2004年8月1日起施行。该规则规定，每艘船都应持有海事局审核办理的"船舶最低安全配员证书"，考虑船舶类型、技术设备、主机功率、航区和航程等因素，每艘船舶最低安全配员有所不同。该规则还规定，船舶在停泊期间，均应配备足够的掌握相应安全知识并具有熟练操作能力能够保持对船舶及设备进行安全操纵的船员。无论何时，500总吨及以上(或者750kW及以上)海船、600总吨及以上(或者441 kW及以上)内河船舶的船长和大副，轮机长和大管轮不得同时离船。

2. 海关对船员的出入境管理

中华人民共和国海关是国家进出境监督管理机关。海关依照《中华人民共和国海关法》和其他有关法律、法规，监管进出境的船舶、货物、物品，征收关税和其他税费，缉查走私。

上下船舶和进出境船舶的船员携带的物品，应当以自用、合理数量为限，向海关如实申报并接受海关监管。如违反我国《海关法》和有关法律、法规，海关可依法处以罚款。构成走私罪的，由司法机关依法追究刑事责任。

为维护国家利益，保护人民身体健康，船员进出境不得携带国家禁止进出口的物品。船员因休假离船时，应向海关申报并结清海关手续。

3. 边防检查机关对船员的管理

边防检查机关负责对进出国境的人员及其护照，或者其他进出国境证件、行李物品、载运工具和物资实施边防检查，以保护我国主权和国家安全。进出境的船舶，必须向边防检查站申报船员、旅客清单，并接受其检查。进出境的船舶，在我国领海、内海、港湾或者江河内航行时，不准中途上下人员或者装卸货物。外国籍船舶上下人员，必须向边防检查机关交验上下船的有效证件，检查行李物品，并经许可后方可上下人员。

我国在对外开放的港口、机场、国境车站和通道以及特许的进出口岸，设立边防检查站。边防检查站负责对进出国境的人员及其护照(或海员证)、行李物品和进出国境的交通运输工具及其载运的物资，实施边防检查。

出境、入境的人员必须按照规定填写出境、入境登记卡，向边防检查站交验本人的有效护照或者其他出境、入境证件，经查验核准后，方可出境、入境。

上下外国船舶的人员，必须向边防检查人员交验出境、入境证件或者其他规定的证件，经许可后，方可上、下船。

4. 国境卫生检疫机关对船员的管理

中华人民共和国国境卫生检疫机关，依照我国《国境卫生检疫法》及其实施细则，实施国境卫生检疫，保护身体健康，防止传染病的传入或传出。中国籍船员出境前，均须到卫生检疫机关接受健康检查，预防接种，领取"健康证明书"和"国际预防接种证书"等卫生文书，出境时经卫生检疫机关验证，方可出境。入境船员需经卫生检疫机关验证。卫生检疫重点为鼠疫、霍乱、黄热病等检疫传染病；对中国籍船员还要检查有无艾滋病、性病或其他传染病。

对违反我国《公民出境入境管理法实施细则》和《国境卫生检疫法实施细则》者，予以处罚。对违反我国《国境卫生检疫法》构成犯罪的，由司法机关依法追究刑事责任。

5.《中华人民共和国船员注册管理办法》

为规范船员注册管理，根据《中华人民共和国船员条例》，我国交通运输部制定了《中华人民共和国船员注册管理办法》(以下简称本办法),并经部务会议通过,自 2008 年 7 月 1 日起施行。

中华人民共和国境内的船员注册以及相关管理活动,适用本办法。本办法所称船员注册,是指海事管理机构根据申请人的申请,经依法审查,对符合船员注册条件的予以登记,签发船员服务簿,准许申请人从事船员职业的行为。

交通运输部主管全国船员注册管理工作。中华人民共和国海事局负责统一实施全国船员注册管理工作。负责管理中央管辖水域的海事管理机构和负责管理其他水域的地方海事管理机构(以下统称海事管理机构),依照各自职责具体负责船员注册以及相关管理工作。

1) 船员注册的申请和受理

(1) 船员注册申请可向任何海事管理机构提出。船员注册申请可由申请人本人提出,也可由船员服务机构、船员用人单位代为提出。

(2) 申请船员注册,应当具备下列条件:①年满 18 周岁(在船实习、见习人员年满 16 周岁)但不超过 60 周岁。②符合船员健康要求。③ 经过海船船员、内河船舶船员基本安全培训,并经考试合格。申请注册国际航行船舶船员的,还应通过海事管理机构组织的船员专业外语考试。

(3) 申请船员注册,应提交下列材料:①船员注册申请。②居民身份证复印件。③船员体格检查表。④近期直边正面 5 cm 免冠白底彩色照片 2 张。⑤海船船员、内河船舶船员基本安全培训合格证明复印件。

申请注册国际航线船舶船员的,还应提交船员专业外语考试合格证明复印件。申请人在提交居民身份证、海船船员基本安全培训合格证明、内河船舶船员基本安全培训合格证明以及船员专业外语考试合格证明等复印件时,应同时向海事管理机构出示原件。

(4) 海事管理机构应自受理船员注册申请之日起 10 日内作出注册或者不予注册的决定。对不符合本办法规定的,应当退回申请材料并书面说明理由。

(5) 海事管理机构应对船员赋予唯一的注册编号。已注册的船员不得重复申请注册。

2) 船员注册的变更和注销

(1) 有下列情形之一的,船员应在 6 个月内向管理本人注册档案的海事管理机构申请办理船员注册变更手续:①船员服务簿中记载的事项发生变化。②相貌发生显著变化。

(2) 船员有下列情形之一的,海事管理机构应注销船员注册,并予以公告:①死亡或者被宣告失踪的。②丧失民事行为能力的。③依法被吊销船员服务簿的。④本人申请注销注册的。

船员在劳动合同期间发生①②项情形的,船员服务机构或者船员用人单位应向海事管理机构报告,并提交相关证明材料,由海事管理机构核实后依法予以注销。

海事管理机构吊销船员服务簿的决定,应向管理该船员注册档案的海事管理机构通报。

(3) 申请人被依法吊销船员服务簿的,自被吊销之日起 5 年内不予重新注册。

3) 船员服务簿管理

(1) 船员服务簿是船员的职业身份证件,任何单位或者个人不得冒用、出租、借出、伪造、变造或者买卖。船员在船工作期间应携带船员服务簿。

(2) 船员服务簿应该明确记载船员的姓名、性别、国籍、出生日期、住所、联系人、联系方式以及其他有关事项;还应记载船员的安全记录,累计记分情况和违法情况。

(3) 船员上船任职后和离船解职前，应主动将船员服务簿提交船长办理船员任职、解职签注。船长的任职签注由离任船长负责签注，船长的解职签注由接任船长负责签注。

(4) 船员服务簿记载页记满或者损坏的，应到管理本人注册档案的海事管理机构办理换发事宜，并提交下列材料：船员服务簿换发申请；近期直边正面 5 cm 免冠白底彩色照片 2 张；记载页记满或者损坏的船员服务簿。

(5) 船员服务簿遗失的，应到管理本人注册档案的海事管理机构办理补发事宜，并提交下列材料：船员服务簿补发申请；相应证明文件；近期直边正面 5 cm 免冠白底彩色照片 2 张。

4) 监督检查

(1) 海事管理机构应建立船员注册数据库和设立船员注册记录簿，记载船员的基本信息。

(2) 船员用人单位应建立船员档案，记录船员的个人基本资料、服务资历、培训记录、安全记录、健康状况、任解职情况等信息，保持记录内容的真实、连续和完整，并定期向海事管理机构报送船员任职、解职情况。

(3) 海事管理机构在对船员进行监督检查时，应对下列情况进行核查：持有并携带船员服务簿；船员服务簿的真实性和符合性；船长为在船船员进行签注的情况。

(4) 海事管理机构在对船员服务机构和船员用人单位进行监督检查时，应对下列情况进行核查：船员档案的建立情况；定期向海事管理机构报送船员任职、解职情况。

(5) 海事管理机构实施监督检查，可询问当事人，向有关单位、船舶或者个人了解情况，查阅、复制有关资料。有关单位、船舶或者个人应当配合。海事管理机构应保守被调查单位、船舶或者个人的商业秘密和个人隐私。

5) 法律责任

(1) 以欺骗、贿赂等不正当手段进行注册并取得船员服务簿的，由海事管理机构吊销船员服务簿，并处 2 000 元以上 2 万元以下罚款。

(2) 伪造、变造或者买卖船员服务簿的，由海事管理机构收缴船员服务簿，并对违法个人处 2 万元以上 5 万元以下罚款，对违法单位处 5 万元以上 10 万元以下罚款，有违法所得的，还应当没收违法所得。

(3) 船员服务簿记载的事项发生变更，船员未办理变更手续的，由海事管理机构责令改正，并可以处 1 000 元以下罚款。

(4) 未进行船员注册而上船工作的，由海事管理机构责令其离岗。

(5) 船员在船工作期间未携带船员服务簿的，由海事管理机构责令改正，并可以处 2 000 元以下罚款。

(6) 船长未在船员服务簿内及时、如实记载船员资历和任职表现的，由海事管理机构处 2 000 元以上 2 万元以下罚款：情节严重的，并给予暂扣船员适任证书 6 个月以上 2 年以下直至吊销船员适任证书的处罚。

(7) 船员用人单位招用未经注册的人员上船工作的，由海事管理机构责令改正，处 3 万元以上 15 万元以下罚款。

(8) 海事管理机构工作人员有下列情形之一的，依法给予处分：违反规定给予船员注册或者签发船员服务簿；不依法履行监督检查职责；不依法实施行政强制或者行政处罚；滥用职权、玩忽职守的其他行为。

6.《中华人民共和国船员违法记分管理办法》

1）总则

为了增强船员遵章守法的意识，减少人为因素对水上交通安全的影响，根据有关法律和法规的规定，制定《中华人民共和国船员违法记分管理办法》（以下简称本办法）。

本办法适用于在中、外籍船舶上服务的持中华人民共和国海船船员适任证书、内河船员职务适任证书的中国籍船员和持有中华人民共和国引航员证书的引航员（以下统称船员）。

中华人民共和国各级海事机构负责实施本办法。中华人民共和国海事机构对因违反水上交通安全管理法规受到海事行政处罚的船员，船舶安全检查存在缺陷的当事船员或实际操作检查不合格的船员实施违法记分管理，对严重违法或屡次违法的船员实施强制培训和考试。

船员违法记分不影响行政处罚的决定和执行。

2）违法记分分值

每一公历年为一个记分周期。一个周期期满后，分值累加未达到 15 分的，该分值不转入下一个记分周期。在一个记分周期内记分满 15 分的船员，经培训、考试后，记分分值重新起算。

船员受到警告处罚的，违法记分分值为 1 分。

船员受到罚款处罚的，罚款数额每 100 元违法记分分值为 1 分，100 元及以下的违法记分分值为 1 分，罚款数额超过 1 500 元的违法记分分值一律为 15 分。

船员受到扣留证书处罚的，违法记分分值为：证书被扣留 3 个月的，记 10 分；证书被扣留 3 个月以上的，记 15 分。

海事管理机构在进行船舶安全检查时，发现船舶存在缺陷，应对负有直接或间接责任的船员记 1 分。对船员实际操作检查不合格的船员，记 1 分。

船员受到罚款和扣留证书行政处罚一并执行的，违法记分在两者之中取高者。

船员对行政处罚不服，按照有关规定申请行政复议或提起诉讼，经依法裁决变更或撤销原处罚决定的，相应的记分分值也应予以变更或者撤销。

3）船员违法记分、培训和销分

海事管理机构作出行政处罚决定或实施船舶安全检查、船员实际操作检查后，由海事管理机构在海船船员所持的船员服务簿中“主管机关签注（一）”栏或内河船员职务适任证书记分附页上加盖船员违法记分专用章，填写记分分值、执法人员执法证号码、记分时间。当时不能进行违法记分记录的，由作出行政处罚的海事管理机构负责跟踪落实记录事宜。

船员违法记分分值满 15 分的，最后记分的海事管理机构应将船员的证书滞留，并将“滞留船员适任证书通知书”送船员本人签收。“滞留船员适任证书通知书”一式三份分别由滞留证书的海事管理机构、签发证书的海事管理机构、船员本人留存。签发证书的海事管理机构应将“滞留船员适任证书通知书”归入船员个人档案中保存。“滞留船员适任证书通知书”不能作为船员持有适任证书的证明，船员不能凭“滞留船员适任证书通知书”继续在船任职。滞留证书的海事管理机构应同时填写“船员违法记分登记表”作为内部工作记录。

海船船员和引航员必须在收到“滞留船员适任证书通知书”6 个月内到证书的签发机关申请强制培训、考试。

内河船员由滞留证书的海事管理机构指定强制培训、考试地点，在收到“滞留船员适任证书通知书”后6个月内到指定地点参加强制培训、考试。内河船员如在证书签发机关所在地参加强制培训、考试，滞留证书的海事管理机构应将被滞留的船员证书寄送至证书签发机关，由证书签发机关负责强制培训、考试和发还证书。

强制培训由海事管理机构指定的培训机构实施，培训的时间不超过7天。培训的内容为水上安全管理法规、安全教育宣传和海事案例等。考试在强制培训结束后进行，考试由海事管理机构组织。

海船船员参加强制培训、考试合格后，海事管理机构应在船员服务簿中“主管机关签注（一）”栏填写“业经考试、培训合格”，加盖船员服务簿签证专用章，及时发还被滞留的证书，但同时受到扣留证书行政处罚期限未到的，应在扣留期满后发还被扣证书。

内河船员参加强制培训、考试合格后，海事管理机构应在记分附页上填写相应内容，加盖海事管理机构公章，及时发还被滞留的证书，但同时受到扣留证书行政处罚期限未到的，应在扣留期满后发还被扣留证书。

船员对行政处罚不服，按照有关规定申请行政复议或提起行政诉讼，在复议或诉讼期间船员申请强制培训的时限顺延。

船员无正当理由，逾期不参加强制培训、考试的，海事管理机构应将证书寄送至原签发机关，船员需按照证书载明的航区、等级、职务参加职务晋升考试，合格后，方可领回被扣留的证书。

船员遗失证书、证书记分附页或船员服务簿，海事管理机构可视为其违法记分已满15分，应在船员参加强制培训、考核合格后，方可按规定补发证书、证书记分附页或船员服务薄。

4）附则

船员违法行为是指：①违反有关船舶管理、船员管理、通航管理、危险货物运输安全监督管理、防止船舶污染管理、船舶交通事故管理、航标管理秩序的行为。②其他违反有关水上安全监督管理秩序的行为。

船员参加强制培训、考试，应缴纳有关费用。

7.《中国船舶报告系统管理规定》

为保证中国船舶系统的有效运行，提高搜救行动的效率，保障海上人命、财产的安全，保护海洋环境，根据有关法律、法规制定《中国船舶报告系统管理规定》。其主要内容如下。

1）船舶报告系统

（1）含义：是指船舶使用规定的报告格式和程序向中国船舶报告管理中心报告，各海上搜救中心应用报告信息对遇险船舶组织救助的一种制度。

（2）组成：由中国海上搜救中心、船舶报告管理中心、区域海上搜救中心、报告接收站和参加中国船舶报告系统的船舶组成。

（3）性质：是一个积极有益的应急保障系统。

（4）功能：①中国船舶报告系统将时刻关注报告船舶的航行安全，维护海洋环境清洁。②中国船舶报告系统是一个集计算机、通信和网络技术为一体的信息系统。它具有对船舶报告的航线、船位进行自动标绘和推算，对延时未报船舶自动预警等功能。③中国船舶报告系统可提供船舶资料，为组织、协调指挥船舶参与搜寻救助提供相关信息，避免或减少海上人员伤亡和财产损失，保障人命安全。

2）实施机关

（1）主管机关：中华人民共和国海事局是中国船舶报告系统的主管机关。

（2）各级海事机构的责任：检查、督促符合强制参加中国船舶报告系统的船舶参加中国船舶报告系统，并向志愿参加的船舶宣传中国船舶报告系统。

（3）对船舶所有人、经营人或代理人要求：督促船舶遵守本规定参加船舶报告系统。

3）中国船舶报告区域的范围

本规定适应于其他国家领海和内水以外的 9°N 以北、130°E 以西的海域。

4）适用对象

（1）航行在中国船舶报告区域内，且航行时间超过 6 h 的下列船舶必须加入中国船舶报告系统。①航行于国际航线 300 总吨及以上的中国籍船舶。②航行于中国沿海航线 1 600 总吨及以上的中国籍船舶。③2005 年 1 月 1 日后航行于中国沿海航线 300 总吨及以上的船舶。

（2）中国政府鼓励外国籍船舶和本条（1）条款规定以外的中国籍船舶志愿加入中国船舶报告系统。加入中国船舶报告系统的船舶必须遵守本规定。

5）对加入中国船舶报告系统船舶的要求

应按照中华人民共和国海事局制定并颁布的《中国船舶报告系统船长指南》中规定的报告方式、种类、格式、内容和要求进行报告。

6）报告

（1）报告接收站应负责接收船舶报告信息，保证及时、准确地将接收的船舶报告信息提供给船舶报告管理中心，或能够被船舶报告管理中心及时、准确地采集。

（2）船舶所有人、经营人或代理人应通过有效的通信方式，及时、准确地向船舶报告管理中心提供船舶报告信息。

任务2　管理能力的培养

任务概述

有管理才能够带来团队的效率。机舱资源管理的核心是人力资源管理，本任务要求轮机人员能够在日常和应急情况下有效地进行人员管理，具备良好的沟通能力和领导能力。

学习目标

1. 利用人员管理技能制订并实施机舱维修保养计划；
2. 利用轮机模拟器，在模拟的场景中进行管理能力的培养和训练。

相关知识

一、管理技能的培养

1. 管理技能定义

管理技能是指既有效率又有效果地完成管理工作的一个系列行为、技巧和能力。

2. 培养管理基本技能的要求

1）制订计划

通过制订计划，管理者和管理团队能够明确目标，合理安排和协调各种资源，增强团队的工作效能。

2）行动与检查

计划制订后，需要付诸行动，在行动过程中，通过检查避免资源的浪费。实施计划的行动有3个步骤：首先要制订任务清单；其次确定任务的优先顺序；最后根据环境的变化，每天更新任务的优先顺序。检查工作要坚持四项原则，即标准原则、及时原则、反馈原则和调整原则。

3）合理地授权

"授权"是指主管将职权或职责授予某位部属承担，并责令其负责管理性或事务性工作。授权是一门艺术，充分合理的授权能使管理者们不必亲力亲为，从而把更多的时间和精力投入到更重要的事务中。

对于领导来说，通过授权可以有效利用时间和精力，提高团队效能和领导力。对于员工来说，通过授权可以调动员工的积极性，提高员工解决问题和决策的能力，使他们有更多的职业发展空间。对于团队来说，通过授权可以更好地利用人力资源，提高团队的绩效。

4）指导

在管理过程中，指导是管理者的一项基本职能。指导有 4 项基本原则(4C)：①清楚(Clear)：准确、详尽地阐明自己的观点。②明确(Concise)：尽量提供明确、简洁的信息。③完整(Complete)：提供的信息既包含全面信息，也要有关键信息。④慎重思考(Considerate)：根据员工的实际情况，决定采用何种指导方式。

5）拟定绩效期望

通过制订职位说明书和绩效目标拟定绩效期望。拟定绩效期望可以帮助员工明确工作目标；通过绩效目标来激励员工；确保管理上的公平，对不符合标准的绩效不能宽容，否则会降低整个团队的工作效率。

6）有效沟通

有效沟通可以交流信息，传达情感，控制团队成员的工作行为，激励团队成员提高绩效。有效沟通必须坚持信任原则、尊重原则和主动原则。

7）培训员工

培训就是培养和训练，即给员工传授其完成本职工作所必需的基本技能的过程。通过指导和实践，帮助一个人在效能和行为方面达到理想的标准。

8）提升管理者自身素质

其实规范的管理是从管理者自身开始的，管理者自身的问题是管理中非常要命的问题，主要是因为一个部门的作风、意志是这个管理者充分的体现。这就要求管理者：一是要认清自己的职位，角色；二是不要越级管理，不要认为自身业务水平高而指手划脚，甚至干预部属的工作，要做到眼不见，重效能的思路；三是要尊重、团结身边的任何一个人，不要蔑视；四是以身作则，用自身的行动，去感染、激励身边的每一个人，要把自己看成他们中的一员，不要放任自己、认为自己就是法；五是忘掉自己是优秀的，平凡地去做好每一天的事，实现从优秀转变为卓越的飞跃；六是要善于倾听不同的意见，敢于、勇于承认错误，发现错误，善于分析问题、总结问题和改善工作中的不足。

二、人力资源管理五项实用工具

1. 面试的 STAR 原则

1）STAR 原则的内涵

所谓 STAR 原则，即 Situation(情景)、Task(任务)、Action(行动)和 Result(结果)4 个英文单词的首字母组合。STAR 原则是结构化面试当中非常重要的一个理论。

S(Situation)：中文含义是情景，也就是在面谈中我们要求应聘者描述他在所从事岗位期间曾经做过的某件重要的且可以当作我们考评标准的事件所发生的背景状况。

T(Task)：中文含义是任务，即考察应聘者在其背景环境中所执行的任务与角色，从而考察该应聘者是否做过其描述的职位及其是否具备该岗位的相应能力。

A(Action)：中文含义是行动，是考察应聘者在其所描述的任务当中所担任的角色是如何操作与执行任务的。

R(Result)：中文含义是结果，即该项任务在行动后所达到的效果。

2）STAR 原则的运用程序

STAR 原则是面试过程中涉及实质性内容的谈话程序，任何有效的面试都必须遵循这个程序。

首先，要了解应聘者工作业绩取得的背景(Situation)。通过不断提问与工作业绩有关的背景问题，可以全面了解该应聘者取得优秀业绩的前提，从而获知所取得的业绩有多少与应聘者个人有关，多少与市场的状况、行业的特点有关。

其次，要详细了解应聘者为了完成业务工作，都有哪些工作任务(Task)，每项任务的具体内容是什么样的。通过这些可以了解应聘者的工作经历和经验，以确定他所从事的工作与获得的经验是否适合现在所空缺的职位。

再次，继续了解该应聘者为了完成这些任务所采取的行动(Action)，即了解他是如何完成工作的，都采取了哪些行动，所采取的行动是如何帮助他完成工作的。通过这些，可以进一步了解他的工作方式、思维方式和行为方式。

最后，关注结果(Result)，每项任务在采取了行动之后的结果是什么，是好还是不好，好是因为什么，不好又是因为什么。

通过 STAR 式发问的 4 个步骤，一步步将应聘者的陈述引向深入，一步步挖掘出应聘者潜在的信息，为企业更好的决策提供正确和全面的参考，这既是对企业负责(招聘到合适的人才)，也是对应聘者负责(帮助他尽可能地展现自我，推销自我)，获得一个双赢的局面。

2. 职责管理的 6W1H 原则

职责清晰是管理工作的基本准则，任何的管理都是从管理职位开始的，其基本的要求就是职责清晰、权责明确。但是，在实际管理中，职责不清、权责不明的现象仍大量存在。作为一个高效的管理者，必须对这个问题作出更为深入的思考，有效地加以解决，使员工明确自己的职责所在，在其位谋其政，学会自我负责、自我管理，使管理者从繁忙的事务性工作中解脱出来。

要想使员工的职位说明更加准确，职责更加清晰，管理者就必须熟悉 6W1H 这个致关重要的原则。

Who——工作的责任者是谁?

For whom——工作的服务和汇报对象是谁?

Why——为什么要做该项工作?

What——T作是什么?

Where——工作的地点在哪里?

When——工作的时间期限?

How——完成工作所使用的方法和程序?

只有对上述问题逐一作出了回答，员工才能对工作更加清楚，才更愿意负责，更敢于负责，在工作中不断得到锻炼和提高。进而，管理者才能抽出更多的时间对规划与发展的问题作出更多的思考，占据工作的主动，使未来的工作更有前瞻性。

3. 目标管理的 SMART 原则

制定目标时要：

具体明确 S——(Specific)；

能够衡量 M——(Measurable)；

可以达到 A——(Achievable)；

平衡关联 R——(Relevant);

设定期限 T——(Time-Bound)。

1) 具体明确的目标

具体明确的目标包含 5W2H:

What——做什么?

Why——为什么做?它们与我的长远目标和价值观一致吗?

When——什么时候完成?

Who——我来做,谁还可以帮助我做?他们是否帮助我?

Where——在哪里做?那里的环境如何?

How——如何做?分几个步骤和阶段?

How Much——做多少?用多少资源?这些资源从哪里获得?这些资源能得到吗?

2) 制订的目标要便于衡量

尽可能用数字表示。不能用数字的,描述要清晰。比如,在 2012 年 12 月 31 日前,完成 2012 年的所有机械循环检验项目。

3) 制订的目标要切合实际

制订的目标要切合实际,是通过努力能够达到的,下列几点可以作为制订目标时的参考:

(1) 依照本身或团队的能力条件;

(2) 依据内、外部可用的资源条件;

(3) 依据事务发展形势;

(4) 区分阶段按步实施。

4) 制订目标要考虑关联性和平衡点

(1) 个人与部门的关联;

(2) 个人与家庭的关联;

(3) 长、中、短期目标相连结;

(4) 个人发展、经济事业、兴趣爱好、和谐关系四大目标系统平衡关联;

(5) 目标之间彼此不冲突。

5) 设定目标期限

(1) 设定目标达成的时间期限;

(2) 在目标执行过程,设定中间检验点;

(3) 强调行动速度与反应时间;

(4) 依不同期间设定阶段性目标(年度、月份、周别、每日目标)。

4. 有效管理的 PDCA 原则

PDCA 循环又称戴明环,是计划(Plan)、实施(Do)、检查(Check)、行动(Action)的首字母组合。无论哪一项工作都离不开 PDCA 的循环,每一项工作都需要经过计划、执行计划、检查计划、对计划进行调整并不断改善这 4 个阶段。对于管理者来说,这是一个有效控制管理过程和工作质量的工具。采用 PDCA 循环可以使管理向良性循环的方向发展,通过实施并熟练运用,管理者一定能在工作中不断提高效率,更加有效地驾驭工作。

以上 4 个过程不是运行一次就结束,而是周而复始的进行,一个循环完了,解决一些问题，未解决的问题进入下一个循环，这样阶梯式上升的。

PDCA 循环实际上是有效进行任何一项工作的合乎逻辑的工作程序。因此，在质量管理中，有人称其为质量管理的基本方法。

5. 经理职业化的 MKASH 原则

(1) 动机(Motivation)：积极的动机对成功有巨大的激励性作用。人事经理应不断调整自己的心态，以积极的动机面对工作和挑战，不断激励与超越自我，在积极动机的引领下去实现所制订的目标和远景。

(2) 知识(Knowledge)：职业化必须以专业化为基础和背景。做任何一项工作，首先要具备的就是应对那份工作的专业知识，要做的好还得具备与其相关的其他知识，以形成完整的知识体系，支持工作的开展和拓展。

(3) 技能(Skill)：技能是经理赖以开展工作的必要手段。只有知识，没有技能，寸步难行。试想，一个经理如果不具备沟通的技能，怎么与人沟通，怎么开展工作？没有人际交往技能，怎么和下属建立和谐的人际关系？技能的锻炼应该提高到与知识同等的高度，不断将知识转化为能力。

(4) 行动(Action)：高效能的经理必须具备快速行动的能力，强劲的执行力。有的人方方面面都比较优秀，知识水平很高，能力很强，可就是做不出出色的工作业绩，原因就在于行动能力欠缺。汤姆·彼得斯说："快速制订计划并采取行动应该成为一种修养。"要想成为一个职业化的人才，就必须改掉犹豫不决、瞻前顾后、拖拖拉拉的办事作风，在自己认准的事情上认认真真地采取行动，用行动来证明一切，不断提高自己的执行力。

(5) 习惯(Habit)：有人说性格决定命运，而习惯则是性格的外化，是性格的体现，所以也完全可以说是习惯决定命运。因此，应该把汤姆·彼得斯所说的话："快速制订计划并采取行动应该成为一种修养"中的"修养"改成"习惯"。作为人力资源经理人更要有良好的工作习惯，如建立工作备忘录、用笔记事、制订工作计划、赞美他人等。

任务实施

模块 1　制订航次保养计划

【任务要求】

学生每 6～8 人一组，经过充分的讨论，每组制订一份 11 月份的维修保养计划。每组组长负责提交该计划。

学生在制订轮机维修保养计划时要考虑到下列因素：工作的重要性和紧迫性；船舶班期；工作量；营运安全等因素。

【任务准备】

1. 人员准备：每 6～8 人为一组，每组设组长一名。
2. 教学资料准备：某船班期，如表 1-2-1 所示。

表 1-2-1　某船的班期表

时间	地点	停靠时间/h
周一	广州	16
周三	青岛	8
周五	釜山	12
周日	广州	16

3. 多媒体教学设备准备。

【任务操作】

航次背景：

某船是一艘船龄为 12 年，载货量为 3 000 TEU 的集装箱货船，目前该船经营广州—青岛—釜山航线，班期为一周见表 1-2-1。由于公司调整航线，该船计划在 2011 年 11 月 21 日起赶赴欧洲经营汉堡—迪拜航线，这将是该船今年首次进入巴黎备忘录组织所属的港口，因此很可能会受到 PSC 检查。

公司 10 月 16 日派轮机长上船接班，虽然轮机长以前在该船的姐妹船上工作过，但对该船的情况并不是很了解。经过 2 天的航行，轮机长发现船舶机舱的状况不是很好，主机有 2 个缸需要吊缸，增压器工况也不是很好，可能需要更换轴承，3 台发电机中有 2 台需要检修，油水分离器等防污染设备的工况也不是很理想，需要拆解检修，船上的轮机员大多没有接受巴黎备忘录 PSC 检查的经验。为了保证航行安全和防止海洋污染，并顺利通过汉堡的 PSC 检查，请替该船轮机长制订一份关于该船轮机部 11 月份的工作计划。

模块 2　轮机团队成员管理技能的培养

【任务要求】

合理分配机舱人力资源和物力资源，在保证安全的情况下，将模拟主机从“瘫船状态”加速到“定速状态”。学生在操作过程中，可以在合理的前提下自由发挥，不要拘泥于教师所给的“瘫船起动”操作程序。

【任务准备】

1. 轮机模拟器 1 台；
2. 人员分组，每 6～8 人为一组，每组设组长一名，带领组员进行“瘫船起动”操作；
3. 教学设备准备：多媒体设备；
4. 教学资料准备：瘫船起动程序，如表 1-2-2 所示。

瘫船起动程序简介

人员（8 人）：轮机长、大管轮、二管轮、三管轮、电机员、电工、机工甲和机工乙。

表 1-2-2　瘫船起动程序

船舶初始状态:准备出坞,机舱机工甲值班	
驾驶台(电话)	机舱值班,船长通知准备出坞,0900 时上引航员
机工甲	明白。机舱准备备车,0900 时上引航员
机工甲(电话)	轮机长(大管轮、二管轮、三管轮、电机员下机舱),驾驶台通知备车。0900 时上引航员
所有人员下机舱	
轮机长	二管轮、三管轮,带人检查海水系统,关闭海水系统各个阀门,观察坞内放水后有无海水泄漏
三管轮	报告轮机长,无海水泄漏
驾驶台	机舱,现在坞内放水
轮机长	二管轮、三管轮,打开海水系统各个阀门,给海水系统放气
二、三管轮	报告轮机长,海水系统放气结束,各个接头无泄漏
驾驶台	机舱,现在船舶已经入水
轮机长	二管轮,起动应急发电机
二管轮	手动起动应急发电机;应急发电机供电,并转自动; 检查应急发电机供电情况,并报告
轮机长	大管轮,准备空气系统,给应急气瓶充气;二管轮,检查发电柴油机的海水、淡水、燃油、滑油等系统,为起动主发电机准备;三管轮,检查锅炉油柜,准备点燃油锅炉
二管轮	起动 1 台主发电机,并网供电,相关人员检查系统的运行情况,适时报告给轮机长
起动备用发电机,并网供电,相关人员检查系统的运行情况,适时报告给轮机长	
三管轮	锅炉系统已经检查,油、水、电、气均正常
轮机长	报告驾驶台,机舱电力恢复正常,可以进入正常的备车程序
驾驶台	机舱,现在对船钟、对车钟、对舵
轮机长	好的。对船钟,对车钟,对舵
驾驶台	现在是 0830 时
轮机长	0830 时
驾驶台	给车钟
机舱	回车钟
驾驶台	对舵(左舵 5°,左舵 10°,左满舵;右舵 5°,左舵 10°,右满舵)
轮机长	5°左、10°左、满舵左;5°右、10°右、满舵右
驾驶台	0900 时上引航员
轮机长	0900 时上引航员
轮机长	二管轮,起动备用发电机,电机员准备并电

续 表

所有人员下机舱	
二管轮、电机员	明白(然后去起动备用发电机,并电)
轮机长	大管轮,派人准备主机系统
大管轮	明白。机工甲,手摇气缸油 30 圈,合上盘车机;机工乙,起动相关泵浦;三管轮,打开主起动阀,检查示功阀,准备冲车
三管轮、机工甲、机工乙	明白(各人去执行)
三管轮	报告大管轮,主起动阀已经打开,示功阀开启
机工甲	报告大管轮,手摇气缸有 30 圈,盘车已经合上
机工乙	报告大管轮,主机各泵浦已经起动,运行正常
大管轮	明白。机工甲,盘车
机工甲	已经盘车 15 min
大管轮	明白。脱开盘车机
机工甲	报告大管轮,盘车机已经脱开
大管轮	报告轮机长,盘车机已经脱开,可以冲、试车
电机员	报告轮机长,备用发电机已经起动,且并网运行,运行参数正常
轮机长	明白。驾驶台,机舱准备冲车、试车
驾驶台	机舱可以冲车、试车
轮机长	大管轮,可以冲车和试车
大管轮	三管轮带机工甲、机工乙去主机缸头层观察冲车情况
三管轮	明白(带机工甲、机工乙去)
大管轮冲车操作后	
三管轮	报告大管轮,气缸无异物出现,冲车正常
大管轮	下面准备试车,三管轮带人出去检查是否有异常
三管轮	明白(带机工甲、机工乙去)
大管轮进行正车、倒车试车	
三管轮	报告大管轮,主机试车正常
大管轮	明白。报告轮机长,主机冲、试车正常
轮机长	明白。驾驶台,机舱冲试车正常,转驾驶台试车
驾驶台	好的,转驾驶台试车
主机控制位置转换到驾驶台控制,驾驶台正车、倒车试车	
驾驶台	驾驶台试车正常。请问是否可以用车
轮机长	5 min 后可以用车;二管轮,检查气瓶气压;电机员,注意检查电站运行情况;三管轮,注意检查主机、副机附属系统运行情况;驾驶台 5 min 后用车
众人	明白

续　表

备车过程结束，驾驶台起动主机至定速	
驾驶台	0945 时定速
轮机长	0945 时定速。电机员，停 1 台发电机；大管轮，关闭主机暖缸阀
大管轮	三管轮，停止主机暖缸
三管轮	明白，带人关闭主机暖缸阀
电机员	报告轮机长，1 台发电机已经卸载并停止运行；电站各参数正常
轮机长	明白
三管轮	报告大管轮，主机暖缸阀已经关闭
大管轮	明白，报告轮机长，主机暖缸阀已经关闭，发电机 1 台供电，运行参数正常
轮机长	大管轮值班，其他人员可以休息

【任务操作】

“瘫船起动”大致分为 4 个阶段。

第一阶段：应急发电机供电。手动起动应急发电机；应急发电机供电，并转自动；检查应急发电机供电情况，并报告。

第二阶段：主发电机供电。检查压缩空气系统；检查发电柴油机的海水、淡水、燃油、滑油等系统，为起动主发电机作准备；起动 1 台主发电机，并网供电，相关人员检查系统的运行情况，适时报告给轮机长；起动备用发电机，并网供电，相关人员检查系统的运行情况，适时报告给轮机长；轮机长报告驾驶台，机舱电力恢复正常，可以进入正常的备车程序。

第三阶段：主机备车。空气系统、燃油系统、滑油系统、淡水系统、海水系统等为主机服务的各相关系统的检查与准备；盘车、冲车、试车；机旁试车、驾驶台试车；备车完毕后，转驾驶台控制。

第四阶段：主机起动至定速。主机驾控起动，逐渐加速至全速；驾驶台通知定速后，机舱主要工作。

【任务评价】

评估要素：资源的合理利用；人员的合理调配；行动的先后次序；沟通与交流。

【任务拓展】

五个经典的管理寓言故事

故事一：老农与石头

有一位老农的农田里，多年以来横亘着一块大石头。这块石头碰断老农的好几把犁头，还弄坏他的中耕机。老农对此无可奈何，巨石成了他种田时挥之不去的心病。

一天在又一把犁头被打坏之后，想起巨石给他带来的无尽麻烦，老农终于下决心要了结这块巨石。于是，他找来撬棍伸进巨石底下。他惊讶地发现，石头埋在地里并没有想象的那么深，那么厚，稍使劲就可以把石头撬起来，再用大锤打碎，清出地里，老农脑海里闪过多年来被巨石困扰的情景，再想到可以更早些把这桩头疼事处理掉，禁不住一脸的苦笑。

从这则寓言故事中，我们能领悟出轮机管理的一些道理：遇到问题应立即弄清根源，有问题更需要立即处理，绝不拖延。

故事二：猎杀骆驼

有一位父亲带着3个孩子，到沙漠猎杀骆驼。他们到了目的地。

父亲问老大："你看到了什么？"

老大回答："我看到了猎枪，还有骆驼，还有一望无际的沙漠。"

父亲摇摇头说："不对。"

父亲以同样的问题问老二。

老二回答："我看见了爸爸、大哥、弟弟、猎枪，还有沙漠。"

父亲又摇摇头说："不对。"

父亲又以同样的问题问老三。

老三回答："我只看到了骆驼。"

父亲高兴地说："你答对了。"

制订目标而能产生效果，秘决就是"明确"二字，成功的目标，必须是明确的。进一步说，目标要具体化、量化。对于船公司而言，一个时期的战略目标必须是明确、具体的；对于轮机团队来说，行动的目标也必须是明确的、具体的，只有这样，才能让全体轮机人员明确下一步努力的方向，产生巨大的激励作用。有了明确、具体的目标，不管具体到哪一个阶段，也不管在实现目标的进程中遇到什么意外的情况或问题，都能够保证企业或者团队成员调整自己的工作任务和努力程度，保证能始终朝着既定的目标前进。

故事三：猴子实验

科学家将4只猴子关在一个密闭房间里，每天喂很少的食物，让猴子饿得吱吱叫。几天后，实验者在房间上面的小洞放下一串香蕉，一只饿得头昏眼花的大猴子一个箭步冲向前，可是当它还没有拿到香蕉时，就被预设机关所泼出的滚烫热水烫的全是伤，当后面3只猴子依次爬上去拿香蕉时，一样被热水烫伤。于是众猴子只好望"蕉"兴叹。

几天后，实验者换了一只新猴子进入房内，当新猴子肚子饿得也想去吃香蕉时，立刻被其他3只老猴子制止，并告知有危险，千万不可尝试。实验者再换一只猴子进入房间内，当这只猴子想吃香蕉时，有趣的事情发生了，这次不仅剩下的2只老猴子制止它，连没被烫过的半新猴子也极力阻止它。

实验继续着，当所有猴子都已换过之后，没有一只猴子曾经被烫过，上头的热水机关也取消了，香蕉唾手可得，却没有一只猴子敢前去享用。

在管理过程中，有时虽然事过境迁、环境改变，大多数的组织仍然恪守前人的失败经验，平白错失大好机会。

故事四：木桶定律

众所周知，一只木桶盛水的多少，并不取决于桶壁上最高的那块木板，而恰恰取决于桶壁上最短的那块木板。人们把这一规律总结成为"木桶定律"或"木桶理论"。

根据这一核心内容，"木桶定律"还有3个推论：

其一，只有当木桶壁上的所有木板都足够高时，木桶才能盛满水；只要这个木桶里有一块不够高度，木桶里的水就不可能是满的；

其二，比最低木板高的所有木板的高出部分是没有意义的，高得越多，浪费就越大；

其三，要想提高木桶的容量，应该设法加高最低木板的高度，这是最有效也是唯一的途径。

与木桶定律相似的还有一个链条定律：一根链条最薄弱的环节和其他环节一样承受着相同的强度，那么链条越长，就越薄弱。

对于一个组织来说，构成组织的各个部分往往是参差不齐的，而劣质的部分往往可以决定整个组织的水平。“最短的木板”与“最薄弱的环节”都是组织中有用的一部分，只不过比其他部分稍差一些，你不能把它们当作烂苹果扔掉。因此，管理的真正意义就是去修补最短的那块木板。

每一个轮机团队成员的知识、经验等都参差不齐，作为轮机团队的管理者，应该知人善任，这样既可以最大限度地发挥团队成员的特长，也有助于团队的成长。在实际轮机管理中，管理者要特别注意发现轮机部的“短板”，尽快修复这些短板。

故事五：青蛙实验

19 世纪末，美国康乃尔大学做过一次有名的青蛙实验。他们把一只青蛙冷不防丢进煮沸的油锅里，在那千钧一发的生死关头里，青蛙用尽全力，一下就跃出了那势必使它葬身的滚烫的油锅，跳到锅外的地面上，安全逃生！

半小时后，他们使用同样的锅，在锅里放满冷水，然后把那只死里逃生的青蛙放到锅里，接着用炭火慢慢烘烤锅底。青蛙悠然地在水中享受“温暖”，等到它感觉到热度已经熬不住，必须奋力逃命时，却发现为时已晚，欲跃乏力。青蛙全身瘫痪，终于葬身在热锅里。

机舱工作人员必须能够应对不断变化的各种情境，管理者更要有深远而犀利的洞察力，让轮机团队始终保持高度的警惕性，安排好每天的检修保养工作，决不可在浑浑噩噩中度日，更不可躲避在暂时的安逸中，要永远牢记“大海是危险的！”

项目二
轮机团队精神的培养

项目概述

一只大雁即使拥有再强健的体魄，也无法独自到达雁群所能到达的地方；而一群大雁，即使其中包括老弱的成员，通过团队的协作也可以让它们飞越喜马拉雅雪山，创造鸟类飞行的奇迹。

轮机团队精神是指轮机部成员在工作过程中的协同合作精神。良好的团队精神可以预防事故的发生，增加轮机人员之间的沟通与交流，健全轮机人员的人格，提高轮机团队的工作效率，促进个人事业的发展。本项目使学生首先要了解“团队精神”的内涵，进而掌握如何构建“高效的轮机团队”。

任务1 团队精神的内涵分析

任务概述

所谓团队精神就是向心力和凝聚力的体现，具有团队精神的团队容易获得成功。本任务要求学生掌握团队精神的内涵，能够运用团队的角色类型给我们的启示，对典型团队进行分析。

学习目标

1. 能正确分析团队成功与失败的原因；
2. 熟悉不同环境下轮机团队的工作要点。

相关知识

一、团队的定义

美国著名的管理学家斯蒂芬·P·罗宾斯认为："团队就是由2个或2个以上的，相互作用、相互依赖的个体，为了特定目标而按照一定规则结合在一起的组织。"团队工作能够更好地完成组织任务，更好地满足个体成员的心理需求。

二、团队的构成要素

团队有几个重要的构成要素，总结为5P。

1. 目标

团队应该有一个既定的目标(Purpose)，为团队成员导航，知道要向何处去，没有目标这个团队就没有存在的价值。

自然界中有一种昆虫很喜欢吃三叶草(也叫鸡公叶)，这种昆虫在吃食物的时候都是成群结队的，第一个趴在第二个的身上，第二个趴在第三个的身上，由一只昆虫带队去寻找食物，这些昆虫连接起来就像一节一节的火车车厢。管理学家做了一个实验，把这种昆虫连在一起，组成一个圆圈，然后在圆圈中放了它们喜欢吃的三叶草。结果它们爬得精疲力竭也吃不到这些草。

这个例子说明在团队中失去目标后，团队成员就不知道向何处去，最后的结果可能是饿死，这个团队存在的价值可能就要打折扣。团队的目标必须跟组织的目标一致，此外还可以把大目标分成小目标具体分到各个团队成员身上，大家合力实现这个共同的目标。同时，还应该有效地向大众传播这个目标，让团队成员都知道这个目标，有时甚至可以把目标贴在团队成员的办公桌上、会议室里，以此激励所有的人为这个目标去工作。

2. 人

人(People)是构成团队最核心的力量，2 个以上的人就可以构成团队。目标是通过人员具体实现的，所以人员的选择是团队中非常重要的部分。在一个团队中可能需要有人出主意，有人负责制订计划，有人去实施，有人协调不同的人一起去工作，还有人去监督团队工作的进展、评价团队最终的贡献。不同的人通过分工共同完成团队的目标，在人员选择方面要考虑人员的能力如何，技能是否互补，人员的经验如何。

3. 定位

团队的定位(Place)包含 2 层意思。团队在组织中的定位，团队在组织中处于什么位置，由谁选择和决定团队的成员，团队最终应对谁负责，团队采取什么方式激励下属；个体在团队中的定位，作为成员在团队中扮演什么角色，是制订计划还是具体实施或评估。

4. 权限

团队当中领导人的权力大小跟团队的发展阶段相关，一般来说，团队越成熟，领导者所拥有的权力相应越小，在团队发展初期阶段领导权是相对比较集中。

团队权限(Power)关系有以下 2 个方面。

(1) 整个团队在组织中拥有什么样的决定权？比如财务决定权、人事决定权、信息决定权。

(2) 组织的基本特征，比如组织的规模多大，团队的数量是否足够多，组织对于团队的授权有多大，它的业务是什么类型。

5. 计划

计划(Plan)包括以下 2 个层面含义。

(1) 目标最终的实现，需要一系列具体的行动方案，可以把计划理解成目标的具体工作的程序。

(2) 提前按计划进行可以保证团队的顺利进度。只有在计划的操作下团队才会一步一步的贴近目标，从而最终实现目标。

三、团队成员角色分析

“天生我材必有用”讲的是人们在人类社会活动过程中，任何人都会有自己的价值和贡献。其实，团队中的各成员更是如此。从团队成员性格和行为的角度可以将团队成员分成如下 8 种类型，如图 2-1-1 所示。

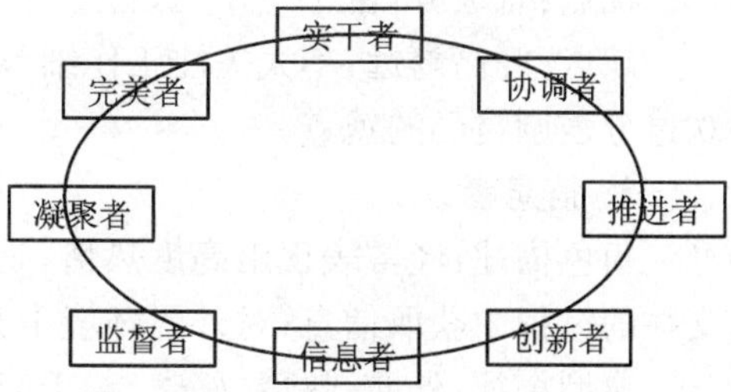

图 2-1-1 团队成员的角色类型

以下分别从角色描述、典型特征、作用、优点、缺点几个方面简单分析一下这 8 种角色。

1. 实干者

角色描述：非常现实、传统甚至有点保守；崇尚努力，计划性强，喜欢用系统的方法解决问题；有很好的自控力和纪律性，对团队忠诚度高，为团队整体利益着想而较少考虑个人利益。

典型特征：有责任感、高效率、守纪律，但比较保守。

作用:由于其可靠、高效率及处理具体工作的能力强,因此在团队中的作用很大;不会根据个人兴趣而是根据团队需要来完成工作。

优点:有组织能力、务实,能把想法转化为实际行动,工作努力、自律。

缺点:缺乏灵活性,可能会阻碍变革。

2. 协调者

角色描述:能够引导一群不同技能和个性的人向着共同的目标努力,代表成熟、自信和信任,办事客观,不带个人偏见,除权威之外,更有一种个性的感召力;在团队中能很快发现各成员的优势,并在实现目标的过程中能妥善运用。

典型特征:冷静、自信、有控制力。

作用:擅长领导一个具有各种技能和个性特征的群体,善于协调各种错综复杂的关系,喜欢平心静气地解决问题。

优点:目标性强,待人公平。

缺点:个人业务能力可能不会太强,比较容易将团队的努力归为己有。

3. 推进者

角色描述:说干就干,办事效率高,自发性强,目的明确,有高度的工作热情和成就感;当遇到困难时,总能找到解决办法。推进者大都性格外向且干劲十足,喜欢挑战别人,好争端,而且一心想取胜,缺乏人际间的相互理解,是一个具有竞争意识的角色。

典型特征:挑战性、好交际、富有激情。

作用:是行动的发起者,敢于面对困难,并义无反顾地加速前进;敢于独自作决定而不介意别人的反对;是确保团队快速行动的最有效成员。

优点:随时愿意挑战传统,厌恶低效率,反对自满和欺骗行为。

缺点:有挑衅嫌疑,做事缺乏耐心。

4. 创新者

角色描述:拥有高度的创造力,思路开阔,观念新,富有想象力,是"点子型"的人才;爱出主意,其想法往往比较偏激和缺乏实际感;不受条条框框约束,不拘小节,难守规则。

典型特征:有创造力,个人主义,非正统。

作用:提出新想法和开拓新思路;通常在项目刚刚起动或陷入困境时,显得非常重要。

优点:有天分,富于想象力,智慧,博学。

缺点:好高骛远,不太关注工作细节和计划,与别人合作本可以得到更好的结果时,却喜欢过分强调自己的观点。

5. 信息者

角色描述:经常表现出高度热情,是一个反应敏捷、性格外向的人;强项是与人交往,在交往的过程中获取信息;对外界环境十分敏感,一般最早感受到变化。

典型特征:外向、热情、好奇、善于交际。

作用:有与人交往和发现新事物的能力,善于迎接挑战。

优点:有天分,富于想象力,智慧,博学。

缺点:当初的兴奋感消失后,容易对工作失去兴趣。

6. 监督者

角色描述:严肃、谨慎、理智、冷血质,不会过分热情,也不易情绪化;与群体保持一定的距离，在团队中不太受欢迎；有很强的批判能力，善于综合思考、谨慎决策。

典型特征：冷静、不易激动、谨慎、精确判断。

作用：善于分析和评价，善于权衡利弊来选择方案。

优点：冷静、判别能力强。

缺点：缺乏超越他人的能力。

7. 凝聚者

角色描述：是团队中最积极的成员；善于与人打交道，善解人意，关心他人，处事灵活，很容易把自己同化到团队中，对任何人都没有威胁；是团队中比较受欢迎的人。

典型特征：合作性强，性情温和，敏感。

作用：善于调和各种人际关系，在冲突环境中其社交和理解能力会成为资本；信奉"和为贵"，有他们在的时候，人们能协作得更好，团队士气更高。

优点：随机应变，善于化解各种矛盾，促进团队合作。

缺点：在危机时刻可能优柔寡断，不太愿意承担压力。

8. 完美者

角色描述：具有持之以恒的毅力，做事注重细节，力求完美；不大可能去做那些没有把握的事情；喜欢事必躬亲，不愿授权；无法忍受那些做事随随便便的人。

典型特征：埋头苦干，守秩序，尽职尽责，易焦虑。

作用：对于那些重要且要求高度准确性的任务，起着不可估量的作用；在管理方面崇尚高标准严要求，注意准确性，关注细节，坚持不懈。

优点：坚持不懈，精益求精。

缺点：容易为小事而焦虑，不愿放手，甚至吹毛求疵。

四、团队角色类型给我们的启示

1. 每种角色都很重要

"世间万物各有功用"，人亦如此。团队中的每个角色都是需要的，也都是非常重要的，"一个都不能少"。当团队中同一角色类型的成员较多而其他类型的成员缺乏时，作为团队管理者需要根据实际需要，进行人员的合理调配或培养。

2. 一个人不可能完美，但团队可以

"人无完人"，一个人不可能什么都擅长，什么都能干。但具有不同性格和能力特征的成员一旦组成一个团队，则这样的团队就可能完美，就可能创造出"奇迹"。

3. 尊重团队角色的差异

"世界上没有完全相同的两片树叶"，人亦如此。我们（特别是管理者）需要尊重团队角色的差异，千万不能只认可与自己性格和能力相同或相似的成员，而排斥甚至打击与自己性格和能力相异的成员。

4. 通过合作弥补不足

"没有人十全十美，也没有人一无是处"。不完美的个人，通过合作才能弥补个体的缺陷，才可能创造出"完美"。迷失在大森林中的瞎子和瘸子的故事告诉我们，只有瞎子和瘸子合作才有可能都走出森林，单独行动都只能是死路一条。

"生活不是缺少美，而是缺少对美的发现"。同样，"不同的团队角色，不是他们缺少优点，而是缺少对优点的发现和利用”。

人性的弱点是：“容易看到自己的优点，不容易发现自己的缺点；容易看到别人的缺点，不容易发现别人的优点。”作为团队的管理者，一定要善于克服这个弱点，并善于根据团队成员的特点合理安排工作，否则高绩效团队的建设将举步维艰，甚至是缘木求鱼。

作为团队成员，我们在学会尊重其他成员的同时，需要善于和他们合作；同时，要善于扬长避短，学会把自己的缺点（或弱点）限制在可以接受的水平，不要让它们太影响工作。

五、高效团队的特征

一个处于良性运转的高效团队必然具备一些显著的特征，而正是由于有了这些特征，一个群体组织才能称之为团队或高效团队。

1. 清晰的目标

有效的团队对于要达到的目标有清楚的了解，并坚信这一目标包含着重大的意义和价值。而且，这种目标的重要性还激励着团队成员把个人目标升华到团队目标中去。在有效的团队中，成员愿意为团队目标作出承诺，清楚地知道希望他们做什么工作，以及他们怎样共同工作最后完成任务。

2. 相关的技能

有效的团队是由一群有特长的成员组成的。他们具备实现理想目标所必需的技术和能力，而且相互之间有能够良好合作的个性品质，从而能够出色地完成任务。后者尤为重要，但却常常被人们忽视。有精湛技术能力的人并不一定就有处理团队关系的高超技巧，高效团队的成员往往兼而有之。

3. 良好的沟通

良好的沟通是一个有效团队必不可少的特点。团队成员通过畅通的渠道交换信息，包括各种言语和非言语信息。此外，管理层与团队成员之间健康的信息反馈也是良好沟通的重要特征，有助于管理者指导团队成员行动，消除误解。就像一对已经共同生活多年、感情深厚的夫妇那样，有效团队中的成员能迅速、准确地了解一致的想法和情感。

4. 一致的承诺

有效团队的成员对团队表现出高度的忠诚和承诺，为了能使团队获得成功，他们愿意去做任何事情。我们把这种忠诚和奉献称为一致的承诺。对成功团队的研究发现，团队成员对他们的群体具有认同感，他们把属于该群体的身份看作是自我的一个重要方面。因此，承诺一致的特征表现为对团队目标的奉献精神，愿意为实现这个目标而调动和发挥自己的最大潜能。

5. 有效的领导

有效的领导能够让团队跟随领导者共同度过最艰难的时期，主要是因为他们能为团队指明前途所在。他们向成员阐明变革的可能性，鼓舞团队成员的自信心，帮助成员更充分地了解自己的潜力。优秀的领导者不一定非得指示或控制，高效团队的领导者往往担任的是教练和后盾的角色，他们对团队提供指导和支持，但并不试图去控制它。目前，很多管理者已开始发现这种新型的权力共享方式的好处，或通过领导培训逐渐意识到它的好处，但仍然有些脑筋死板、习惯于专制方式的管理者无法接受这种新概念，这些人应当尽快转换自己的老观念，否则就将被取而代之。

6. 相互的信任

成员间相互信任是高效团队的显著特征，这就是说，每个成员对其他成员的行为和能力都深信不疑。我们在日常的人际交往中都能体会到信任是相当脆弱的，需要花大量的时间去培养但又很容易被破坏。然且，只有信任他人才能换来被他人的信任，不信任只能导致不信任。所以，要维持团队内的相互信任，还需要引起管理层足够的重视。组织文化和管理层的行为对形成相互信任的团队氛围很有影响。如果组织崇尚开放、诚实、协作的办事原则，同时鼓励员工的参与和自主性，则就比较容易形成信任的环境。

7. 内部支持和外部支持

高绩效团队必须有一个支持环境。从内部条件来看，团队应拥有一个合理的基础结构，这包括：适当的培训；一套清晰而合理的测量系统用以评估总体绩效水平；一个报酬分配方案用以认可和奖励团队的活动；一个具有支持作用的人力资源系统。恰当的基础结构应能支持团队成员，并强化那些取得高绩效水平的行为。从外部条件来看，管理层应该给团队提供完成工作所必需的各种资源。

六、团队精神

1. 团队精神

所谓团队精神，简单来说就是大局意识、协作精神和服务精神的集中体现。团队精神的基础是尊重个人的兴趣和成就，核心是协同合作，最高境界是全体成员的向心力、凝聚力，反映的是个体利益和整体利益的统一，并进而保证组织的高效率运转。团队精神是组织文化的一部分，良好的管理可以通过合适的组织形态将每个人安排至合适的岗位，充分发挥集体的潜能。如果没有正确的管理文化，没有良好的从业心态和奉献精神，就不会有团队精神。

团队精神的形成并不要求团队成员牺牲自我。相反，挥洒个性、表现特长保证成员共同完成任务目标，而明确的协作意愿和协作方式则产生真正的内心动力。

2. 轮机团队精神的重要性

(1) 良好的团队精神可以预防事故的发生，有益于安全工作。事故的发生有多方面的因素，人的因素占很大的成分，大家相互协作，取长补短，彼此提醒，事故就一定会大幅减少。

(2) 良好的团队精神有助于增加船员互相之间的沟通、交流，实现船舶的准班、节能、增效目标。"降本增效"不是一句空洞的口号，需要大家共同努力、共同钻研才能够取得显著效果。

(3) 良好的团队精神可以促进船员个人事业的发展。每个人在工作上都可能遇到这样或那样的问题，如果和周围的人经常沟通，就会及时化解一些矛盾，解决相关的问题，对自己的个人业务也会有促进和帮助，一旦有了发展的机遇也能很好把握。

(4) 良好的团队精神可以健全人格，提高个人素质。集体中的每个人各有各的长处和缺点，只有融入这个团队，才会发现对方的美，同时也能在比较中看到自己的不足，逐步培养自己求同存异、与人为善的素质，形成良性循环。在日常生活中，培养良好的与人相处的心态，并在日常生活中运用，这不仅是培养团队精神的需要，而且也是获得人生快乐的重要方面。

七、不同环境下轮机团队的工作要点

1. 船舶搁浅

当船舶发生搁浅、擦底或触礁时，轮机人员应立即进入机舱集合，迅速备车并按船长命令正确操纵主机。其有如下安全措施。

1）应急处理

（1）船舶搁浅后，如主机尚能运转，应控制其转速防止超负荷；若不能运转，则应立即停车。如果船长要冲滩或退滩，则机舱只能给机动转速或系泊试验转速。如果船长要求的车速可能导致动力装置损坏，则应将可能引起的后果告知船长，按船长经考虑后的决定执行，并详细记入轮机日志。

（2）立即换用高位海底门，并准备好舱底水系统。

（3）如海水压力波动或下降，则应清洗海水滤器。

2）搁浅后的检查

（1）轴系状态的检查：船舶搁浅后可能引起船体变形，所以必须检查轴系的情况。判断轴系状态可用下列方法：盘车检查；柴油机运转检查；柴油机曲轴拐挡差检查。

（2）双层底舱柜的检查：当船舶搁浅时，双层底舱柜可能变形破裂，要注意反复检查和测量各舱柜的液位变化，注意海面有无油花漂浮等，并做好机舱排水准备工作。

（3）舵系的检查：当船舶搁浅时，舵系有可能被擦伤和碰坏，因此搁浅后必须对舵系进行检查。

3）记录

记录搁浅发生的时间和脱浅的时间；所采取的各项应急措施；所造成的直接损失和间接损失等。这些记录为海事处理提供正确和必要的法律依据。

2. 船舶碰撞

船舶发生碰撞后，轮机长应立即进入机舱迅速备车，使主机处于随时可操纵状态。如碰撞发生在机舱或机舱以后的部位，且有进水现象，则应按机舱进水处理；如机舱破损面积较大，危及主、副机安全，则应及时报告船长；如碰撞发生在机舱以外的部位，则应采取以下措施：①视情况切断碰撞部位的油、水、电、气、汽源，关闭有关油水柜的进出口阀，尽量减轻油水污染并为抢救工作创造一个安全的现场。②如有火情、进水现象发生，则应按应变部署表要求进入岗位。③反复测量受损部位及其附近油、水舱的液位高度（水舱由甲板部负责）有无变化。如发现有进水现象，则应关闭该油、水舱的进出口阀，及时切断各舱、柜之间的通道。对于油舱，还应封闭该舱的透气管，尽量减少污染。

详细检查、记录机电设备以及其附属设备因碰撞而造成的直接或间接损失、发生时间和抢救措施，尤其是损坏部位和损坏状况，为海事处理提供正确和必要的法律依据。

为维持临时的生产和生活上的需求，在力所能及的条件下，进行临时性修理或采取临时性的可行措施，并按公司指示开往指定的地点或港口。

3. 大风浪航行

（1）轮机长要督促全体轮机部人员集中精力加强检查，防止主、副机和舵机发生故障，在必要时备车并加强值班。

（2）值班轮机员不得远离操纵室，注意主机转速变化，防止主机飞车和增压器喘振，认真执行船长和轮机长的命令。

(3) 根据海上风浪、船体摇摆情况以及主机飞车和负荷变化情况，轮机长应适当减小油门刻度，降低主机负荷，并调整好主机的限速装置。

(4) 安排船员将轮机部管辖范围内的门窗和通风道关好。

(5) 将机舱里的行车、工具、备件和可移动的物料、油桶等绑扎好。

(6) 尽量将分散在各燃油舱柜里的燃油驳到少数几个燃油舱柜中，以减小自由液面。

(7) 日用油柜和沉淀油柜要及时放残，并保持较高的油位和适当的油温。

(8) 注意主、副机燃油系统的压力，酌情缩短清洗燃油滤器的时间，以免燃油滤器被堵而影响供油。

(9) 主机滑油循环柜的油量应保持正常，不可过少。

(10) 密切注意辅锅炉和废气锅炉的工况，特别是辅锅炉里的水位，以防出现假水位。

(11) 使用低位海底阀，保证冷却水连续畅通。

(12) 机舱舱底水要及时处理。

4. 大风浪锚泊

(1) 按航行状态保持有效的安全值班。

(2) 影响航行和备车的各项维修检查工作必须立即完成，保持良好工作状态。

(3) 定期检查所有运转和备用的机器。

(4) 按驾驶台命令使主、副机保持备用状态。

(5) 采取措施，防止本船污染周围环境并遵守防污规定。

(6) 所有安全设备和消防系统均处于备用状态。

(7) 注意做好大风浪中航行的各项准备。

5. 轮机团队防台

在台风季节(我国沿海通常在 7—9 月)，轮机部应在公司和船舶防台领导小组的领导下，落实防台的具体措施，做好各自的本职工作。

(1) 应尽早(在台风季节来临前 4 周)对防台设备、索具和器材进行一次全面检查，使锚机、绞缆机、主机、副机、锅炉和操舵设备等处于良好工作状态。

(2) 船舶如需拆检主机、舵机、锚机和清洗锅炉等，必须经过当地海事管理机构批准。航行期间如有大风或台风警报，则应尽快装复并采取相应的安全措施。

(3) 台风季节在港口停泊的船舶应保持 2/3 船员留船，轮机长与大管轮不可同时离船。接到台风警报全体船员必须立即回船。

(4) 当台风在未来 48 h 内到达，并且风力达 6 级时，被认为船舶处于台风威胁中；当台风在未来 24 h 内到达，并且风力达 6 级时，被认为船舶处于台风严重威胁中；当台风中心接近，风力达 8 级以上时，被认为处于“台风袭击中”。

(5) 船舶在台风季节航行时，船上应备有比正常航行多 5 天的备用燃油并备足淡水。

(6) 所有移动的工具、备件、物料和油桶等均应绑扎妥当。

(7) 各燃油柜中的存油应尽量驳入几个或一个燃油柜中，以减小自由液面。

(8) 关闭机舱天窗、水密门、通风道等，保持水密。

(9) 在航行中遇台风时，值班轮机员应在控制室里随时操纵主机，并督促值班机工加强巡回检查；轮机长应在机舱亲自指挥，保持主机、副机、水泵、舵机等正常运转。在安全范围内应尽一切可能满足驾驶台的操纵需要。

(10) 船舶在厂修理时,台风季节的防台工作,应以厂方为主,厂船结合。

6. 全船失电

如果属于超负荷跳电,跳电后发电机仍在空负荷下运转,则应切除“非重要负载”,如通风机、空调、冰机、厨房和部分照明设备等,然后再次合闸供电。若一次合闸再跳电,则应立即检查故障所在,不应再次合闸。

在全船失电情况下要注意确保舵机、助航设备、消防设备供电。恢复供电后,应首先起动发电柴油机海水泵,然后再逐台起动有关电动泵及相关设备。

根据船舶航行状态不同,全船跳电应采取不同措施,以避免因失电而产生其他重大事故。

(1) 船舶在海上航行,突然失电时应首先停止主机并立即报告驾驶台,然后迅速起动备用发电机组,尽快恢复供电。如果情况特殊急需用车避让,只要主机有可能短期运转则应执行驾驶台命令。如备用发电机组也不能起动,应急发电机应自动起动,并首先给导航设备和舵机供电。在恢复正常供电后,起动为主机服务的各电动泵,然后再起动主机。

(2) 船舶在狭水道或进出港航行中突然失电时,应迅速起动备用发电机组尽快恢复供电,同时立即通知驾驶台并停止主机运转。在应急处理过程中必须有人坚守主机操纵台,随时与驾驶台联系。若情况危急船长必须用车避碰,则可按车令强制主机运行而暂不考虑主机后果。

(3) 船舶在系泊或锚泊状态发生失电时,应先起动备用发电机组。恢复正常供电后,先供电起货机,再分析、检查故障原因并予以排除。

7. 机舱发生火灾

当机舱发生火灾时,应就近使用适宜的通信工具向全船发出警报。根据火势的大小,决定下一步行动。

(1) 如果火势不大,可以就近取用手提式灭火器进行扑救。

(2) 当火势较大,无法扑救时,在发出全船警报后,尽量对火场做力所能及的隔离工作,同时注意火势的发展情况,等待救援人员。

(3) 当用固定式灭火设备对机舱灭火时,必须先示警,待清点人数后,才能按船长的指令释放。

(4) 任何火灾,那怕是火灾隐患,都不能放过,应该报告给大管轮或轮机长,以便查明原因,杜绝火灾发生或再一次发生。

任务实施

模块　分析唐僧西天取经团队

【任务要求】

1. 分析唐僧西天取经团队的角色类型;每组组长代表本组向全班同学汇报分析结果。
2. 分析唐僧西天取经成功的经验;每组组长代表本组向全班同学汇报分析结果。

【任务准备】

1. 教学资料准备。

《西游记》是一部中国古典神话小说，为中国"四大名著"之一。书中讲述唐僧西天取经的故事。师徒 4 人历经 14 年寒暑，"九九八十一"磨难，与各路妖魔鬼怪进行搏斗，最后到达西天取回真经。其中，最经典的故事有孙悟空大闹天宫、高老庄收八戒、流沙河收沙和尚、三打白骨精、路阻火焰山、真假美猴王等。

2. 人员分组：6～8 人一组，每组指定小组长一名，负责汇报分析结果。

3. 多媒体教学设备。

【任务操作】

1. 利用"团队角色类型给我们的启示"分析唐僧取经团队

"生活不是缺少美，而是缺少对美的发现"。同样，不同的团队角色，不是他们缺少优点，而是缺少对优点的发现和利用，团队工作就是要取长补短。唐僧团队由唐僧、孙悟空、猪八戒、沙和尚组成。这些角色个个优缺点鲜明。

唐僧作为团队领袖，有很坚韧的品性和极高的原则性，不达目的不罢休，又很得上司支持和赏识（直接得到唐太宗的任命，既给袈裟，又给金碗，又得到以观音为首的各路神仙的广泛支持和帮助）。

孙悟空是这个取经团队里的核心。他的性格极为放荡不羁，但他本领高强，一路降妖除魔都是孙悟空的工作；同时，孙悟空还具有很强的人脉，即使他不能降服的妖怪，也能够得到天上各路神仙的帮助，应该说他是这个团队的大能人。

猪八戒这个成员，看起来好吃懒做，贪财好色，又不肯干活，好像留在团队里没有什么用处，其实他的存在还是有很大用处的。主要是因为他性格开朗，能够接受任何批评而毫无压力，在团队中承担润滑油的作用。有了他，西天取经就不会觉得太寂寞。

沙和尚言语不多，任劳任怨，承担了团队中粗笨无聊的工作。

唐僧团队缺少任何一种角色，都无法完成取经任务。

2. 利用团队精神分析西天取经成功的秘诀

目标明确：就是要取得真经，明知一路会有不少妖魔鬼怪作祟，却不畏艰难险阻，一心向佛。唐僧是一个碰到妖怪都不回头的人。

利益一致：师徒四人，虽时有矛盾，但大家都知道，只有到达西天，取得真经，才能修成正果。

规则清楚：制度明确，等级分明。这里的规则主要是出家人的礼数。

上级支持：唐僧之所以能当这个团队的领导，是因为这与上级领导（如观世音菩萨）的关心支持是分不开的。

取长补短：这个团队最大的好处就是互补性，领导有权威、有目标，但个人能力差点；员工有能力，但是自我约束力差，目标不够明确。

【任务评价】

评估要素：沟通与交流；团队精神。

【任务拓展】

几个团队精神小故事

故事一:老鼠偷油

三只老鼠一同去偷油喝。到了油缸边一看,油缸里的油只剩一点点在缸底,并且缸身太高,谁也喝不到。于是它们想到一个办法:一只咬着另一只的尾巴,吊下去喝,第一只喝饱了,上来,再吊第二只下去喝……并且发誓,谁也不许存半点私心。

第一只老鼠最先吊下去喝,它在下面想:"油只有这么一点点,今天总算我幸运,可以喝个饱。"

第二只老鼠在中间想:"下面的油是有限的,假如让它喝完了,我还有什么可喝的呢?还是放下它,自己跳下去喝吧!"

第三只老鼠在上面想:"油很少,等它俩喝饱,还有我的份吗?不如早点放下它们,自己跳下去喝吧!"

于是,第二只老鼠放下第一只老鼠的尾巴,第三只老鼠放下第二只老鼠的尾巴,只顾自己地跳下去。结果三只老鼠都掉到油缸里,永远也逃不出去了。

有的团队之所以不成功,是因为团队成员追逐着与团队总目标不一致的个体小目标。只有所有团队成员全都为实现团队总目标而齐心协力地工作,团队才能取得成功。

故事二:蚁国英雄

在南美洲的草原上,天气酷热,由于游客不慎,山坡上的草丛突然起火,无数蚂蚁被熊熊大火逼得节节后退,火的包围圈越来越小,渐渐地蚂蚁似乎无路可走。然而,就在这时,出人意料的事发生了:蚂蚁们迅速聚拢起来,紧紧地抱成一团,很快就滚成一个黑乎乎的大蚁球,蚁球滚动着冲向火海。尽管蚁球很快就被烧成了火球,在噼噼啪啪的响声中,一些居于火球外围的蚂蚁被烧死了,但更多的蚂蚁却绝处逢生。

从团队的角度来说,这是为团队的利益,牺牲了个人的利益。

故事三:梭子鱼、虾、天鹅

梭子鱼、虾、天鹅三个好朋友一起上路。在途中它们同时发现路边有一辆车,车上装有满满的货物,于是它们就想把车子从路上拖下来。

三个家伙一起负担起沉重的担子,它们卯足了劲,使出平生最大的劲拉起货物。可是无论它们怎样拖呀,拉啊,小车还是停在老地方,没有移动分毫。这是怎么回事呢?原来,在天上飞的天鹅使劲往上拉;在水里的梭子鱼朝着池塘的方向拖拽货物;虾则是一下下向后倒拖着。它们都尽了最大的努力,而事情却没有向着成功的方向发展。究竟谁对谁错呢?可事实上,它们都努力了。

团队存在不同才能的人,他们或多或少都为这个团队贡献着力量,但如果他们各自为阵,各忙各的,彼此之间没有交流沟通,则团队可以说是呈散沙状,团队的力量没有形成合力,发挥不到最大的力量。

故事四:一头狮子和三头牛

有三头牛,它们极其友好、和睦地一起在野外吃草,一头狮子窥视了很久,想逮住它们,但是觉得只要它们聚在一起,就得不到机会。因此,狮子开始暗地里散布流言蜚语,说这一个跟另一个作对,直到它们之间产生妒忌和不信任。狮子一看到它们各奔东西、分头吃草的时候,就马上向它们一个一个地进攻。这样它就轻而易举地把它们全吃光了。

这个故事告诉我们团结才是力量,互相孤立会导致灭亡。

任务2　建设高效团队

任务概述

狼过着群居生活，一般5～7匹为一群，每一匹都要为群体的繁荣与发展承担一份责任。狼与狼之间的默契配合成为狼群成功的决定性因素。不管做任何事情，它们总能依靠团体的力量去完成。

随着新技术在船舶上的应用，船上的设备和系统变得越来越复杂，单靠个人能力已很难完全处理各种错综复杂的问题并采取切实高效的行动。由于轮机工作也需要团队才能完成，因此船舶机舱工作是“分工不分家”的。经过对本任务的学习，使学生在机舱日常的工作中和应急情况下，能够体现轮机人员的团队精神。

学习目标

1. 利用轮机模拟器，在模拟的场景中培养轮机团队成员的沟通交流意识；
2. 利用轮机模拟器，在设定的场景中培养轮机团队成员的团队精神。

相关知识

一、团队工作三环领导力模型

三环领导力模型也称行动为中心领导模式（Action Centered Leadership，ACL），是由世界上第一位领导力专业的教授约翰·阿戴尔（John Adair）首创的。

三环领导力模式表现为相互制约的“三个环”或“三个球”（见图2-2-1）。三环分别代表完成任务、建设团队、发展个人能力，其主要内容如表2-2-1所示。

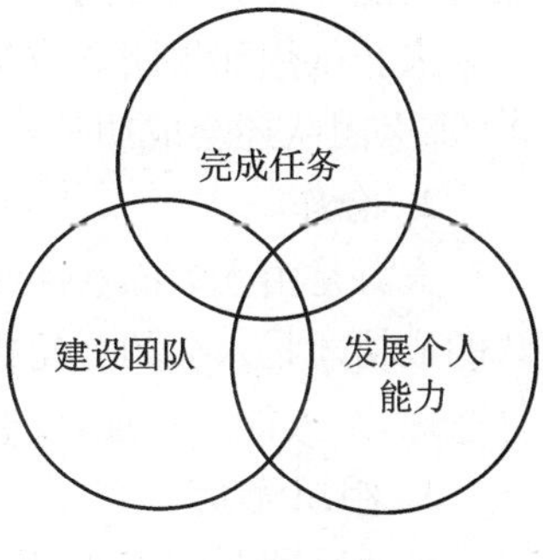

图2-2-1　“三环”领导力模式

阿戴尔将领导力类比为在空中同时漂浮的上述3个球体的平衡能力。该模型的力量在于它以非常简明的方式阐明了作为一个有效的领导者所应履行的职责。这3个维度相互牵制，缺一不可。

例如，任何一个不重视任务的工作团队，往往都会受到不良的工作关系的困扰，同时也会影响到团队成员个人能力的发展。如果领导者过于强调任务的完成，虽然可能会在短期内达成目标，但如果是以牺牲另外2个方面的平衡为代价，则该领导者会因其专制的行为而使得团队成员丧失发挥的余地，导致人员流失率增高，因此，领导者应该对这3个方面都给予关注。

表 2-2-1　三环领导力模式的内容

三环	完成任务	建设团队	发展个人能力
内容	定义义务	征求他人的意见	委派任务
	考察资源	分派职责	倾听
	设定标准	鼓励、支持	训导
	与团队进行沟通	解答疑问	认可团队成员的努力
	考察团队成员的理解	寻求反馈并给予反馈	管理绩效表现
	管理时间	协调各方的工作努力	进行技能的培训和开发
	报告进程	鼓励承担风险	保持灵活性
	回顾目标	运用幽默、寻求乐趣；从失败中学习；庆祝成功	开放的心态、释放压力
	管理进程	解决冲突	鼓励
	辨别优先级别	认可成功	对成功给予称赞
	果决地采取行动	保持创造性	建议、劝导

三环领导力模型能够帮助领导者意识到他们身在何处，意识到组织或情势的真正需要，或许能使他们从不良状态中摆脱出来。

二、成功团队的四个要素

1. 凝聚力

成大业的孙中山、毛泽东，都有一个共同点，就是能将千百万人的心连在一起，这是十分独特的能力。我们跟随一个领导者，就是希望他能创造一个环境，结合众人的力量，营造一个未来。试想如果团队成员远离领导，甚至因为领导的言行让他们失望而放弃对事业的追求，那么团队还会成功吗？

2. 合作

大海是由无数的水滴组成的，而每个人都是团队中的水滴。个人的成功是暂时的，而团队的成功才是永久的。轮机团队的成功靠的是团队里的每位轮机人员的配合与合作。如同打篮球，个人能力再强，没有队友的配合也无法取胜。

3. 组织无我

事业是团队的事业，集体的事业。个人的力量是有限的，而成功是靠团队共同推进的，每个成员一定要明白，团队的利益、团队的目标重于个人的利益和目标。在团队中如果人人只顾着自己的利益，那么这个组织一定会崩溃，团队也就没有了，个人的目标自然也无法实现。既然是团队行动，就应听从领导者的安排，任何事情就变得很容易，这叫“组织无我”。团队的目标就是靠这种“组织无我”的精神达成的。

4. 士气

没有士气的团队，是缺乏吸引力、凝聚力、战斗力的，而士气旺盛的团队，无论在任何环境，遇到任何困难，都是无往而不胜的。狭路相逢勇者胜，就是最好的证明。成功的团队应该是充满士气、昂首向前的团队。

三、团队工作的误区

1. 冲突会毁了整个团队

作为团队的领导要清楚地认识到冲突的两重性。团队的外部冲突会提高团队的凝聚力。对于内部冲突，领导就必须学会在缺乏足够的信息和统一意见的情况下及时作出决定，果断的决策机制往往是以牺牲民主和不同意见为代价而获得的。对于团队领导而言，最难做到的莫过于避免被团队内部虚伪的和谐气氛所误导，应采取种种措施，努力引导和鼓励适当的、有建设性的良性冲突，将被掩盖的问题和不同意见摆到桌面上，通过讨论和合理决策加以解决，否则，隐患迟早有一天会爆发。

2. 1＋1 一定大于 2

在通常情况下，团队工作的绩效往往大于个人的绩效，但也不是那么绝对，这取决于团队工作的性质：如果团队的任务是要搬运一件重物，单凭其中一个成员的力量绝对搬不动，必须要 2 个以上的成员才能够搬动，这时团队的绩效要大于个人的绩效，1＋1 的结果会大于或等于 2；但如果换成是体操比赛中的团体项目，最后的成绩往往会因为某位成员的失误而名落孙山，这时，团队的绩效还不如其中优秀成员的个人成绩，1＋1 的结果反而会小于 2。

3. “个性”是团队的天敌

每个团队成员都会有个性，这是无法也无需改变的，而团队的艺术就在于如何发掘组织成员的优缺点，根据其个性和特长合理安排工作岗位，使其达到互补的效果。成功的创业团队，团队的个体无一例外都具有非常鲜明的个性，他们各自发挥自己的才华，相互结合，从而有力推动着创业进程。

4. 团队利益高于一切

团队首先是个集体。由“集体利益高于一切”这个被普遍认可的价值取向，自然而然地可以衍生出“团队利益高于一切”这个论断。但在团队里如果过分推崇和强调“团队利益高于一切”，可能会导致两方面的弊端。

一方面是极易滋生小团体主义。团队利益对于其成员而言是整体利益，而对于整个企业来说，又是局部利益。过分强调团队利益，处处从维护团队自身利益的角度出发常常会打破企业内部固有的利益均衡，侵害其他团队乃至企业整体的利益，从而造成团队与团队、团队与企业之间的价值目标错位，最终影响到企业战略目标的实现。

另一方面，过分强调团队利益容易导致个体的应得利益被忽视和践踏。如果一味只强调团队利益，就会出现“假维护团队利益之名，行损害个体利益之实”的情况。作为团队的组成部分，如果个体的应得利益长期被漠视甚至侵害，那么他们的积极性和创造性无疑会遭受重创，从而影响到整个团队竞争力和战斗力的发挥，团队的总体利益也会因此受损。

5. 团队内部不能有竞争

在团队内部引入竞争机制，有利于打破大锅饭。如果一个团队内部没有竞争，在开始的时候，团队成员也许会凭着一股激情努力工作，但时间一长，他会发现无论是干多还是干少，干好还是干坏，结果都一样，那么他的热情就会减退，在失望、消沉后最终也会选择“做一天和尚撞一天钟"的方式来混日子。这其实是一种披上团队外衣的大锅饭。通过引入竞争机制，实行"赏勤罚懒，赏优罚劣"，打破这种看似平等实为压制的利益格局，团队成员的主动性、创造性才会得到充分的发挥，团队才能长期保持活力。

四、轮机团队精神的培养

在船舶上打造良好的团队精神，其特殊性要求我们每个人都要承担起责任，齐心协力，众志成城。

(1) 营造一个相互信任的氛围。彼此信任是最坚实的基础，它会增加我们对船舶的认可，让大家在心理上有充分的安全感，从而真正把"以船为家"的观念落实下来。

(2) 建立合理有效的沟通机制。多一些沟通、交流，始终抱着合作的心态，多理解别人的苦衷，多设身处地为别人想一想，要懂得以恰当的方式同他人合作，用恰当的方式让别人接受，学会被别人领导和领导别人，这样工作起来就会得心应手、事半功倍。

(3) 加强业务知识、敬业精神的学习和提高。态度并不能解决所有的问题，远洋船员不仅要有高度的责任感，良好的敬业精神，而且应该有丰富的技能，能够帮助别人解决问题。帮助别人的同时也是在帮助自己，使别人快乐的同时也是使自己快乐。

(4) 船舶管理人员的带头作用。"火车跑得快，全靠车头带"，管理者的行为有着极强的示范意义。他们应该注意自己的言行举止，有宽广的胸怀和长者的风范，懂得关心和体恤下属，有包容之心，能够营造大家庭的氛围。

远洋船舶大部分时间远离陆地，各项工作需要船舶人员协同完成。如果仅仅抱着"各人自扫门前雪"的态度，那么是远远不够的，尤其在特殊情况下、各自为政、互不买账，不仅"门前雪"扫不好，还会造成整艘船的工作任务完不成，甚至会出现危情和险情。在现实生活中因只顾"自扫门前雪"而造成各种事故和灾难的事例不胜枚举。

良好的团队精神，可以融洽船舶气氛，消除各种压力所带来的负面影响。远洋船舶上每个人的个性和具体情况不同，工作生活中难免会出现各种问题，很容易产生一些消极的想法，严重的甚至以生命为代价。以前曾经发生的一些安全事件，让人痛心。倘若这些船舶的团队精神强，船员能够很好地融入这个团队，那么悲剧就可以避免了。"人心齐，泰山移"，我们应该吸取既往的教训，相互体贴，彼此关心，从各个渠道用各种方法培养船员良好的团队意识，打造船舶良好的团队精神，这样我们就一定能战胜各种困难险阻，完成各项工作任务，为公司添光增彩。

任务实施

模块　轮机团队精神的培养

【任务要求】

利用轮机模拟器设置故障，学生在分析、排查和解决这些故障时，能够体现团队精神，实现 $1+1>2$ 的团队工作效果。

【任务准备】

1. 轮机模拟器。

2. 人员分组：每 6～8 人为一组，按照轮机部职责将学生分为轮机长、大管轮、二管轮、三管轮、电机员、电工、机工甲和机工乙。

3. 多媒体教学设备。

4. 教学资料准备：人员分工及模拟器操作程序简介，如表 2-2-2 所示。

表 2-2-2　模拟器的操作程序

初始状态：船舶停靠在码头，卸货作业结束，机舱机工甲值班，船舶准备开航	
驾驶台(电话)	机舱值班，船长通知备车，1000 时上引航员，准备离码头
机工甲	明白。机舱准备备车，1000 时上引航员
机工甲(电话)	轮机长(大管轮、二管轮、三管轮、电机员下机舱)，驾驶台通知备车。1000 时上引航员
人员下机舱	
驾驶台	机舱，现在对船钟、对车钟、对舵
轮机长	好的。对船钟、对车钟、对舵
驾驶台	现在是 0930 时
轮机长	0930 时
驾驶台	给车钟
机舱	回车钟
驾驶台	驾驶台对舵
轮机长	机舱对舵
驾驶台	1000 时上引航员
轮机长	1000 时上引航员
轮机长	二管轮，起动备用发电机，电机员准备并电
二管轮、电机员	明白(然后去起动备用发电机，并电)
轮机长	大管轮，派人准备主机系统
大管轮	明白。机工甲，手摇气缸油 30 圈，合上盘车机；机工乙，起动相关泵浦；三管轮，打开主起动阀，检查示功阀，准备冲车
三管轮、机工甲、机工乙	明白(各人去执行)
三管轮	报告大管轮，主起动阀已经打开，示功阀开启
机工甲	报告大管轮，手摇气缸有 30 圈，盘车已经合上
机工乙	报告大管轮，主机各泵浦已经起动，运行正常
大管轮	明白。机工甲，盘车
机工甲	已经盘车 15 min

续 表

人员下机舱	
大管轮	明白，脱开盘车机
机工甲	报告大管轮，盘车机已经脱开
大管轮	报告轮机长，盘车机已经脱开，可以冲试车
电机员	报告轮机长，备用发电机已经起动，且并网运行，运行参数正常
轮机长	明白。驾驶台，机舱准备冲车、试车
驾驶台	机舱可以冲车、试车
轮机长	大管轮，可以冲车和试车
大管轮	三管轮带机工甲、机工乙去主机缸头层观察冲车情况
三管轮	明白(带机工甲、机工乙去)
大管轮冲车操作后	
三管轮	报告大管轮，气缸无异物出现，冲车正常
大管轮	下面准备试车，三管轮带人出去检查是否有异常
三管轮	明白(带机工甲、机工乙去)
大管轮进行正车、倒车试车	
三管轮	报告大管轮，主机试车正常
大管轮	明白。报告轮机长，主机冲、试车正常
轮机长	明白。驾驶台，机舱冲、试车正常，转驾驶台试车
驾驶台	好的。转驾驶台试车
主机控制位置转换到驾驶台控制，驾驶台正车、倒车试车	
驾驶台	驾驶台试车正常。请问是否可以用车
轮机长	5 min 后可以用车。二管轮，检查气瓶气压；电机员，注意检查电站运行情况；三管轮，注意检查主机、副机机附属系统运行情况；驾驶台 5 min 后用车
众人	明白
备车过程结束，驾驶台起动主机至定速	
驾驶台	1030 时定速
轮机长	1030 时定速。电机员，停 1 台发电机；大管轮，关主机暖缸阀
大管轮	三管轮，停止主机暖缸
三管轮	明白，带人关暖缸阀
电机员	报告轮机长，1 台发电机已经卸载并停止运行；电站各参数正常
轮机长	明白
三管轮	报告大管轮，主机暖缸阀已经关闭
大管轮	明白

续 表

备车过程结束,驾驶台起动主机至定速	
大管轮	报告轮机长,主机暖缸阀已经关闭,发电机 1 台供电,运行参数正常
轮机长	三管轮值班,其他人员可以休息
三管轮和机工乙值班,其他人员离开机舱;主机排温高温报警,主机自动降速	
三管轮	驾驶台,主机 2#缸排温高温报警,主机自动降速,正在安排人员排查故障
驾驶台	请尽快回复
三管轮	明白
三管轮(电话)	轮机长,主机 2#缸高温报警
轮机长	知道。通知大管轮和其他轮机员下机舱
轮机长和其他人员一起下机舱	
轮机长	主机 2#高温报警,请求将主机转入集控室控制
驾驶台	可以转集控室控制
轮机长安排人员检查主机参数,分析、排查故障	
轮机长	驾驶台,主机 2#缸喷油器故障,需要停车更换喷油器,大约需要停车 1 h
驾驶台	现在可以停车
轮机长	停车操作。三管轮,带人打开示功阀,准备冲车;大管轮,准备更换 2#喷油器
众人	明白(众人去执行)
三管轮	示功阀已经打开,可以冲车
大管轮	冲车操作。机工甲、机工乙,手摇气缸油 30 圈,合上盘车机
机工甲、机工乙	(执行)报告大管轮,手摇气缸油 30 圈,已经合上盘车机
轮机长	大管轮,带人更换 2#喷油器
大管轮	明白(去执行)。报告轮机长,2#缸喷油器已经更换
轮机长	明白。驾驶台,主机 2#喷油器已经更换,准备试车
驾驶台	可以试车
轮机长	大管轮,脱开盘车机,准备冲试车
大管轮	明白。机工甲,手摇气缸油 30 圈,盘车 15 min 后脱开盘车机
机工甲	明白(去执行)。报告大管轮,手摇气缸油 30 圈,盘车机已经脱开,可以冲试车
大管轮	明白。三管轮,带人去缸头层观察,准备冲车
大管轮冲车操作	
三管轮	报告大管轮,冲车正常
大管轮	关闭示功阀,准备试车
三管轮	明白(去执行)。报告大管轮,示功阀已经关闭,可以试车
大管轮	明白

续 表

大管轮试车操作	
大管轮	报告轮机长,主机冲试车正常
轮机长	明白。驾驶台,主机试车正常,可以转驾驶台控制
主机转驾驶台控制,驾驶台将主机起动,加速至定速	
驾驶台	机舱值班,1400时定速
轮机长	1400时定速航行。电机员,1台发电机供电;二管轮,停1台发电机
二管轮	报告轮机长,1台发电机运行,参数正常
轮机长	二管轮和机工甲负责值班,其他人员休息
其他人员离开机舱,二管轮和机工甲值班。主机定速航行,全船跳电	
二管轮	驾驶台,发电机跳电,正在排查故障
轮机长和其他人员下机舱	
轮机长	二管轮,起动备用发电机;电机员,迅速恢复供电
二管轮、电机员	明白
电机员	备用发电机已经恢复供电,电站参数正常
轮机长	驾驶台,机舱已经恢复供电,正在排查故障,机舱现有动力可以恢复航行
驾驶台	明白。重新起动主机,加速至定速
轮机长	二管轮和机工甲值班,其他人员休息
轮机长讲评:针对这个航次出现的故障,对相关人员的保养计划作调整;督查保养计划的制订和执行情况	

【任务操作】

1. 参照推荐程序,完成主机离港备车、海上定速、单缸排温高、全船失电等4种工况的操作。在操作过程中,教员通过故障设置系统对主机进行故障设置。故障设置由教员自行决定。学员在完成以上4种工况过程中,进行故障排查、讨论、采取行动。

操作过程大致可以分为3个阶段:

第一阶段:主机备车(可以设置1个起动空气系统故障)。驾驶台通知备车;电话通知机舱相关人员;对船钟、对车钟、对舵;起动备用发电机并报告;起动主机系统并报告;盘车、冲车、试车(机旁、集控室、驾驶台);通知驾驶台车已备妥。

第二阶段:主机定速航行(设置主机故障)。驾控起动主机,并加速到额定转速;主机单缸排温过高;主机突然停车;主机控制位置切换;主机停车检查,排查故障并报告;主机恢复正常并报告;主机转驾控。

第三阶段:跳电故障处理。起动备用发电机组,迅速恢复供电;故障排查;恢复航行。

2. 用"关联"法排查故障的方法:首先找出可能引起故障的各个因素,然后分析这些因素,先从最可能和最简单的因素开始排查,由浅入深,由易到难。

注意:当关联的因素不能全部列出时,有可能造成故障无法排除。

【任务评价】

评估要素:人员分派;优先排序;沟通与交流;决策反映团队的经验。

【任务拓展】

团队管理中的十个经典故事

故事一:分工

1位年轻的炮兵军官上任后,到下属部队视察操练情况,发现有几个部队操练时有1个共同的情况:在操练中,总有1个士兵自始至终站在大炮的炮筒下,纹丝不动。经过询问,得到的答案是:操练条例就是这样规定的。原来,条例因循的是用马拉大炮时代的规则,当时站在炮筒下的士兵的任务是拉住马的缰绳,防止大炮发射后因后座力产生的距离偏差,减少再次瞄准的时间。现在大炮已不再需要这个角色。但条例没有及时调整,出现了不拉马的士兵。这位军官的发现使他受到了国防部的表彰。

管理的首要工作就是科学分工。只有每个员工都明确自己的岗位职责,才不会产生推委、扯皮等不良现象。如果公司是一个庞大的机器,那么每个员工就是一个个零件,只有他们爱岗敬业,公司这个机器才能得以良性运转。公司是发展的,管理者应当根据实际动态情况对人员数量和分工及时作出相应调整。否则,队伍中就会出现"不拉马的士兵"。

如果队伍中有人滥竽充数,给团队带来的不仅仅是损失,而且会导致其他人员的心理不平衡,最终导致公司的工作效率整体下降。

故事二:标准

有个小和尚担任撞钟一职,半年下来,觉得无聊之极,"做一天和尚撞一天钟"而已。有一天,住持宣布调他到后院劈柴挑水,原因是他不能胜任撞钟一职。小和尚很不服气地问:"我撞的钟难道不准时、不响亮?"老住持耐心地告诉他:"你撞的钟虽然很准时,也很响亮,但钟声空泛、疲软,没有感召力。钟声是要唤醒沉迷的众生的,因此,撞出的钟声不仅要洪亮,而且要圆润、浑厚、深沉、悠远。"

本故事中的主持犯了一个常识性管理错误,"做一天和尚撞一天钟"是由于住持没有提前公布工作标准造成的。如果小和尚进入寺院的当天就明白撞钟的标准和重要性,我想他也不会因怠工而被撤职。工作标准是团队成员的行为指南和考核依据。团队缺乏工作标准,往往导致团队成员的努力方向与团队整体发展方向不统一,造成大量的人力和物力资源浪费。这是因为缺乏参照物,时间久了人员容易形成自满情绪,导致工作懈怠。制订团队工作标准尽量做到量化,要与考核联系起来,注意可操作性。

故事三:体制

有7个人住在一起,每天共喝1桶粥,显然粥每天都不够。一开始,他们抓阄决定谁来分粥,每天轮1个。于是乎每周下来,他们只有1天是饱的,就是自己分粥的那一天。后来他们开始推选出1个道德高尚的人出来分粥。强权就会产生腐败,大家开始挖空心思去讨好他,贿赂他,搞得整个小团体乌烟障气。然后大家开始组成3人的分粥委员会及4人的评选委员会,互相攻击扯皮下来,粥吃到嘴里全是凉的。最后想出来一个方法:轮流分粥,但分粥的人要等其他人都挑完后拿剩下的最后一碗。为不让自己吃到最少的,每人都尽量分得平均,就算不平,也只能认了。大家快快乐乐,和和气气,日子越过越好。

团队管理的真谛在“理”不在“管”。管理者的主要职责就是建立一个像“轮流分粥，分者后取”那样合理的游戏规则，让每个团队成员按照游戏规则自我管理。游戏规则要兼顾团队利益和个人利益，并且要让个人利益与团队整体利益统一起来。责任、权利和利益是管理平台的三根支柱，缺一不可。缺乏责任，团队就会产生腐败，进而衰退；缺乏权利，管理者的执行力就变成废纸；缺乏利益，团队积极性就会下降，消极怠工。只有管理者把“责、权、利”的平台搭建好，员工才能“八仙过海，各显其能”。

故事四：表率

春秋晋国有一名叫李离的狱官，他在审理一件案子时，由于听从下属的一面之辞，致使一个人冤死。真相大白后，李离准备以死赎罪，晋文公说：“官有贵贱，罚有轻重，况且这件案子主要错在下面的办事人员，又不是你的罪过。”李离说：“我平常没有跟下面的人说我们一起来当这个官，拿的俸禄也没有与下面的人一起分享。现在犯了错误，如果将责任推到下面的办事人员身上，我又怎么做得出来。”他拒绝听从晋文公的劝说，伏剑而死。

正人先正己，做事先做人。管理者要想管好下属必须以身作则。示范的力量是惊人的。不但要像先人李离那样勇于替下属承担责任，而且要事事为先、严格要求自己，做到“己所不欲，勿施于人”。一旦通过表率树立起在员工中的威望，将会上下同心，大大提高团队的整体战斗力。得人心者得天下，做下属敬佩的领导将使管理事半功倍。

故事五：竞争

国外一家森林公园曾养殖几百只梅花鹿，尽管环境幽静，水草丰美，又没有天敌，而几年以后，鹿群非但没有发展，反而病的病，死的死，竟然出现了负增长。后来他们买回几只狼放置在公园里，在狼的追赶捕食下，鹿群只得紧张地奔跑以便逃命。这样一来，除那些老弱病残者被狼捕食外，其他鹿的体质日益增强，数量也迅速地增长着。

流水不腐，户枢不蠹。人天生有种惰性，没有竞争就会固步自封，躺在功劳簿上睡大觉。竞争对手就是追赶梅花鹿的狼，时刻让梅花鹿清楚狼的位置和同伴的位置。跑在前面的梅花鹿可以得到更好的食物，跑在最后的梅花鹿就成了狼的食物。在团队内引入竞争，给予“头鹿”奖励，让“末鹿”被市场淘汰。

故事六：沟通

美国知名主持人林克莱特一天访问一名小朋友，问他说：“你长大后想要当什么呀？”小朋友天真的回答：“我要当飞机驾驶员！”林克莱特接着问：“如果有一天，你的飞机飞到太平洋上空所有引擎都熄火了，你会怎么办？”小朋友想了想说：“我会先告诉坐在飞机上的人绑好安全带，然后我挂上我的降落伞跳出去。”当在现场的观众笑的东倒西歪时，林克莱特继续注视这孩子，想看他是不是自作聪明的家伙。没想到，紧接着孩子的两行热泪夺眶而出，这才使得林克莱特发觉这孩子的悲悯之情。于是林克莱特问他说：“为什么要这么做？”小孩的答案透露出一个孩子真挚的想法：“我要去拿燃料，我还要回来！”

作为团队的领导者，你真的听懂了手下人的话了吗？你是不是也习惯性地用自己的权威打断手下的语言？我们经常犯这样的错误：在手下还没有来得及讲完自己的事情前，就按照我们的经验大加评论和指责。反过头来想一下，如果你不是领导，你还会这么做吗？打断手下的语言，一方面容易作出片面的决策，另一方面使员工缺乏被尊重的感觉。时间久了，手下将再也没有兴趣向上级反馈真实的信息。反馈信息系统被切断，领导就成了“孤家寡人”，在决策上就成了“睁眼瞎”。与手下保持畅通的信息交流，将会使你的管理如鱼得水，以便及时纠正管理中的错误，制订更加切实可行的方案和制度。

故事七：锻炼

一个人在高山之巅的鹰巢里，抓到了一只幼鹰。他把幼鹰带回家，养在鸡笼里。这只幼鹰和鸡一起啄食、嬉闹和休息。它以为自己是一只鸡。这只鹰渐渐长大，羽翼丰满了，主人想把它训练成猎鹰，可是由于终日和鸡混在一起，它已经变得和鸡完全一样，根本没有飞的愿望了。主人试了各种办法，都毫无效果，最后把它带到山顶上，一把将它扔了出去。这只小鹰像一块石头似的，直掉下去，慌乱之中它拼命地扑打翅膀，就这样，它终于飞了起来。

每个团队成员都希望用自己的能力来证明自身价值，你的下属也不例外。给他们更大的空间去施展自己的才华，是对他们最大的尊重和支持。不要害怕他们失败，给予适当的扶持和指点，放开你手中的“雄鹰”，让他们翱翔于更宽阔的天空。是个猴子就给他们一座山折腾折腾，是条龙就给他们条大江大河扑腾扑腾。他们的成长，将为你的团队带来更大的贡献；他们的成长，将促使你的团队更进一步。

故事八：鞭策

拿破仑一次打猎的时候，看到一个落水男孩，一边拼命挣扎，一边高呼救命。这河面并不宽，拿破仑不但没有跳水救人，反而端起猎枪，对准落水者，大声喊到：你若不自己爬上来，我就把你打死在水中。那男孩见求救无用，反而增添一层危险，便更加拼命地奋力自救，终于游上岸。

对待自觉性比较差的员工，一味地为他创造良好的软环境，去帮助他，并不一定让他感受到“萝卜”的重要，有时还离不开“大棒”的威胁。偶尔利用你的权威对他们进行威胁，会及时制止他们消极散漫的心态，激发他们发挥出自身的潜力。自觉性强的员工也有满足、停滞、消沉的时候，也有依赖性，适当的批评和惩罚能够帮助他们认清自我，重新激发新的工作斗志。

故事九：求人？求己？

某人在屋檐下躲雨，看见观音正撑伞走过。这人说：“观音菩萨，普度一下众生吧，带我一段如何？”观音说：“我在雨里，你在檐下，而檐下无雨，你不需要我度。”这人立刻跳出檐下，站在雨中：“现在我也在雨中了，该度我了吧？”观音说：“你在雨中，我也在雨中，我不被淋，因为有伞；你被雨淋，因为无伞。所以不是我度自己，而是伞度我。你要想度，不必找我，请自找伞去！”说完便走了。第二天，这人遇到了难事，便去寺庙里求观音。走进庙里，才发现观音的像前也有一个人在拜，那个人长得和观音一模一样，丝毫不差。这人问：“你是观音吗？”那人答道：“我正是观音。”这人又问：“那你为何还拜自己？”观音笑道：“我也遇到了难事，但我知道，求人不如求己。”

团队工作中，过分依赖别人，失败的注定是自己。

故事十：发挥

一位著名企业家在做报告。当听众咨询他最成功的做法时，他拿起粉笔在黑板上画了一个圈，只是并没有画圆满，留下一个缺口。他反问道：“这是什么？”“零”“圈”“未完成的事业”“成功”，台下的听众七嘴八舌地答道。他对这些回答未置可否：“其实，这只是一个未画完整的句号。你们问我为什么会取得辉煌的业绩，道理很简单，我不会把事情做得很圆满，就像画个句号，一定要留个缺口，让我的下属去填满它。”

团队管理者事必躬亲，是对团队个人智慧的扼杀，往往事与愿违。长此以往，团队成员容易形成惰性，责任心大大降低，把责任全推给管理者。团队管理者为团队画好蓝图，给团队成员留下空间，发挥他们的智慧，他们会画得更好。多让团队成员参与团队的决策事务，是对他们的肯定，也是满足团队个人自我价值实现的精神需要。赋予团队成员更多的责任和权利，他们会取得让你意想不到的成绩。

项目三
机舱资源的有效使用

项目概述

机舱资源包括人的资源、物的资源、管理资源、信息资源和环境资源等。机舱资源是有限的,只有有效地使用机舱资源,才能最大程度地发挥机舱资源的效用,保证机舱正常运营。本项目首先要求学生正确认知机舱所拥有的资源,进而通过合理的时间安排和优先排序,达到机舱资源的高效使用。

任务1　机舱资源分析

任务概述

本任务首先要求学生了解资源的内涵和机舱资源的类型，在此基础上掌握时间管理的"二八"法则，并能够利用"二八"法则安排日常事务。

学习目标

1. 能够依据船舶当时的资源条件，制订船舶航次修理计划；
2. 能够对机舱日常事务进行优先排序。

相关知识

一、资源的定义与内涵

1. 资源的含义

广义的资源是指人类生存发展和享受所需要的一切物质的和非物质的要素。所以，资源包括物质的和非物质的要素。狭义的资源仅指自然资源，是指在一定的时间、地点条件下能够产生经济价值的，以提高人类当前和将来福利的自然环境因素的总和。

2. 资源的分类

1）按资源的基本属性不同划分

（1）自然资源：具有社会效用性与相对稀缺性的自然物质和自然环境的总称，如水资源、矿产资源等。资源的社会效用性是指资源具有开发与利用价值，能够满足人类的生产和消费需求。资源的相对稀缺性是指相对于人类无限的需求，人的需求具有无限增长和扩大的趋势，为了满足这种需求就需要更多的物品和劳务，从而需要更多的资源；而在一定时间与空间范围内资源总是有限的，相对不足的资源与人类绝对增长的需求相比造成资源的稀缺性。

（2）社会资源：自然资源以外的其他所有资源的总称，它是人类劳动的产物，如信息资源、管理资源、技术资源等。

2）按资源利用的限度划分

（1）可再生资源：能连续和往复供应的资源，如人类劳动产物、可循环再生的环境资源等。

（2）不可再生资源：不能再生的地质和半地质资源，如金属、土壤、地下水等。

3）按资源性能和作用的特点划分

（1）硬资源：可以度量的资源，如土地、矿产、资本等。

(2) 软资源:在质上表现出社会效用性,在量上表现出不可度性的资源,如技术、信息、管理体系等。

二、机舱资源

机舱资源管理,属于管理科学的范畴,它是管理科学的一个具体的分支和应用。机舱资源管理是轮机人员充分利用船舶机舱人力、物力、信息、环境等各种资源,通过机舱组织和程序的执行,充分发挥轮机部团队的作用,对各种信息充分沟通和交换,明确各自在机舱各项工作中的职责,对机舱现有的各种机械动力设备、安全设备,进行合理配置和有效使用,减少和杜绝潜在的人为失误,以达到船舶安全营运的目的。

1. 机舱资源的构成

机舱资源的构成如图 3-1-1 所示。STCW 公约马尼拉修正案强调的是机舱人力资源(软资源)的管理。

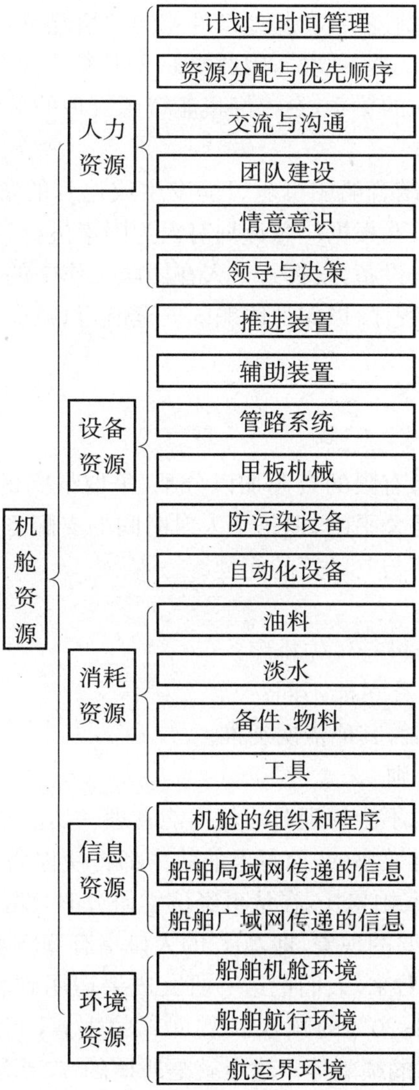

图 3-1-1　机舱资源的构成

2. 机舱资源管理的特点

机舱资源管理的工具是机构，没有机构就无法实现管理。机舱配备的一定编制的技术管理人员，他们的组织形式就是机构。管理的手段是“法”。所谓“法”，一般意义上讲，不仅包括有关法规、规范和公约，而且包括航运企业内部和船舶各种规章制度。机构是由人员组成的，法规是靠人员制定和执行的。人除了制定和执行“法”以外，还要传递信息、了解情况，同时又要运用信息进行联系。机舱资源管理的对象，有物、财、时间和信息，同时也包括人。机舱所属的各种设备、备品、燃油、物料、材料以及工具仪器等就是物；在管理中达到某些经济指标，如节油、节水以及节省修理费用等就是财；提高船舶装卸效率，加快船舶周转(其中也包括其他因素的影响，如自然条件、调度、货源等)就是时间；各种形式的交流经验，互通情报，就是信息。而所有这些，都离不开人，都要通过人去完成，所以人是主导因素。机舱资源涉及的范围甚广，具体内容也相当复杂，其中人力资源管理是整个机舱资源管理的核心。

机舱资源管理体系中人是主体，机舱的各项工作都要落实到人，所以机舱资源管理很大程度上是人员管理。很多事例说明，在其他条件相同的情况下，由于不同的人在管理上的差异所表现出来的生产能力是截然不同的，因此搞好人力资源管理，提高人的责任意识和技术业务能力，调节好人与人之间的关系，是搞好机舱资源管理的关键。

3. 机舱资源管理的目的

机舱资源管理目的就是结合船舶机舱可能发生或遇到的紧急情况，要求机舱值班人员通过机舱组织和程序的执行，并根据应急计划对人为因素进行管理，有效地利用船舶机舱现有的各种机械动力设备、安全设备，发挥每个人在团队工作中的作用，从而严格、有条不紊地执行和完成相关工作的操作程序，以保证船舶的安全航行，减少和避免潜在的人为事故。

三、资源的优先排序

1. 优先排序的定义

根据事情的轻重缓急，将有限的资源加以分配，争取最高的效率，这就是优先排序。每天 24 h 的时间对每个人都是公平的，但每个人对时间的支配方式不尽相同。优先排序解决的是“先做”与“后做”，“多做”与“少做”的问题。

2. 优先排序的特征

(1) 根据事情重要程度，进行优先排序；

(2) 不同处境下，优先排序可能不同；

(3) 列在第一位的最先做，其他依次类推。

3. 时间管理的“二八”法则

彼得·德鲁克曾经说过：不会管理时间就不能管理一切。学习时间管理，目的是在工作历程中，使每天的工作都是有效率的，而每天的效率都将使你离未来的目标更接近。

1897 年，意大利经济学家帕累托，在从事经济学研究时，偶然注意到 19 世纪英国人的财富和收益之间存在着一种重要的现象，即 20%的人口享有 80%的财富。这一重大的发现揭开了世界财富分配的秘密。后来，人们把这一研究成果运用到企业管理中，比如：公司 20%的人的努力带来 80%的利润；20%的顾客带来 80%的生意；20%的产品带来 80%的利润；20%的时间和精力创造 80%的绩效等。这也就是所谓的“二八法则”。

在实际工作中，所有的工作都既有紧急程度的不同，同时又有重要程度的不同，根据这 2

个维度，我们可以把自己的工作和生活中的事情分成 4 个象限，如图 3-1-2 所示。

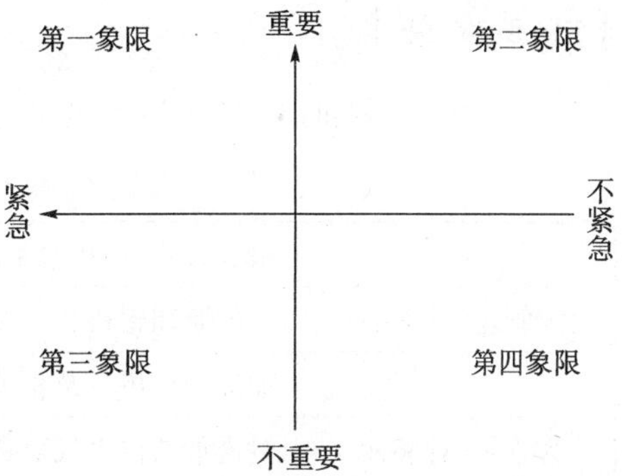

图 3-1-2　日常事务管理的四个象限

1）第一象限是重要又急迫的事

该象限的本质是缺乏有效的工作计划导致本处于"重要但不紧急"第二象限的事情转变过来的，这也是传统思维状态下的管理者的通常状况，就是"忙"。第一象区的工作需要马上执行。比如，主机航行中拉缸，这是属于第一象区的事。拉缸危及船舶安全，所以它是重要的事；同时，拉缸后要尽快恢复航行，所以它也是紧急的事。

2）第二象限是重要但不紧急的事

这是传统低效管理者与高效卓越管理者的重要区别标志，建议管理者要把 80%的精力投入到该象限的工作，以使第一象限的"急"事无限变少，不再瞎"忙"。第二象区的事一般是通过制订工作计划来完成的。比如，主机常规吊缸属于第二象区的事。吊缸很重要，它影响船舶和人员的安全；同时，主机常规吊缸是按照制订好的计划进行的，实际执行的时间具有弹性，它并不是紧急的。

3）第三象限是紧急但不重要的事

表面看似第一象限，因为迫切的呼声会让我们产生"这件事很重要"的错觉——实际上就算重要也是对别人而言的。我们花很多时间在这个里面打转，自以为是在第一象限，其实不过是在满足别人的期望与标准。该象区的事最好交给属下去做。比如，接电话，并不是每个电话都是重要的事，但它绝对是紧急的事，需要立即作出反应。

4）第四象限属于不紧急也不重要的事

在这个象区生活就是浪费时间。但我们往往在一、三象限来回奔走，忙得焦头烂额，不得不到第四象限去疗养一番再出发。这部分范围倒不见得都是休闲活动，主要是因为真正有创造意义的休闲活动是很有价值的。这个象区的工作尽量不要涉入。

按处理顺序划分：先是既紧急又重要的，接着是重要但不紧急的，再到紧急但不重要的，最后才是既不紧急也不重要的。"四象限"法的关键在于第二和第三类的顺序问题，必须非常小心区分。另外，也要注意划分好第一和第三类事，都是紧急的，区别就在于前者能带来价值，实现某种重要目标，而后者不一定。

任务实施

模块　机舱资源合理使用能力的培养

【任务要求】

"机舱资源合理使用能力"是在机舱进水情境中进行的培养。要求学生在机舱进水应急处理中能进行有效的沟通和合理的资源利用。表 3-1-1 为某轮机舱进水处理过程，该程序仅供参考，在合理的前提下，可以由学生自由发挥。

【任务准备】

1. 教学资料准备：某船机舱进水的应急反应程序，如表 3-1-1 所示。

表 3-1-1 机舱进水程序

加油	报告大管轮，机舱主海水管爆裂，机舱大量进水
大管轮(对加油)	立即通知轮机长及相关人员
	加油给轮机长及相关人员打电话
大管轮(对加油)	对进水部位电气设备进行隔离，并密切注意进水情况
加油	爆裂海水管周围已经隔离
大管轮(问加油)	机舱舱底水水位情况怎么样
加油	现在水位大概 40 cm，水位还在上涨
轮机长及相关人员下机舱	
轮机长	现在机舱舱底水情况怎么样
大管轮	机舱水位大约 40 cm，水位还在上涨
轮机长给驾驶台电话	船长，现在机舱主海水总管发现爆裂，机舱进水量较大，请求用应急吸口排水，同时请求主机停车并对破损处进行堵漏处理
船长	可以用应急吸口排水，由于海上风浪较大，主机不能停车，但可以降速运行
轮机长	那就降到港内 HALF
轮机长	三管轮立即使用应急吸口排水，并观察舱底水水位；二管轮、电机员增开 1 台发电机；大管轮准备堵漏材料
众人	明白
二管轮	备用发电机已经并入电网运行，一切正常
三管轮	报告轮机长，应急吸口已经开始排水，机舱舱底水水位现在大约 60 cm，水位上升速度减慢
大管轮	堵漏工作准备就绪
轮机长(给驾驶台)	船长，机舱通过应急吸口排水，机舱水位上升速度减慢
轮机长对三管轮	检查机舱水位情况
三管轮	机舱水位停止上升，正在下降
轮机长(给驾驶台)	船长，机舱水位已经停止上升。准备派人进行堵漏
船长	尽快堵漏，恢复航速
轮机长	大管轮带人堵漏，三管轮继续观察机舱水位，及时报告
三管轮	报告轮机长，机舱舱底水水位大约 20 cm
大管轮	主海水管已经成功堵漏，机舱进水已经得到控制
轮机长	三管轮，改用机舱舱底水吸口进行排水，注意观察舱底水水位；大管轮，安排专人监视主海水管破裂处包扎情况，有异常马上报告

续　表

轮机长及相关人员下机舱	
三管轮	报告轮机长，破裂包扎处情况正常。舱底水水位已经恢复正常
轮机长（给驾驶台）	船长，机舱主海水管爆裂处理完毕，舱底水水位已经恢复正常，请求恢复正常航行
船长	可以，主机恢复正常航行

2. 人员分组：6～8 人一组，按照船上的职责进行分工。
3. 多媒体教学设备。
4. 轮机模拟器。

【任务操作】

机舱进水紧急状况下，轮机部在采取应变措施时要考虑到以下几点：

1. 为保证船舶安全，根据进水量及时采取最恰当的措施排水。当大量进水时，使用应急吸口排水；当进水量不大时，可以采用舱底水系统排水。
2. 应急排水要考虑防污染问题，所采取的行动尽量减少海洋污染。
3. 保证主机运转安全，在必要时需要降速。
4. 人员的合理分配。
5. 机舱资源的合理分派。

【任务评价】

评估要素：团队精神；领导力与决策力；沟通与交流。

任务 2　时间管理和机舱资源的优先排序

任务概述

高效管理者的时间管理并非是对时间这一资源进行管理，而是对管理者自身进行管理，通过提高管理者的时间使用效率，减少浪费，从而达到提高工作效率的目标。

为保证设备的使用寿命，轮机管理需要制订长期计划。轮机日常工作既要有关键点，也要全面。轮机保养计划不详尽或有遗漏时，设备运转就会出现故障。通过对本任务的学习，学生能够掌握如何合理安排时间，保证每天都处于一种高效的工作学习状态。

学习目标

1. 在机舱日常工作中和应急情况下，能够体现资源的优先排序；
2. 熟练掌握六点优先工作制。

相关知识

一、高效管理时间的 13 种方法

(1) 策略第一；
(2) 分清事情的轻重缓急，优先顺序；
(3) 马上行动；
(4) 明确的目标与行动计划；
(5) 时间管理的黄金定律；
(6) 珍惜今天，当日事当日毕；
(7) 工作时必须要求时限；
(8) 善于授权；
(9) 养成整洁和条理性习惯；
(10) 养成快速节奏感；
(11) 不要让别人浪费你的时间；
(12) 善用零碎时间；
(13) 业余时间管理。

二、10 个时间管理的关键要素

(1) 时间管理的第一大关键要素是设立明确的目标。成功就是目标，时间管理的目的

是在最短时间内实现更多你想要实现的目标；你必须把每年的 4～10 个目标写出来，找出一个核心目标，并依次排列重要性，然后依照你的目标设定一些详细的计划，你的关键就是依照计划进行。

(2) 第二个时间管理的关键要素是你要列一张总清单，把今年所要做的每件事情都列出来，并进行目标切割。①年度目标切割成季度目标，列出清单，每一季度要做哪一些事情；②季度目标切割成月度目标，并在每月初重新再列一遍，碰到有突发事件而更改目标的情形便及时调整过来；③每一个星期天，把下周要完成的每件事列出来；④每天晚上把第二天要做的事情列出来。

(3) 第三个时间管理的关键要素是 20∶80 定律，用你 80%的时间来做 20%最重要的事情，因此你一定要了解，对你来说，哪些事情是最重要的，是最有生产率的。谈到时间管理，有所谓紧急的事情、重要的事情，然而到底应做哪些事情？当然第一个要做的一定是紧急又重要的事情，通常这些都是一些突发困扰，一些灾难，一些迫不及待要解决的问题。当你天天处理这些事情时，表示你时间管理并不理想。成功者花最多时间在做最重要，可是不紧急的事情，这些都是所谓的高生产力的事情。然而，一般人都是做紧急但不重要的事情。你必须学会如何把重要的事情变得很紧急，这时你就会立刻开始做高生产率的事情了。

(4) 第四个时间管理的关键要素就是每天至少要有 0.5～1 h 的“不被干扰”时间。假如你能有 1 h 完全不受任何人干扰，自己关在自己的房间里面，思考一些事情，或是做一些你认为最重要的事情。这 1 h 可以抵过你 1 天的工作效率，甚至有时候这 1 h 比你 3 天工作的效率还要好。

(5) 第五个时间管理的关键要素是要和你的价值观相吻合，不可以互相矛盾。你一定要确立你个人的价值观，假如价值观不明确，你就很难知道什么对你最重要，当你的价值观不明确时，你的时间分配一定不好。时间管理的重点不在于管理时间，而在于如何分配时间。你永远没有时间做每件事，但你永远有时间做对你来说最重要的事。

(6) 第六个时间管理关键要素是每一分钟每一秒做最有效率的事情。你必须思考一下要做好一份工作，到底哪几件事情是对你最有效率的，列下来，分配时间做好它。

(7) 第七个时间管理的关键要素是要充分地授权。列出你目前生活中所有觉得可以授权的事情，把它们写下来，然后开始找人授权，找适当的人来授权，这样效率会比较好。

(8) 第八个时间管理的关键要素是同一类的事情最好一次把它做完。假如你在做纸上作业，那段时间都做纸上作业；假如你是在思考，用一段时间只作思考；假如打电话的话，最好把电话累积到某一时间一次把它打完。当你重复做一件事情时，你会熟能生巧，效率一定会提高。

(9) 第九个时间管理的关键要素是做好“时间日志”。你花了多少时间在哪些事情上，把它详细地记录下来，每天从刷牙开始，洗澡、早上穿衣花了多少时间，早上搭车的时间，早上出去拜访客户的时间，把每天花的时间一一记录下来，做了哪些事，你会发现浪费了哪些时间。当你找到浪费时间的根源时，你才有办法改变。

(10) 第十个时间管理的关键要素是时间大于金钱。用你的金钱去换取别人的成功经验，一定要跟顶尖人士学习。千万要仔细选择你所接触的对象，主要是因为这会节省你很多时间。假设与一个成功者在一起，他花 40 年时间成功，你跟 10 个这样的人在一起，你是不是就浓缩了 400 年的经验？

三、日常优先排序的具体做法

（1）列清单。将每天的工作或其他安排按条列出，越详细越好。

（2）排顺序。找出今天的核心事务：从上面的清单里选出你认为今天最重要的一件事或两件事。①将清单上的事件按重要程度排序（在最后面标上 1，2，3……）。②将清单上的事件按紧急程度排序（在后面标上 1，2，3……）。③综合考量重要的事和紧急的事，确定今天时间安排的优先顺序。

（3）列日程排序表。

四、时间管理矩阵

把时间按其紧迫性和重要性分成 A，B，C 和 D 4 类，形成时间管理的优先矩阵，如表 3-2-1所示。

表 3-2-1　时间管理矩阵

紧急性 重要性	紧急的事	不紧急的事
重要的事	A　危机； 迫切问题； 限定时间必须完成的任务	B　预防性措施； 制订计划； 寻找新的机会
不重要的事	C　接电话，接待访客； 处理信件，准备报告； 迫切需要解决的事； 公关活动	D　琐碎的工作； 某些电话和信件； 消磨时间的活动； 休闲

启示 1：轮机团队第一类事务数量相对较少，要把主要精力放在第二类事务上，尽量避免陷入第三类和第四类事务中。

启示 2：如果第二类事务花费时间较少，那么，第一类事务花费的时间就会增多。

五、六点优先工作制

该方法是效率大师艾维利在向美国一家钢铁公司提供咨询时提出的。

美国伯利恒钢铁公司总裁曾因为公司濒临破产，而向效率管理大师艾维利咨询求助。听了总裁一个多小时的倾诉，艾维利说：这样吧，我给你一个方法，不过如果这个方法确实有用的话，你要付给我 2.5 万美元的报酬。总裁此时已经焦头烂额，虽然觉得有点离谱，但还是答应了。于是，艾维利拿出一张白纸，请总裁把他第二天要做的全部事情写下来。几分钟后，白纸上满满记录了总裁先生几十项要做的工作。

这时，艾维利请总裁认真考虑，并要求他按事情的重要顺序，分别从“1”到“6”标出六件最重要的事情。同时告诉他，请他从明天开始，每天都这样做：每天一开始，全力以赴做好标号为“1”的事情，直到它被完成或被完全准备好，然后再全力以赴做标号为“2”的事，以此类推，直到你下班为止。如果你一天只做完第一件事情，那也不要紧，因为你总是做着最重要的事情。

艾维利还建议他，如果这个方法有效，可将此法推行至他的高层管理人员；若大家都认为有效，就继续向下推行，直至公司的每位员工。

1年后，艾维利的方法在伯利恒钢铁公司产生巨大的效果，作为咨询的报酬，他也如愿收到一张来自伯利恒钢铁公司的2.5万美元的支票。5年后，伯利恒钢铁公司成为全美最大的私营钢铁企业。

艾维利认为，一般情况下，如果一个人每天都能全力以赴地完成6件最重要的大事，那么，他一定是一位高效率人士。

任务实施

模块　时间管理能力培养

【任务要求】

目前，PSC检查已经遍布世界各国港口。应对PSC检查是船公司和船舶日常工作的重中之重。由于平时保养工作的疏漏而造成PSC检查缺陷或滞留的案例很多，给船舶所有人和租家造成巨大的经济损失。本模块是模拟一次PSC检查过程，针对PSC检查出现的问题，改进日常维修保养计划。

【任务准备】

1. 人员分组：6～8人一组，指派轮机长一名，其他学生按照轮机部职责分派角色。
2. 教学设备准备：轮机模拟器；多媒体设备。
3. 教学资料准备：PSC检查过程案例，如表3-2-2所示。

表3-2-2　PSC检查过程案例

PSCO	Good morning, I'm PSCO, this is my license (official card)
C/E	Good morning, welcome on board for inspection. I'm the chief engineer. This is the second engineer/ third engineer/ the fourth engineer
PSCO	Thank you, I will check the emergency power and test the local operation of M/E
C/E	OK, supplying assistance for PSCO is my job. The equipment mentioned are in good condition
PSCO	Thank you
C/E	It's my pleasure. This way, please. I'll show you emergency power first
轮机长带领港口国检查官走到应急配电板前	
PSCO	Please show me how to start the emergency generator manually. And perform a blackout drill
C/E	OK
轮机长做全船失电应急处理程序	
轮机长	大管轮，机舱做好全船失电演练准备。各人分工到位
大管轮	二管轮负责起动发电柴油机；三管轮带加油负责起动相关泵浦；大管轮进行恢复供电操作。人员分工完毕

续 表

轮机长做全船失电应急处理程序	
轮机长	驾驶台,机舱准备做全船失电演练,10min 后会全船跳电,驾驶台各助航设备做好失电准备
船长	驾驶台明白,准备完毕后给机舱电话
轮机长	大管轮,机舱准备工作是否就绪
大管轮	机舱准备工作就绪,可以拉电
船长	机舱,驾驶台已经做好全船失电准备,请按照既定方案进行演练
轮机长将发动机脱闸,全船失电。应急发电机在 45 s 内自动起动并对应急设备供电	
轮机长	大管轮,检查应急配电板各参数
大管轮	应急发电机已经向应急舵机、助航设备、应急消防泵等设备供电。应急配电板各参数正常
C/E	Dear Sir, what should we do next
PSCO	You should change over the power supply from emergency G. to main diesel G. five minutes after
C/E	OK, 大管轮,做好主发电机供电准备
大管轮	发电柴油机准备就绪
轮机长	二管轮,起动发电柴油机
二管轮	发电柴油机起动完毕,参数正常
轮机长	大管轮,主发电机合闸供电
大管轮	主发电机恢复供电,各参数正常;应急发电机已经自动卸载并停止
轮机长	将机舱设备恢复到全船跳电演练前状态
大管轮	明白。三管轮,起动副机海水泵及其他相关泵浦;二管轮起动发电柴油机的滑油分油机,恢复锅炉供电;加油起动燃油分油机和机舱风机等设备
轮机长	船长,机舱演练结束,现在主配电板恢复供电
船长	驾驶台收到
C/E	Sir, the blackout drill is over, what should we do next
PSCO	Could you show me how to shift the control mode from E. R. to engine local
C/E	OK
轮机长组织集控室、机旁和驾驶台控制位置转换	
轮机长	大管轮,机舱备车准备
大管轮	二管轮,起动备用发电机组并电运行;三管轮对主、副机及附属设备做检查,确认工况正常;加油,手摇气缸油 30 圈,合上盘车机,盘车
众人	明白
轮机长	驾驶台,PSCO 要求试验主机机旁操纵,机舱已经开始准备
驾驶台	机舱冲车、试车时要提前告知驾驶台
轮机长	明白

续　表

轮机长组织集控室、机旁和驾驶台控制位置转换	
C/E	Dear Sir, we have carried out the M/E control mode changing over as your requirements. Would you like inspect anything else
PSCO	Excellent, it's enough. Thank you for your cooperation
C/E	讲评

【任务操作】

PSC是英文"Port State Control"的缩写，表示港口国控制或港口国监督的意思，专指世界各地的港口部门对抵港的外国籍船舶实施的以确保船舶和人身安全，防止海洋污染为目的，以船员及船舶技术状况为对象的专门检查。实际上也是港口国政府对船旗国政府、船级社、船舶所有人在执行国际公约，维护海上人身和财产安全、保护海洋环境方面工作质量的检查与监督，所以被认为是海上安全的最后防线。在接受PSC检查时，应该注意下列事项：

(1) PSCO登船时，值班人员及时发现，热情招呼，礼貌用语，主动提包，引路。

(2) 船长亲自接待，轮机长、大副陪同。如果多名PSCO上船，船长应陪同主要负责人，其他人员各执对讲机保持联系。

(3) 驾驶员在驾驶室等候。水手长、木匠在驾驶室两侧接应，水手在艇甲板集合待命。

(4) 轮机员及机工在机舱门口集合待命。

(5) 业务部负责干净毛巾、安全帽、手套、饮料或茶水的供应，并派人在厨房等候检查。

(6) 由主管人员根据PSCO的要求熟练操作示范，并明确回答提出的问题，船长、轮机长可以补充解释。

(7) PSCO提出的缺陷，各部门立即派人整改，争取离船前完成。

(8) 暂时整改不了的缺陷，船长应诚恳解释，并明确表示立即安排修理，争取限期改正。

(9) 一切行动听指挥，检查过程做到紧张有序，忙而不乱。

(10) 演习时要求气氛逼真，动作熟练，程序规范，回答问题声音洪亮，并在规定时间内完成各种技术操作。

(11) 填写检查报告单时，船长应细心核对结果，防止造成滞留事实。

(12) 检查结束，立即将结果和报告传真至航运代表或公司技术部。

对机舱的PSC检查一般以船舶防污染设备、机舱应急设备等为主。教师可以参照表3-2-2的PSC检查案例，进行一次PSC检查，教师扮演PSCO。

每组学生针对PSC检查出现的问题，对日常维修保养计划提出改善的建议。

【任务评价】

评估要素：沟通与交流、人员管理与优先排序、团队精神，保养计划的制订、组织与实施。

项目四
人为失误预防

项目概述

1989 年 3 月 24 日，美国埃克森公司的一艘巨型油船在阿拉斯加州美国、加拿大交界的威廉王子湾附近触礁，原油泄出达 800 多万加仑，在海面上形成一条宽约 1 km，长达800 km 的漂油带。这是美国历史上最严重的原油泄漏事故，仅仅是清污费用就高达 25 亿美元。

这是一起典型的人为事故。

船舶海上安全主要受 3 个因素的影响：人的因素；船机因素；环境因素。这 3 个因素有时单独作用，有时共同作用。人为失误在这 3 个因素中对船舶安全影响最大。本项目首先要求学生了解产生人为失误的主要因素，在机舱管理工作中通过情景意识和安全意识的培养，减少或避免人为因素的发生。

任务1　培养良好的情景意识和安全意识

任务概述

本任务要求学生能够分析常见的人为失误的表现；人为失误对船舶安全的重要性；情景意识与安全意识的关系。在轮机模拟器操作过程中，培养学生的情景意识。

学习目标

1. 改变不安全的思想、不安全的态度和不安全的行为；
2. 能够在机舱工作中保持较高的情景意识。

相关知识

一、失误链

1. 失误链

海上事故或灾难很少是由一个事件造成的，几乎总是由一系列不严重的事件的积累导致的。反过来说，一些列不严重的失误会导致严重的事故或灾难。

对于失误链的含义可以从以下3个方面理解：首先，海上事故是许多失误的链接导致的；其次，这些失误是按照顺序发生的；最后，这些事件可能是明显的，也可能是不明显的。

2. 表明失误链形成的迹象

了解你自己周围局面的情况（即情景意识）有助于认识一个失误链的形成，在此认识的基础上，采取相应的措施来终止事件链。

失误形成的迹象有：

（1）不确定性。不确定性本身也许不危险，但它意味着有差异，差异的原因需要证实。不确定性也可能是经验不足或缺乏训练的结果

（2）注意力分散。注意力分散可由下列因素造成：领导与管理的失误；超负荷工作/压力/疲劳；紧急情况；注意力不集中；经验不足；注意力过于集中在某个问题上，而忽略了其他更紧迫的事件的处理。

（3）感知不全面或混乱。对失去局面控制感的人员是不知道随后将会发生什么，这往往是由于经验缺乏造成的；对局面难以确定和发生感觉混乱通常是因缺乏职业的直觉和认知不清而发生的。

（4）通信中断。船内通信可能被物理因素所干扰，如噪声等，也可能因缺乏共同语言或不同的处理方法而中断。外部通信的中断可能是没有共同语言或误解造成的。

不正确或不良的通信将导致：指令不能被正确执行；要求重复指示；丢失信息；不能完整的接受和理解计划。

(5) 指挥或监测不当。指挥或监测不当可能是由情景意识不够造成的，也意味着错误的表现，如：未能安排好监测人员；身边能胜任工作的人员不足；机器不正确的运行。

(6) 偏离设定工况。偏离设定工况可能是由于在机器运行中的指挥或监控不当而造成的。

(7) 违反已建立的规则或程序。没有正当理由而背离明确规定的规则和标准操作程序。如港口防污规则、机炉舱规则、轮机操作程序和公司政策等。

(8) 自满。过于自信；对手中的工作与任务过于熟悉；不考虑和轻视潜在问题；自我认为很安全。

3. 破断失误链

(1) 认识失误链与相关的环节存在的可能性；

(2) 辨清现有失误链及其相关的环节；

(3) 采取行动破断失误链并防止失误链的再次产生；

(4) 虽然难以避免失误链的产生，但必须采用中断点来破断失误链；

(5) 始终注意失误链是否存在；

(6) 在事故发生前采取措施解决问题；

(7) 破断失误链可避免事故的发生。

4. 预防失误链的产生

轮机人员在实际工作中虽然不可避免失误链的产生，但可以通过努力及时发现失误链，并采取有效的措施来破断失误链。在破断失误链后，还应该注意到这些失误可能会再次产生。在实际工作中，要始终保持高度警惕，预防失误链的产生。

(1) 提前做好计划，知道会发生什么，并如何处理。

(2) 培养安全做法，养成按照安全惯例工作的习惯。

(3) 检查和监督他人，同时乐于接受他人监督和检查。

二、疲劳与压力

1. 疲劳

目前，航运界已经普遍认识到疲劳是造成人为失误的主要原因之一。人在连续劳动或从事其他体力活动一定时间以后，会自然地发生劳动机能衰退现象，这就是由疲劳引起的。这时，在人体内发生生理活动变化、机能变化和物质变化。分解代谢和合成代谢难以维持，肌肉收缩变弱，中枢神经系统产生抑制作用，全身感到精疲力竭，渴望休息或睡眠。疲劳能降低人的工作能力和判断能力，使人反应迟钝，这些足以对航行安全构成严重威胁。1995年，IMO 通过对过去 6 个月所发生的事故进行评估显示，在 16%的重大船舶事故及 33%的伤亡事故中，都有船员疲劳的因素。

对于疲劳的概念，目前还没有统一的定义，一般而言，疲劳是指降低人的工作水平，使人的工作能力下降的一种状态。在 IMO 的人为因素统一术语中，对疲劳的定义是："由于身体、精神或情绪上的消耗，导致体力和(或)思维能力上的降低。它可以使行为者能力降低，这种降低包括力量、速度、反应时间、协调性或平衡性。"

1）疲劳的类型

大体上可以分为生理疲劳和心理疲劳2类。

（1）生理疲劳即肌肉疲劳。

全身疲劳：是由于全身承受繁重的体力劳动而引起的，表现为全身性肌肉和关节性酸痛，疲惫乏力，以劳动器官为甚。全身疲劳又分为急性疲劳和慢性疲劳。心理疲劳、营养不良和供氧不足等也可引起全身疲劳。

局部疲劳：是指个别器官或肢体承受紧张作业，使局部肌腱过度紧张或局部血液循环不良而引起的疲劳。短时的局部疲劳，一般不会影响其他部位的功能；长期的局部疲劳，由于体内物质的弥散作用，会转化为全身疲劳。局部疲劳与劳动者所从事的职业性质有关，主要由不良姿势和体位引起。

（2）心理疲劳，即精神疲劳，具体表现为体力不支、心情不安、怀有畏惧退缩心理、对于干扰作业的刺激十分敏感、情绪不稳定等。

引起心理疲劳的因素主要有工作单调、缺乏兴趣；劳动效果欠佳、困难较多、技能不熟练；劳动条件较差、心理感到不舒服；人际关系紧张、精神负担重；不愉快等。

心理疲劳可加重生理疲劳。疲劳使注意力分散，适应能力降低，身体机能衰退，导致事故的增加。

2）疲劳容易引起的现象

（1）不能集中注意力：不能组织有效的活动，注意一些琐碎的小事而忽略重大的问题，警惕性降低。

（2）决策能力降低：错误地判断和理解，没有注意应该做的事情，具有冒险倾向。

（3）记忆力降低：遗忘掉某项任务或任务的一个部分，工作程序错漏，工作不认真。

（4）反应迟钝：对正常、非正常或紧急情况的反应迟钝。

（5）活动失去控制：不能保持清醒，提起重物时不能尽全力，语言障碍。

（6）行为改变：沉默寡语、沮丧、易发怒及具有反社会的行为。

（7）态度改变：估计不到危险，观察不到警告信号，具有较高的冒险倾向。

3）疲劳产生的原因

疲劳产生的原因很复杂，可能是长时间的脑力或体力劳动造成的，也可能是不适当的休息或不理想的环境因素造成的。

（1）船员因素。船员因素与船员的生活行为方式、个人习惯以及个人的特性有关。

每个人感觉疲劳的情况各有不同，疲劳对每个人的影响通常与这个人所实施的特定行为有关。主要包括：睡眠和休息；生物钟或生理节律；心理和感情因素；服用药物；工作量。

（2）管理因素。管理因素与船舶的管理和营运有关。这些因素会潜在地引起船员压力和工作量的增加，最终导致疲劳。这些因素包括：①组织性因素。比如，有关员工的政策及其持久性、船上和岸上人员的角色、计划改变、加班加点、通信中断、船舶保养、船员的培训和选用等。②航程和计划因素。比如，靠港的频率、港口之间航行所需的时间、航线上的天气和海况、航线上的通航密度、在港工作性质和工作量等。

（3）船舶特有的因素 。船舶特有的因素可能会致使船员产生疲劳，主要包括：①船舶设计：船舶本身容易影响、引起船员疲劳的设计特点。②工作负荷：会影响到船员的工作量，如船舶自动化程度、设备可靠性等。③检查维护：船舶不同设备的日常性与突发性修理及维护保养。④船舶环境：在船舶生活与工作环境中的噪声、振动、居住空间等。

对于船员而言，公认的疲劳的原因有以下几种：睡眠不足或睡眠质量不高；休息不够或休息质量不高；紧张或不安；噪声或振动；船舶移动；饮食不当，疾病或服用药物；超负荷工作。

4）睡眠

虽然引起疲劳的原因很多，但有研究表明睡眠问题是造成疲劳的主要原因。美国的一个研究睡眠问题的小组在1993年的一份报告中指出："睡眠不足将导致疲劳和工作能力变差"。IMO的专家们认为对付疲劳的最有效的方法是保证船员获得高质量和足够的睡眠。毫无疑问，对于船员，尤其是值班人员，有效的睡眠是保证航行安全的前提。一个有效的睡眠必须同时具备以下3个条件。

（1）合适的持续时间，每个人所需的睡眠时间不尽相同，通常认为平均7～8 h是合适的。

（2）高质量的睡眠。

（3）较好的连续性，睡眠不应被打断。实践证明：一个持续7 h的睡眠，其效果远胜于7个持续1 h的打盹。STCW公约关于"适于值班"规定，各主管机关为防止疲劳，应：①制订和实施值班人员的休息时间。②要求值班的安排能使所有值班人员的效率不致因疲劳而削弱，班次的组织能使航次开始的第一个班次及其后各班次人员均已充分休息，或者用其他办法使其适于值班。

2. 压力

压力是当人们去适应由周围环境引起的刺激时，人们的身体或者精神上的生理反应，它可能对人们心理和生理健康状况产生积极或者消极的影响。换句话说，压力是人与所处环境的交互作用。来自于环境而引起压力的物理或生理要求称为紧张性刺激。这种刺激产生压力或潜在的压力。人们能感觉到压力是代表超过人的反应能力的一种要求。

紧张性刺激包括噪声、振动、热、暗光和高加速度等工作环境特征，也包括诸如焦虑、疲劳和危险等的心理因素。这些紧张性刺激体现为主观经验、心理变化和效率降低。它能产生直接或间接的影响。直接影响是指影响操作者或机器反应精度的信息质量的刺激，如振动降低视觉输入质量，噪声影响听觉输出质量。时间压力仅减少信息的数量，自然地降低了性能。直接影响也包括噪声对工作记忆的影响以及操作者因关心个人问题而引起的精力分散。因此，操作者可能再次关注所思考的问题，而不是手头的工作。

一些能被观察到的间接影响性刺激（如焦虑或害怕）与其他的直接影响性刺激（如噪声、振动）一样也影响着信息处理的效率。

压力对人既有正面影响（积极作用），又有负面效应（消极作用），这就是压力的两重性。

1)造成压力的原因

在工作环境中造成压力的原因是多种多样的，压力的起因或来源大体分为3个方面：工作压力、家庭压力和社会压力。

（1）工作压力。工作压力是指在工作中产生的压力。它的起源可能有多种情况，如工作环境（包括工作场所的物理环境和组织环境等），分配的工作量及其难易程度，工作所要求完成时限长短，员工人际关系影响，工作新岗位的变更等，这些都可能是引发工作压力的诱因。

(2) 家庭压力。每个员工都有自己的个人家庭生活,家庭生活是否美满和谐对员工有很大影响。这些家庭压力可能来自父母、配偶、子女及亲属等。

(3) 社会压力。还有一些压力来自社会方面,包括社会宏观环境(如经济环境、行业情况、就业市场等)和员工身边微观环境的影响。员工所处社会阶层的地位高低、收入状况同样对其构成社会压力。如当员工自身收入状况与其他社会阶层相比,或者与其他同行业从业人员相比较低时,对其也会产生压力。

2) 人对压力的反应

人对压力的反应受多种因素影响,如人的身体素质、心理承受力、对局面的控制程度和人实际感知潜在压力事件的情况。克服压力需要某种适应形式。如果不能适应,会导致身体损耗、虚弱和与压力有关的疾病,并导致更加无法承受以后在生活中遇到的压力。另外,成功的适应会使人愉快地成长和具有安全感,对以后的压力更具抵抗力。

(1) 短期反应:一方面来自于生理方面;另一方面来自于精神、情绪方面。

生理方面有:头痛,偏头痛;背痛;眼睛和视力问题;皮肤过敏反应;睡眠紊乱;消化失调;心跳加速;血液胆固醇增加和肾上腺激素/非肾上腺激素含量增加。

精神/情绪方面有:对工作不满;焦虑;沮丧;易怒;失落;家中或单位人际关系破裂;酗酒和吸毒;吸烟和无法放松。

(2) 长期反应:就个体而言是指胃/消化器官溃疡、哮喘、糖尿病、关节炎、中风、高血压、心血管疾病和心理疾病;就组织而言是指旷工、不守时、员工流动率高、病假率高和生产效率低。

3) 压力对工作的影响

压力对工作的影响是多方面的,主要表现在:旷工、事故、工作表现不稳定、注意力不能集中、出错、不正常的个人外表、与同事关系差、焦虑和沮丧等。

4) 压力管理

压力管理是在压力产生之前或产生之后,主动采用合适的应对方式,以缓解或消除压力。压力管理首先要认知压力,然后才能采取措施缓解或消除压力。为预防和减少压力对员工个人和组织造成的消极影响,发挥其积极效应,企业实施适当的压力管理能有效减轻员工过重的心理压力,保持适度的、最佳的压力,从而使员工提高工作效率,进而提高整个组织的绩效,增加利润。

(1)个体层面的压力管理。①认知性自我管理技能。其是指个体通过对自身和压力源的剖析,减轻压力反应的技能。这种技能包括认知训练、运动和呼吸训练等。认知自己的性格特征、生活习惯和工作状态,聆听自己的压力信号,审视自己对每日生活中面对压力付出的代价,注意可能引起高压力的个人嗜好、特殊生活习惯和工作情况,找出压力来源并积极地减少或消除压力。另外,也可以通过运动放松和呼吸训练来减轻压力。如果你不能改变处境,那就改变你看处境的角度。②应对性自我管理技巧。其是指个体在感觉到很大的压力时,从现存的精神、身体和情感的过分紧张状态,恢复到乐观和放松的心态的技能。时间管理的优先矩阵是个非常好的手段,也就是将任务根据紧急和重要 2 个维度分类。时间管理的原则可以概括为:列出每天要完成的事情,根据重要程度和紧急程度对事情进行排序,根据优先顺序进行日程安排,努力确定所有任务中最关键的,了解自己日常活动的周期状况,在自己最清醒、最有效率的时间段内完成工作中最重要的部分。③支持性自我管理技能。其是指个体在面对较大的压力时，通过寻求外部支持性途径排遣压力的技能。建立并扩大支持网络是应对压力的重要途径，它使个体之间可以交流挫折和不满，得到建议和鼓励，并体验到情感上的联系，提供应对压力事件所需的共鸣和支持。④保护性自我管理技能。这可以增强个体的适应能力，从根本上减少过度压力反应的机会。这些措施包括精神构想、放松技巧、合理膳食和运动调节等，注意科学、合理、均衡的饮食习惯；保证充分的睡眠和休息时间；营造舒适放松的生活空间，坚持定期运动等方式都可以有效地缓解压力。

(2)工作层面的压力管理。①合理的工作安排。工作安徘是指根据具体工作的重要性和难易程度对任务进行合理的安排，有效的工作安排可以缓解过多的压力。先做不喜欢的工作，然后再做喜欢的工作的整体效率要比先做喜欢的工作，后做不喜欢的工作效率要高。合理地安排时间、有效的时间管理可以提高工作效率，降低繁琐的工作带来的压力。②自我工作能力的提升。个人的能力与压力感有密切的关系，能力越强，感受到的压力越小，而对压力的态度也越积极。积极应对压力的态度可使压力变为动力，而对压力的消极态度可使压力变为阻力。个人应注意自身良好的心态和正确人生观的培养，努力增强自身实力，如知识、技术、人际交往等技能，可有效减少因自身能力不足而体会到的压力。组织可以对员工进行知识、技能和技术培训，增强其对任务的适任性，减轻对压力的体会。

5）船员抵御压力的方法

(1) 抵御压力对轮机部团队的影响。

(2) 良好的培训。

(3) 岸上管理部门保证船上有足够的适任人员进行工作。

(4) 良好的个人时间管理。

(5) 良好的健康状况和充足的睡眠。

(6) 按已建立的标准操作程序开展每项工作。

(7) 即使在紧张的工作中，也应将幽默和愉快作为防止压力积累的良药。

(8) 按团队的管理方式工作，其他成员可以发现存在的不足。

6）船员预防压力的措施

下述为工作中减轻压力的方法：

(1) 清理工作现场。利用一些技术减轻压力，创造一个良好的工作环境。

(2) 设计一份未来工作计划表。该计划表分为短期和长期 2 种，并写在记事本上。小便条或小纸片很容易丢掉，而记事本会提醒注意并指导去做这项工作。无论何时完成它，都可以在记事本中划掉。有条不紊地按计划工作，在完成一项工作后就会有一种成就感，从而充满自信。一些人已发现利用软件程序记录每天的工作并自动将未完成的任务顺延到第二天，非常有用。

(3) 利用已经讨论的一些技术减少工作量。

(4) 澄清工作责任和工作期望值问题。如不知道如何处理某一特殊工作的话，摆脱压力就不是轻而易举的事了。

(5) 喜爱这项工作。研究表明喜欢工作的人会更加投入和机警，并且压力较少。把压力转换成学习的机会或是寻找解决问题的方法。

(6) 决定哪些是绝对要自已做的、哪些是分派给他人做的工作。分配任务可以节省时间，提高工作效率。许多情况下，分配任务表明对他人能力的一种肯定。

(7) 善于挖掘自己的聪明智慧。若对某项任务不满意，则建议采取更可操作或富有成效的办法。设法利用经验，采取更有效、更能驾驭命运的方法。

一般来说，应该做到：使你和你的团队放松；掌握潜在的压力局面；尽可能进行逼真的培训；对团队成员进行关于压力方面的教育；每次都进行指示和总结；保持身体健康；充分了解自己。

三、安全意识

1. 安全意识的定义

安全意识是指人的头脑对于客观物质世界（指不受威胁，没有危险、危害、损失的）的反映，是感觉、思维等各种心理过程的总和。

"安全第一"是做好机舱一切管理工作的前提，是落实"以人为本"的根本措施。坚持"安全第一"的指导方针，就是对船舶负责，对船员的生命负责。

2. 安全意识的类型

轮机安全意识主要包括以下几个方面：

(1) "预防为主"意识。"预防为主"是实现安全第一的前提条件，也是重要手段和方法。"隐患险于明火，防范胜于救灾"，虽然人类还不可能完全杜绝事故的发生，实现绝对安全，但只要积极探索规律，采取有效的事前预防和控制措施，做到防范于未然，将事故消灭在萌芽状态，机舱安全事故是可以大大减少甚至可以避免的。

(2) 遵守公约和法律、法规意识。船舶在营运过程中要遵守相关的国际公约的要求，遵守港口国和船旗国的法律和法规。PSC 检查和船旗国检查是监督船员日常营运违法活动的一个重要机制。

(3) 自我保护意识。安全是自己的，也是大家的。船员的安全意识不强不仅会伤害自己，而且会伤害他人，甚至给国家造成不可估量的损失。

(4) 群体意识。一定要树立良好的群体意识，相互帮助、相互保护、相互协作、密切配合，这是保证船舶安全营运的重要条件。机舱的安全靠每个轮机人员的共同努力，轮机团队成员中哪怕仅有一个安全意识薄弱，都可能使整个机舱甚至船舶处于危险中。

3. 轮机人员安全意识的培养

(1) 树立安全意识，最主要的一点就是严格执行安全操作规程。轮机人员要坚决杜绝习惯性三违（违章指挥、违章操作、违反劳动纪律）。机舱的任何一项工作开始前，该项目负责人都要去再思考一下安全规程。

(2) "班前会"的作用不容忽视。"班前会"是安全管理中的一项有效措施。如在某项检修工作前认真开好"班前会"，对工作任务、内容、安全注意事项、分工安排做细致、合理、科学严谨的交待，那么此项工作一定能安全、顺利地完成。

(3) 认真开展安全活动，不断强化安全意识。安全活动是在安全生产的长期实践中得出的预防事故的有效措施，是轮机团队安全管理的重要内容。它为轮机团队成员提供安全思想、信息、技术、措施的交流场所。

安全活动的重要一点就是案例的学习。通过在别人身上发生的安全事故，对照自己的日常做法，有则改之无则加勉。在安全活动中，轮机人员要进行的充分的语言、思想的交流，积极发言，说出自己内心的认识，感知和印象是安全活动的重要内容。

(4) 改变不安全的思想，改变不安全的态度，改变不安全的行为。这是一个渐进的过程，需要耐心和毅力。轮机部的领导要有意识地推动这个转变过程，最终落实到每个轮机人员的行动中。

安全意识决定轮机人员在工作中的行为，工作行为决定轮机人员的命运，要善于用良好的安全意识来掌控自己的命运。

四、情景意识

1. 情景意识的含义

情景意识是人们对于事故发生的一种预知和警惕，是指在一个特定的时间对影响机器的因素和条件的准确感知，能敏锐地察觉和了解周围情况的变化及影响，能正确考虑和计划即将面临的局面，能随时知晓与团队任务相关的将发生的事情，能够识别失误链和具有在事故发生前将其破断的能力等。团队情景意识是包括轮机长、轮机员和船上其他所有船员各人情景意识的综合。

2. 情景意识的影响因素

情景意识的高低与下列因素有关：

(1) 经验与训练；

(2) 操纵与操作技能；

(3) 身体情况与工作态度；

(4) 对情况的适应与熟悉程度；

(5) 领导与管理技能。

3. 轮机部情景意识的培养

1) 轮机知识的积累是情景意识培养的基础

知识是一切文明意识产生的根源。没有相关的轮机知识，对轮机管理中情况和条件的变化就缺少联想的基石，甚至是熟视无睹，更谈不上灵活运用轮机知识推断变化的原因或预料即将发生的结果，轮机情景意识就成了无源之水，无本之木。作为轮机人员应自觉地进行系统性的轮机理论知识的学习，将设备说明书研究透彻，弄清各种运行参数的具体内涵，结合公司安全管理体系搞清方方面面的规定、标准和安全裕量；并随着新科技在船舶上的广泛应用，不断更新专业知识与技术，从而储备足够数量的专业知识，同时，要重视专业知识间的联系，有意识地沟通书本与实际、不同知识点之间的纵横交叉联系，使自己所获得的专业知识不是一个孤立的点，而是能够融会贯通、有机配合的网络化、一体化的知识结构，以提高轮机知识的质量。只有掌握了数量足够和质量较高的专业知识的轮机人员才具备产生相应的情景意识的基础和作出相应专业判断的前提条件。

2) 加强轮机管理的关联研究是培养情景意识的关键

轮机工程技术本身就是一个多学科的共同结晶。设备种类异常繁多，运行环境复杂多变，造就了各船有各船的情景，不同时段有不同时段的情景。轮机人员工作在这样一个不断变化的情境当中，如何去把握如此庞大的系统的种种变化呢？这就要靠轮机人员对整个系统进行关联研究，能“窥一斑而知全豹”，形成对应的情景意识。具体的关联包括轮机内部系统间的关联、轮机与运行环境间的关联、轮机与人的干预之间的关联等。例如，排气温度高，从内部关联考虑，要检查喷油设备是否发生异常，气缸状态有无变化，排温表有无失灵等；从外部关联考虑，要核查是否由于航行工况改变导致负荷增加，抑或是环境温度升高等；从人的干预关联考虑，油门是否被人为增加，是否更换了不同品质的燃油等。只有充分地加强轮机管理的关联研究，对人、机、环境三者内部关系有清楚的了解，"以不变应万变"，才能使得轮机人员在任何时候都能对轮机参数的变化产生相应的"条件反射"，形成良好的情景意识，进行全面认识和预见，对这一系统进行妥善的管理和控制。

对关联的研究的方法通常有2种途径。一是寻根求源法，即利用"很多表面现象都是有其根源"的道理进行推断。比如，主机各缸缸头出水温度高，应首先对照脑海中存储的参数，试问自己主机缸头进水温度高不高，从而判断是否是主机负荷变化引起的；若进水温度也高，要结合海水温度或海水流量有无变化，再检查淡水的循环量及淡水冷却器的冷却能力如何。二是内外联系法。轮机运行参数的变化经常受到外部环境变化的影响，如船舶由深水区向浅水区航行情景出现，就要与船舶阻力变大、主机负荷增加相联系，与海水水质、海水流量相关联等。

3）良好工作态度的形成是培养情景意识的保证

工作态度包括轮机人员对轮机管理工作的认知要素、情感要素以及行为倾向要素。当轮机人员认识到自身工作的重要性和对轮机管理安全的意义时，就会对工作充满热情和兴趣，表现出工作认真踏实、责任心强、积极主动的特点，能够迅速地注意到异常信息，形成相应的情景意识，以便于及时发现问题和解决问题；反之，会缺乏主动性，对异常信息和潜在的问题就不能形成相应的情景意识，造成事故隐患。轮机人员是否具有良好的工作态度，将直接影响到轮机人员对情景的感知状态，其情景意识的高低与工作态度良好与否密切相关。因此，对轮机人员工作态度的培养是一项不容忽视的任务。培养轮机人员良好的工作态度，可从以下3个方面入手：

第一，应提高轮机人员对轮机管理工作的认识，使其明确轮机管理工作的重要性及意义，并使之内化为自我的认知观念；第二，应充分调动一切积极因素，激发轮机人员对轮机管理工作的兴趣；第三，应严格管理制度，借助公司安全管理体系等使轮机人员在工作中形成良好的行为习惯，养成对工作兢兢业业、认真负责、一丝不苟的作风。

4）重视注意力的分配是情景意识培养的重要环节

情景意识形成的整个映射过程是由轮机人员感官所收集的信息触发的，并且感官收集的信息的数量及其质量对形成的情景意识正确与否有着决定性的影响。这些信息可能包括：船舶驾驶台信息，如船舶位置、航向、航速、载货状态，风、流的方向及强弱以及航道环境和交通状况，驾驶台用车、用舵情况等；轮机部信息，如主机、副机、锅炉、甲板机械、其他设备的各种参数技术状态及轮机人员的操作信息等。收集的信息太少，可能遗漏判据，难以形成相应的情景意识；质量不高的信息太多，可能产生干扰，影响情景意识的形成质量。而收集的信息太少或太多本质上均是由于注意力分配不合理引起的。实践证明：每个人的注意力的容量是有限的，某位轮机人员将注意力过于集中于某一个点，他必然会忽略其他信息的收集；注意力过于分散，没有集中到对应的关键信息，关注不够，收集的信息质量自然就不会高。可见，合理分配注意力是情景意识形成的重要环节。因此，轮机人员在管理工作中要清楚地了解信息资源与情景意识及管理工作的关系，充分认识注意力的有限性，始终跟踪环境和状态的发展变化，加强对机舱管理信息，尤其是发生变化的信息的警示，提高对信息的掌控能力，有效防止疏忽重要信息或"贪多嚼不烂"现象的发生而导致情景意识的丧失或错误。

5）做好轮机管理中特殊情景的预想是培养情景意识的助推器

情景意识其实是一种触景生“情”的反应能力，只是掌握大量的知识还是不够的，从“知道”到“做到”看似咫尺之遥，却是两重境界。例如，在机动航行时驾驶台突然由全速前进转换为全速后退，或主机存在部分参数越限等非正常情况时，一些轮机人员一下子就懵了，根本不能按车钟指令及时给出相应的转向和转速。这是因为这些轮机人员没有对紧急倒车、参数越限时操车等情景做任何预想，而当这个情景突然到来时，便感到手忙脚乱，不知道先做什么，后做什么，思维暂时停顿，情景意识出现断档，待克服慌乱，重新镇定下来，忆起紧急倒车、参数越限操车的程序，想按部就班时，船舶的状态和速度等现实情景早已超越起始的情景，错过根据现实情景采取“应景措施”的机会。所以，轮机管理人员在平时不但要做好正常情况下的情景预想，还要对在轮机管理关键阶段可能出现的特别情况进行情景预想，有备无患，从容应对轮机管理中情景的不断变化。

6）加强对轮机管理案例的学习研究是情景意识培养的捷径

轮机运行工况变化多端，影响轮机安全的因素千千万万，而公司安全管理体系、设备说明书等只能提供有限的程序帮助，而且其中大多还是在其他系统、外部环境都正常的逻辑基础之上建立的；另外，单靠自己的经验，不但许多特殊情况个人体验不到，而且由于经历局限于某些常用的情况，还会使某些思维通道因频数效应而畸形发展，导致思维定势的缺陷。所以，要想更多地获取各种情况下的情景意识，学习和研究别人的轮机管理案例不失为一个快捷而有效的途径。

4. 机舱管理中良好情景意识的保持

保持良好的情景意识是预防和控制事故发生的有效措施。根据情景意识原理及案例分析并结合轮机资源管理理念，良好情景意识的保持表现在以下 6 个方面。

1）身心状况

情景意识是属于思维和思想活动的范畴，是工作态度和情感的产物，身体和心理状况是思维与情感的基础，良好的身体和心理状况是良好的情景意识的基本条件，很难想象一位没有充分休息的、健康状况不良的轮机管理人员会有足够体力去学习和灵活应用自己的知识和技能，会适应海上多变的自然条件以及机舱繁重、恶劣的工作环境，会保持良好的情景意识。同时，强烈的责任心、高度的安全意识、优秀的职业道德水准、顽强的意志及临危不惧巧于应变的能力等，也都是轮机部人员具有良好的情景意识应有的心理表现。

2)经验与训练

经验和训练是获取知识的重要途径。知识越丰富，理解力、判断力和适应性越强，情景意识自然越高。虽然不同级别的船舶要求轮机员具备的知识深度、广度有所差别，但随着机舱自动化程度越高，所要求的知识水平就越高。轮机部人员日常工作中的传统习惯和适任性的操作训练，即当值人员应具有的知识、经验、技能和在各种情况下所要求的戒备以避免危险的做法，都可以作为有效应付不同条件和局面的经验，这些经验可以认为是良好情景意识的基本表现。

3）理解力与操作技能

理解力与操作技能是良好情景意识的重要表现，理解力与操作技能越强，情景意识越高。机舱是轮机部人员操作和控制的重要场所，机舱是船舶的心脏，其对船舶安全有着重要的影响。理解力是指对动力装置的实际状态与变化趋势能正确地感知，并对轮机各种设备适航状态的完全理解。操作技能是指通过实际技术的训练才能获得的能力，特别是机舱实际操作与维修技术，必须能够适应经常不断变化的各种工况的要求，又能及时跟上不断更新的现代技术与设备的发展。

4）适应性与熟悉程度

海上环境千变万化，有时风平浪静，有时狂风恶浪；有时海域宽阔，有时水道狭窄。另外船舶昼夜航行，长时间连续不断的机器振动、噪声使船员得不到充足的睡眠。特别是在机舱的恶劣工作环境中，轮机员必须在短时间内处理这些迅速多变的航行工况。这就要求轮机人员具有良好的适应性，此时稍有不慎就可能发生意外，造成重大损失。同时，轮机人员对轮机工况的熟悉程度越高，认识过程中对局面和条件的感知越清晰明白，在思考、分析和判断上会达成与实际情况的一致性，情景意识就越高。

5）注意力与判断力

注意力是指轮机部人员能敏锐地察觉各自负责维护和保养的设备的实际运行情况与变化趋势。注意力是人的一种能力，每个人的注意力都是有限的，要重视轮机工作过程中注意力的分配。既不能过于集中于某个点，又不能平均分配。轮机工作中要发扬团队精神，同事之间及时善意的提醒和知识技能互补，能增加失误链破断的能力，确保轮机设备安全高效运行。信息输入是轮机人员进行判断的前提，这些信息包括：船舶驾驶台信息，如船舶位置、航向、航速、载货状态，风、流的方向及强弱和航道环境与交通状况等；轮机部信息，如主机、副机、锅炉、甲板机械和其他设备的信息等。

为实现有效而正确的决策判断，轮机人员还必须对信息进行整理、分析，以便正确确定其真伪。因此，轮机人员具有良好的注意力与判断力也是情景意识的重要表现。

6）领导与管理技能

船舶作业是多部门、多人员协同配合的工作。轮机长、电机员、轮机员、机工是常见的工作组合，单凭个人的力量是很难保持高水平的情景意识的。在轮机部工作的领导与管理中，要获得良好的情景意识，在注意物的不安全状态的同时，要密切注意人的不安全行为。充分发挥每位轮机部成员的作用与相互间的支持和监督是十分必要的。良好的轮机部领导与管理技能是保证该团队所有成员具有良好的情景意识的关键，也是预防和控制轮机事故发生的有效措施。

轮机部团队情景意识是轮机人员情景意识的综合，单靠个人的力量是不能保持高水平的情景意识的，要充分认识到轮机团队成员对情景意识的贡献，加强值班轮机员的情景意识的培养，使每个人都做好自己的工作。

五、情景意识与安全的关系

情景意识是安全意识的一个重要组成部分，在船舶安全中起着相当关键的作用。情景意识是指识别一个过失链和在事故发生前将其破断的能力，可随时知晓与团队任务相关的将要发生的事情，识别和找出失误。情景意识对安全有很大的影响：工作人员的理解力、判断力和适应性越强，情景意识就越高，事故风险就越小，安全系数就越高；工作人员不良的身体、心理、经验、操作技能及较低的领导与管理能力，都会导致低的情景意识，这样安全性就低，发生事故的可能性就大；同时，工作人员对工况的熟悉程度越高，对局面和条件的感知越清晰准确，团队协作能力越强，情景意识自然越高，这是预防和控制轮机事故发生的有效方面。

任务实施

模块1　轮机人员情景意识培养

【任务要求】

在掌握安全意识和情景意识基本内涵的基础上，利用轮机模拟器进行安全意识和情景意识训练。

【任务准备】

1. 人员分组：人员6～8人一组，每组按照机舱职务编制进行职责分工，开展应变处理。
2. 设备准备：轮机模拟器；多媒体教学设备。
3. 教学资料准备：主机扫气箱着火处理程序，如表4-1-1所示。

表4-1-1　主机扫气箱着火处理程序

初始状态：船舶正常定速航行，轮机员和值班机工机舱值班	
扫气箱着火警报。值班轮机员确认扫气箱着火后，立即减小油门，同时报告驾驶台	
值班轮机员	报告驾驶台，主机1#缸扫气箱着火，主机请求转集控，需要减速运行
值班驾驶员	海面状况允许降速，主机转集控
值班轮机员	轮机长，请立即下机舱，1#缸扫气箱着火
轮机长	叫轮机部所有人员下机舱
轮机长（大管轮、二管轮、三管轮、电机员下机舱）下机舱	
值班轮机员向轮机长报告情况	1#缸扫气箱着火，现在主机已经转集控。主机已经减速
轮机长	三管轮，立即增加1#缸气缸油注油量；并检查扫气箱道门温度
三管轮	明白。报告轮机长，1#缸气缸油注油量已经增加到最大，道门温度发烫，手无法触摸
轮机长	大管轮，将1#缸单缸停油；二管轮，起动1台发电机；电机员准备并电
大管轮	明白
轮机员执行轮机长命令并按照次序报告	停油。发电机已经起动。发电机已经并网运行
轮机长	大管轮，打开主机起动阀，主机进入机动操作状态
	三管轮，注意1#缸扫气箱道门温度，并注意是否有敲击声
轮机长给驾驶台电话	驾驶台，主机1#缸扫气箱着火，火势还没有得到控制，现在慢速运行，如果火势不能自灭，需要停车处理

续　表

轮机长(大管轮、二管轮、三管轮、电机员下机舱)下机舱	
驾驶台	可以停车,注意机舱安全
轮机长	三管轮,给扫气箱蒸汽灭火管系放残,准备用蒸汽灭火;大管轮,主机降至慢速,并注意扫气箱温度变化
三管轮	报告轮机长,主机扫气箱蒸汽灭火管系准备就绪
轮机长	大管轮,检查扫气箱道门温度
大管轮	报告轮机长,扫气箱道门温度还高居不下,人手无法触及
轮机长	驾驶台,机舱需要停车处理
驾驶台	可以停车
轮机长	大管轮,停止主机;三管轮,主机停止后,立即打开示功阀
三管轮	示功阀已经打开
	以下是冲车、盘车操作后
轮机长	大管轮,立即使用蒸汽灭火
大管轮	(一段时间后报告)1 #缸道门温度正在下降,1 #缸扫气箱道门温度已经恢复正常
轮机长	扫气箱道门打开,清理检查
大管轮	扫气箱检查发现 1, 2 道活塞环断裂。扫气箱清理干净
轮机长	准备吊缸
	以下进入主机吊缸检修程序

【任务操作】

利用轮机模拟器可以很方便地对主机进行故障设置,通过不同的故障设置,可以培养学生的情景意识,锻炼他们对机舱警报的反应能力。

通常,当机舱出现参数越限警报时,正确的处理警报程序是,消声——确定警报;消闪——排查故障并解决故障。

当值班过程中出现主机故障时,如果会导致主机转速变化,则值班轮机员要首先与驾驶台联系,告知机舱情况,然后视情通知轮机长或主管轮机员。下列 3 种情况需要通知轮机长:

(1) 当机器发生故障或损坏,可能危及船舶的安全运行时。

(2) 发生失常现象,经过判断会引起推进机械、辅机、监视系统、调节系统的损坏或破坏时。

(3) 发生紧急情况或对于采取什么措施和决定无把握时。

模块 2　“安全意识”自我检查

【任务要求】

完成模块 1 训练后，每组小组长对完成情况进行总结，每个小组成员都应该从思想、态度、行为 3 个方面，反思自己的安全意识，并完成表 4-1-2 的填写。

【任务准备】

1. 教学资料准备：

表 4-1-2　安全意识自我检查表

项目	安全意识存在的问题	改进计划
思想		
态度		
行为		

2. 多媒体教学设备。

【任务操作】

各组在教员的指导下，轮流发表自己的观点，总结训练中的得失，并完成表 4-1-2。自我检查主要从以下几个方面进行：

(1) 不安全的思想；

(2) 不安全的态度；

(3) 不安全的行为。

【任务评价】

评估要素：情景意识；团队精神；沟通能力；领导力和决策能力；人为失误。

【任务拓展】

某公司 1993 年到 2003 年船舶主柴油机故障统计

该公司 1993—2003 年船舶主柴油机故障统计如表 4-1-3 所示。

表 4-1-3　1993—2003 年船舶主柴油机故障统计

序号	项目	状态	内　容	原　因
1	活塞	烧穿	油头工作性能恶化	管理失误
2	活塞	烧熔	长期超负荷引起活塞环断裂,环槽烧熔	管理失误
3	缸套	黏着	缸套内壁出现纵向沟槽	经验不足
4	活塞组	变形	活塞顶烧变形	管理失误
5	活塞组	破裂	活塞头烧裂,废气外溢引起值班人员窒息	管理失误
6	活塞组	松驰	活塞头与裙联结螺柱松驰引起敲击声	加工不良
7	活塞组	断裂	活塞环断裂频繁	经验不足
8	活塞组	断裂	活塞裙局部断裂与缸套断裂的关系	加工不良
9	活塞组	剥落	减磨环局部剥落造成咬缸而后缸裂	加工不良
10	凸轮轴	其他	凸轮轴传动链条跳过一齿	维修不充分
11	凸轮轴	松弛	凸轮轴轴向产生窜动	维修不充分
12	尾轴	腐蚀	齿轮箱发出强烈撞击声	维修失误
13	凸轮轴	折断	凸轮错位引起排温升高	维修失误
14	排气阀	其他	一缸有故障影响附近另一缸排温升高	维修失误
15	排气阀	烧蚀	燃油净化不良	管理失误
16	十字头	磨损	十字头轴承起线拉毛	设计、结构不合理
17	十字头	其他	十字头进油管掉落	保养不良
18	十字头	变形	倒车时十字头增压泵附件扭坏	设计、结构不合理
19	曲轴	磨损	曲轴严重磨损	不确定
20	轴系	腐蚀	曲轴严重腐蚀	加工不良
21	曲轴	其他	曲轴缸套滑移活塞杆拉长	设计、结构不合理
22	连杆	断裂	连杆大端轴承定位销的固紧螺丝断裂引起曲轴轴承热铁	保养不良
23	轴系	烧熔	中间轴承上瓦烧熔	保养不良
24	推力轴	烧熔	推力轴承严重烧熔	操作不当
25	推力轴	烧熔	推力轴承严重烧熔	责任心不强
26	扫气箱	脏堵	第 4～6 缸扫气箱脏堵严重	管理失误
27	扫气箱	脏堵	扫气箱易脏	经验不足
28	扫气箱	着火	扫气箱着火导致增压器飞车损坏	设计、结构不合理
29	扫气箱	着火	扫气箱着火导致车速不正常	管理失误
30	曲轴	移位	曲柄受到重击导致缸套移位	操作失误
31	缸套	磨损	缸头异常磨损	管理失误
32	增压器	其他	机舱温度升高导致增压器喘振	自然因素

续　表

序号	项目	状态	内　　容	原　因
33	增压器	松弛	增压器发出异常哨声	保养不良
34	增压器	其他	增压器转子轴带动油泵的联轴节脱落而停转断油	保养不良
35	阀件	破裂	增压器喘振区向低速区移近	管理失误
36	活塞组	断裂	活塞环安装不当引起拉缸	保养不良
37	增压器	烧损	主机多次自动停车后造成增压器先后二次损坏	设计、结构不合理
38	增压器	脏堵	增压器透平端进气防护网堵塞引起喘振	维修不充分
39	增压器	腐蚀	增压器透平端排气壳烂穿	保养不良
40	增压器	其他	烟道挡板错位引起增压器喘振	维修不充分
41	喷油器	断裂	慢车运转时增压器发生喘振	责任心不强
42	增压器	裂纹	增压器透平端冷却水腔裂缝	管理失误
43	冷却器	泄漏	空气冷却器床垫处漏水引起敲缸	保养不良
44	冷却器	泄漏	空气冷却器冷却水管蚀断漏水引起敲缸	疲劳损坏
45	冷却器	泄漏	空气冷却器漏入海水引起车速下降	管理失误
46	冷却器	脏堵	空气冷却器气面污堵后引起车速下降	维修检查疏忽
47	冷却器	脏堵	空气冷却器水面堵塞引起车速下降	管理失误
48	活塞组	脏堵	活塞冷却水出口温度较高	维修检查疏忽
49	活塞组	腐蚀	活塞冷却水突然没有	管理失误
50	活塞组	脏堵	活塞冷却水水量忽然减少	加工不良
51	缸套	破裂	缸套冷却水压力不断下降	管理失误
52	活塞组	松弛	膨胀水柜不断溢水	保养不良
53	活塞环	断裂	燃油分离不良	管理失误
54	活塞组	断裂	活塞冷却油回油不正常	保养不良
55	活塞组	松弛	活塞冷却油回油不正常	保养不良
56	活塞组	剥落	曲轴箱内积存大量结焦片状物	操作不当
57	冷却器	脏堵	烟囱冒黑烟故障	维修检查疏忽
58	缸盖	脏堵	烟囱冒黑烟故障	管理失误
59	缸套	裂纹	缸套冷却水失压,缸套爆裂	责任心不强
60	活塞组	松弛	活塞冷却油回油不正常	保养不良
61	活塞组	剥落	曲轴箱内积存大量结焦片状物	操作不当
62	螺栓	断裂	缸头螺栓断裂	加工缺陷
63	缸盖	脏堵	烟囱冒黑烟故障	管理失误
64	油泵	松弛	高压油泵前的截止阀故障引起烟囱冒黑烟	设计、结构不合理

续 表

序号	项目	状态	内　　容	原　因
65	排气阀	其他	烟囱大量冒火星	管理失误
66	增压器	断裂	主机增压器转子断裂	疲劳损坏
67	增压器	碎裂	主机增压器叶轮碎裂	管理失误
68	曲轴	烧熔	主机故障	管理失误
69	控制阀	脏堵	主机无法起动	维修检查疏忽
70	活塞组	断裂	主机故障	管理失误
71	增压器	变形	增压器转子变形	保养疏忽
72	缸套	破裂	主机1＃缸缸套碎裂	维修检查疏忽
73	喷油器	卡死	主机燃油系统故障引起主机停车	维修检查疏忽
74	阀件	腐蚀	主机燃油系统故障引起主机停车	维修检查疏忽
75	增压器	脏堵	主机透平喘振	经验不足
76	活塞	脱落	主机4＃缸活塞裙脱落	管理失误
77	活塞环	磨损	主机活塞环异常磨损	管理失误
78	凸轮	移位	主机排气阀凸轮移位	管理失误
79	伸缩管	断裂	主机活塞伸缩管断裂	保养不良
80	缸头	裂纹	主机缸头裂纹	管理失误
81	轴承	烧毁	主机中间轴承断油烧毁	保养不良
82	燃油泵	卡死	燃油加温过高	操作不当

任务 2　保持轮机安全值班

任务概述

轮机值班是轮机人员必不可少的一项日常工作。本任务要求学生在机舱值班过程中能够正确记录设备运行参数和将设备调整到最佳运行状态，旨在利用轮机模拟器培养学生安全值班能力。

学习目标

1. 在值班过程中能够发现征兆，并采取有效措施；
2. 能够正确交班和接班。

相关知识

一、轮机值班须知

（1）负责轮机值班的轮机员是轮机长的代表，主要负责对影响船舶安全的机械设备进行安全有效的操作和保养，并根据需要负责值班责任范围内的一切机械设备的检查、操作和测试，确保在任何时候均能保证安全值班。值班轮机员应保证维持既定的正常值班安排。普通船员应协助值班轮机员保证主、辅机安全和有效运行。

（2）尽管轮机长在机舱，值班轮机员应继续对机舱工作全权负责，直到轮机长明确通知他轮机员已承担责任并经双方确认后为止。

（3）轮机值班的所有成员都应熟悉被指派的值班职责，此外，每个成员对其服务的船舶还应掌握：①恰当地使用内部通信系统的知识。②从机器处所逃生途径的知识。③机舱报警系统的知识，特别是关于识别各种警报与二氧化碳警报的能力。④有关机舱灭火设备的数量、位置、性能和使用的知识以及安全预防措施。⑤船舶破损堵漏工具的使用知识和安全预防措施。

（4）在轮机值班开始时，应当对当时所有的机器工作情况、工况参数加以验证、分析，并保持在正常范围值。在值班期间值班轮机员应定期巡回检查机舱和舵机室，以便及时发现机器的故障和损坏情况，并执行其他一切需要的任务。

（5）任何运转失常的、预料将发生故障或需要特殊处理的机器，连同已经采取的措施应作详细记录。如果需要，应为进一步的措施拟出计划。

（6）对于有人值守的机舱，值班轮机员应随时能立即操纵推进设备，以适应变向和变速的需要。对于定期无人值守机舱的值班轮机员，在机舱呼叫照料时，应立即到达机舱。

（7）驾驶台的所有命令应迅速执行，对主推进装置的变向和变速应作出记录。当人工操作时，值班轮机员应保证推进装置的操纵台前不间断地有人值守，并处于准备和操作状态。

(8) 对所有机器的保养和维护所需要的物料和备件的供应应该给予足够的注意，包括机械、电气、电子、液压和空气系统及其控制装置和与此相关的安全设备，所有舱室生活系统设备以及物料和备品的使用记录。

(9) 轮机长应保证将值班时拟进行的预防性保养、控制损害或修理工作等情况通知负责值班的轮机员。对于属于值班责任内的拟处理的所有机器，负责轮机值班的轮机员应负责其隔离、旁通和调整，并将已进行的全部工作记录下来。

(10) 当机舱处于备车状态时，值班轮机员应保证一切在操纵时可能用到的机器设备随时处于可用状态，并使电力有充足的储备，以满足舵机和其他需要。

(11) 值班轮机员在值班期间不应再被分派或承担任何会妨碍其监管主推进系统及其辅助设备的其他任务，而应保证机器及设备处于经常的监管之下，直到正式交班为止。

(12) 值班轮机员应告示其他值班人员有关对机器的潜在的危险情况，以及危及人命和船舶安全的情况。值班轮机员应确保机舱在监管之下，一旦值班人员丧失值班能力，应安排替代人员。不能使机舱处于无人监管而无法手动操作和调节的失控状态。

(13) 值班轮机员应采取必要的措施，以对付由于设备损坏、失火、进水、破裂、碰撞、搁浅和其他原因所引起的损害的影响。

(14) 在下班前，值班轮机员应将值班中有关主、辅机发生的事情完整记录下来，并提醒接班人员注意。在进行一切预防性保养、损害控制或维修工作时，值班轮机员应与负责维修工作的轮机员合作，这些工作应包括但不局限于如下内容：①对要进行工作的机器加以隔离和旁通。②在维修期间，将其余的设备调节至充分和安全地发挥功能的状态。③为有利于接班人员的工作，在轮机日志或其他适当的文本上详细记录维修保养过的设备、参加人员和他们所采取的安全措施。④必要时将已修理过的机器和设备进行测试、调整，投入使用。

(15) 值班轮机员应确保在机舱从事维修工作的普通船员，在一旦自动设备失灵时，可协同对机器进行手动操作。值班轮机员应记住，为使船舶和船员的安全免遭任何威胁，在船舶推进系统发生故障引起速度变化或停止运转、舵机瞬间失灵或失效、机舱发生火灾、电站发生故障或类似这种威胁安全的其他情况时，应立即通知驾驶台。这种通知如有可能，应在采取行动之前完成，以便驾驶室有最充分的时间采取一切可能的措施避免可能发生的海难。

(16) 在遇到下列情况，值班轮机员应立即通知轮机长：①当机器发生故障或损坏，可能危及船舶的安全运行时。②发生失常现象，经判断会引起推进机械、辅机、监视系统、调节系统的损坏或破坏时。③发生紧急情况或对于采取什么措施和决定无把握时。

(17) 除需要将第(16)条所述情况报告轮机长外，为保证机器和船员安全的需要，值班轮机员可以立即毫不犹豫地采取措施。

(18) 值班轮机员应将保证安全值班的一切适当指示和信息告知值班人员，日常的机器保养工作应纳入值班日常工作制度内。详细的维修工作，包括全船的电气、机械、液压、气动或适用的电子设备的修理，应在轮机长和值班轮机员的监视下进行。这些修理应作记录。

二、不同航行环境下的轮机值班

(1) 值班轮机员应确保提供雾中声号用的持久的空气或蒸汽压力，并随时执行驾驶台的任何变速、变向的命令。此外，还应保证备妥用于操纵的一切辅助机械。

(2) 值班轮机员当接到船舶进入拥挤水域中航行的通知时，应确保所有涉及船舶操纵的机器能即刻置于手动操作摸式。

(3) 值班轮机员还应保证有足够的备用动力，满足舵和其他操作要求所用。

(4) 应急操舵和其他辅助设备应准备好可立即使用。

三、轮机值班交接

(1) 值班轮机员如有理由认为接班轮机员显然不能有效地执行值班任务时，不应向接班轮机员交班，并立即向轮机长报告。

(2) 接班轮机员应确信本班人员完全有能力能够有效地完成各自的任务。

(3) 轮机值班人员在接班之前，至少应对下列各项彻底了解清楚：①轮机长关于船舶系统和机器运转的常规命令和特别指示。②对所有机电设备及系统进行的工作状况和参与涉及人员以及潜在的危险。③污水舱、压载舱、污油舱、备用舱、淡水柜、粪便柜等使用状况和液面高度以及对其中贮存物的使用或处理的特殊要求。④燃油备用舱、沉淀柜、日用油柜和其他燃油贮存设备中的燃油液位和使用状况。⑤有关卫生系统处理的特殊要求。⑥各种主、辅机系统包括配电系统的操作方式和运行状况。⑦监控设备和手动操作设备的状况。⑧如果适用，自动锅炉控制装置诸如火焰安全控制系统、限位控制系统、燃烧控制系统、燃油供给控制系统和其他与锅炉操作有关的设备的状况和操作方式。⑨由于恶劣天气、冰冻、被污染的水域或浅水引起的潜在不利条件。⑩由于设备故障或危及船舶安全的情况而采取的特殊操作方式和应急措施。⑪有关分派给机舱普通船员任务的情况。⑫消防设备的有效性。

(4) 接班轮机员应检查轮机日志，并核对与自己观察的情况一致时，方可接班。

四、轮机值班安排

(1) 在任何时候，轮机值班的组成应确保影响船舶安全操作的所有机器的安全运转，不论是自动还是手动操作，都应适合当时的环境和条件。

(2) 在决定轮机值班人员组成时，可包括合适的普通船员在内，并对下列因素应特别予以考虑：①船舶类型、机器类型和状况。②对影响船舶安全运行的机器置于充分的监管之下。③由于情况的变化，如天气、冰区、污染水域、浅水水域、各种紧急情况、船损控制或消除污染而采用的特殊操作方式。④值班人员的资格和经验。⑤人命、船舶、货物和港口的安全及环境保护。⑥遵守有关国际公约、国家法规和当地规章。⑦保持船舶正常运行。

五、港内轮机值班与交接

1. 在交接班前，值班轮机员应向接班轮机员告知的事项

(1) 当日的常规命令，有关船舶操纵、保养工作、船舶机械或控制设备修理的特殊命令。

(2) 所有机械和系统进行修理工作的性质、涉及的人员以及潜在的危险。

(3) 使用中的舱底污水或残渣柜、压载水舱、污油舱、粪便柜、备用柜的液位及状态以及对其中贮存物的使用或处理的特殊要求。

(4) 有关卫生系统处理的特殊要求。

(5) 移动式或固定式灭火设备，以及烟火探测系统的状况和备用情况。

(6) 获准从事机器修理的人员，其工作地点和修理项目，以及其他获准上船的人员和需要的船员。

(7) 有关船舶排出物，消防要求，特别是在恶劣天气将来临时船舶的准备工作等方面的港口规定。

(8) 船上与岸上人员可使用的通信线路，包括万一发生紧急事件或要求援助时与水上安全监督机关的通信线路。

(9) 其他有关船舶、船员、货物的安全以及防止环境污染等重要情况。

(10) 造成环境污染时，向水上安全监督机关报告的程序。

2. 港内轮机值班

(1) 当船舶在开敞的港外锚地或其他任何实际上是“在海上”的情况下，值班轮机员应保证：①保持有效的值班。②定时检查所有正在运转和处于准备状态的机器。③按驾驶台命令使主、辅机保持准备状态。④遵守适用的防污染规则，采取措施，防止污染海洋环境。⑤所有损害控制和消防系统处于备用状态。

(2) 在港内，值班轮机员应特别注意：①遵守其在值班范围内的一切命令，防范有关危险情况的特殊操作程序和规定。②仪表和控制系统，对运行中的所有机械设备及系统的监测。③为防止违反水上安全监督机关有关防污染规定所必须采取的技术、方法和处理程序。④污水沟的情况。

(3) 值班轮机员应：①出现紧急情况而需要时，拉响警报并采取一切可能的措施避免船舶及其货物和船上人员遭受损害。②了解驾驶员对装卸货物时所需设备的要求，以及对压载和船舶稳性控制系统的附加要求。③经常巡查、分析可能发生的设备故障或损坏情况，并立即采取补救措施以确保船舶装卸货、港口及其周围环境的安全。④保证在其职责范围内采取必要的预防措施，以避免船上各种电气、电子、液压、气动以及机械系统发生事故或损坏。⑤将影响船上机械运转、调节或修理的所有重要事项，完整地记录下来。

六、船舶值班时间规定

1. 目的

为加强船舶值班管理，防止船员疲劳操作，保障海上人命与财产安全，保护海洋环境，根据《中华人民共和国海船船员值班规则》和 IMO 2010 年修正的 STCW 78 公约及《2006 年海事劳工公约》的要求，制定本须知。

2. 责任

(1) 每个值班船员应完全熟悉本船的有关设备和船舶特性以及本人职责，并能在紧急情况下有效地执行安全和防污染工作。

(2) 船长及全体船员应了解由于操作不当或意外事故对海洋环境造成污染的严重后果，并应遵照国际公约和我国有关防止船舶造成污染的法律、法规的要求，按照本船防污染的具体措施，采取切实有效的手段，防止船舶对海洋环境造成污染。

(3) 为维护驾驶台的良好秩序和环境，保证航行安全，全体船员应遵守并执行《驾驶台规则》《机舱值班规则》。驾驶台值班船员应遵守并执行《驾驶台常规命令》。

(4) 参加值班的船员必须持有主管机关颁发的适任证书，每个值班船员应明确自己的职责。

(5) 船长必须确保值班的安排足以保证船舶安全。值班驾驶员在值班期间，特别在关系到海上人命安全时，全权负责船舶的安全航行。

(6) 轮机长有责任与船长商量，确保轮机值班的安排足以保证安全的需要。

3. 配员与健康

(1) 船上应不得以低于主管机关颁发的船舶最低安全配员证书中规定的级别和数额配备船员。

(2) 船长应采取有效措施防止疲劳操作。所有参加值班的船员在 24 h 内必须有至少 10 h 的休息时间。休息时间可以分开，但不超过两段时间，其中一段时间至少要有 6 h。

(3) 本须知规定的 10 h 最短休息时间可以减少到不少于 6 h，条件是这种降低不得超过每周 2 天，同时，每周提供的休息时间不得少于 70 h。

(4) 一定时间内的平均工作小时最长每天不应超过 12 h。工作小时的一般规定可以不计必需的日常工作，如就餐替人或正常交接班所需的额外时间。

(5) 在应急抢险及其他特殊情况时，可以不保持本须知对休息时间的要求。

(6) 当正常休息时间被奉命的工作所干扰时，应有适当的补休时间。

(7) 集合、消防和救生训练以及其他规定的训练和演习对休息时间的干扰应减少到最小程度，并且不产生疲劳。

(8) 工作和休息时间的安排应不妨碍船长对船舶、船上人员、货物的安全，以及给予海上遇险的其他船舶或人员帮助时，要求船员执行任何必要的工作时间安排的权利，直至恢复正常。

(9) 任何时候严禁船员酗酒，值班人员在值班前 4 h 内禁止喝酒，且值班期间血液中的酒精含量不得超过 0.08%。

(10) 严禁船员服用可能导致不能安全值班的药物。严禁船员有吸毒和贩毒行为。

4. 值班时间安排

(1) 不论航行还是靠泊，实行 24 h 值守制度。

(2) 有人机舱轮机值班：航行和锚泊时，机舱值班每班为 4 h，具体分配如下：

大管轮：0400—0800 时，1600—2000 时；

二管轮：0000—0400 时，1200—1600 时；

三管轮：0800—1200 时，2000—2400 时。

(3) 靠泊时，轮机部由大管轮、二管轮、三管轮按天轮值，每天必须有一级机工同值。

(4) 经轮机长同意，持证轮助可代轮机员值班。

(5) 无人机舱轮机值班：每班从 0800 时—次日 0800 时。每天 0800—1600 时由值班人员在集控室监视并处理警报，巡回检查机电设备的运转情况。在值班时间内如需暂时离开值班处，必须确保其职责被有效接替。每天 1600 时—次日 0800 时值班轮机员可以休息，但需在 2200 时到机舱巡回检查一次，值班期间一旦发生警报，应立即到机舱检查处理。

(6) 工作休息记录。部门长应提前作好工作安排，填妥"船上工作安排表"(见表 4-2-1)，经船长签字批准后张贴在显而易见处。部门长应做好船员工作小时和休息时间的记录，填妥"船员工作/休息时间记录表"(见表 4-2-2 和表 4-2-3)，每个月结束本月记录后由部门长和船员本人对该记录核对无误后签字，保证有关工作小时和休息时间的规定得以执行，以备主管机关或港口国检查官的检查。

"船上工作安排表"和"船员工作/休息时间记录表"不准用铅笔填写，"船员工作/休息时间记录表"自该船员休假离船后在船保存 1 年。

表 4-2-1 某船上工作安排表

TABLE OF SHIPBOARD WORKING ARRANGEMENTS

船名:××× 国籍:中国 IMO 号码:××××××× 更新日期:2010-01-26

Name of ship ××× Flag of ship CHINA IMO number ×××××× Latest update of table

本表最多工作时间和最少休息时间是根据《中华人民共和国海船船员值班规则》编制的,其符合 1996 年 ILO 船员工作时间和船舶配员公约(No. 180),以及经修订的 1978 年海员培训、发证和值班标准国际公约(STCW 公约)。

The maximum hours of work or minimum hours of rest are applicable in accordance with the Rules of Seafarers Watchkeeping of P. R. C. issued in conformity with ILO's Seafarers' Hours of Work and the Manning of Ships Convention 1996 (No. 180) and with any applicable collective agreement registered of authorized in accordance with that Convention and with the International Convention Standards of Training, Certification and Watchkeeping for Seafarers, 1978, as amended, (STCW Convention).

岗位/职务 Position/ Rank	海上每日计划工作时间 Scheduled daily work hours at sea		港内每日计划工作时间 Scheduled daily work hours in port		意见 Comments	每日工作/休息时间合计 Total daily work/rest hours	
	值班 (From—to) Watch-keeping	非值班工作 (From—to) Non-watch-keeping duties	值班 (From—to) Watch-keeping	非值班工作 (From—to) Non-watch-keeping duties		值班 (From—to) Watch keeping	非值班工作 (From—to) Non-watch-keeping duties
大副	0400—0800 1600—2000	1300—1500		0800—1600	预加 2 h	10/14	10/14
一水	0400—0800 1600—2000	1300—1500	0400—0800 1600—2000	1300—1500	预加 2 h	10/14	10/14
二副	0000—0400 1200—1600	0900—1100	0000—0600 1200—1800		预加 2 h	10/14	12/12
一水	0000—0400 1200—1600	0900—1100	0000—0400 1200—1600	0900—1100	预加 2 h	10/14	10/14
三副	0800—1200 2000—2400	1400—1600	0600—1200 1800—2400		预加 2 h	10/14	12/12
一水	0800—1200 2000—2400	1400—1600	0800—1200 2000—2400	1400—1600	预加 2 h	10/14	10/14
水手长		0800—1600		0800—1600	预加 1 h	9/15	9/15
木匠		0800—1600		0800—1600	预加 1 h	9/15	9/15
舵长		0800—1600		0800—1600	预加 1 h	9/15	9/15
二水		0800—1600		0800—1600	预加 1 h	9/15	9/15
实习大厨		0800—1600		0800—1600	预加 1 h	9/15	9/15
大厨		0800—1600		0800—1600	预加 2 h	9/15	9/15
大台		0800—1600		0800—1600	预加 2 h	9/15	9/15

船长签字(Signature of Master):____________

表 4-2-2　船上工作安排表

TABLE OF SHIPBOARD WORKING ARRANGEMENTS[1]

船名：________　船旗：________　IMO 号码：________　更新日期：________　页码：________

Name of ship ________ Flag of ship ________ IMO number __________ Latest update of table ________

Page：________

最短休息时间遵从于依照《2006 年海事劳工公约》发布的：________________（本国法律、规则）并遵从于依照《2006 年海事劳工公约》及经修正的《1978 年海员培训、发证和值班国际公约》（STCW 公约）登记或认可的适当集体协议。

The minimum hours of rest are applicable in accordance with：________________________ ________ （national law or regulation）issued in conformity with ILO's Maritime Labour Convention，2006 and with any applicable collective agreement registered or authorized in accordance with that Convention and with the International Convention on Standards of Training，Certification and Watchkeeping for Seafarers，1978，as amended，（STCW Convention）.

最短休息时间：____

Minimum hours of rest：____

其他要求：____

Other requirements：____

岗位/职务[2] Position/Rank[2]	海上每日计划工作时间 Scheduled daily work hours at sea		港内每日计划工作时间 Scheduled daily work hours in port		说明 Comments	每日工作/休息时间合计 Total daily work/rest hours	
	值班（自—至） Watchkeeping （From—to）	非值班职责（自—至）[3] Non-watchkeeping duties （From—to）[3]	值班（自—至） Watchkeeping （From—to）	非值班职责（自—至） Non-watchkeeping duties （From—to）		海上 At sea	港内 In port
						/	/
						/	/
						/	/
						/	/

Other requirements：____

注：1 此表中涉及的术语应用工作用语或船舶用语和英语表述。The terms used in this model table are to appear in the working language or languages of the ship and in English.

2 填写的岗位/职务及表述应与船舶安全配员证书中列明的相一致。For those positions/ranks that are also listed in the ship's safe manning document，the terminology used should be the same as in that document.

3 对于值班人员，说明栏可用于填写预计的非计划工作时间，此类时间应包含在每日工作/休息时间合计栏内。For watchkeeping personnel，the comments section may be used to indicate the anticipated number of hours to be devoted to unscheduled work and any such hours should be included in the appropriate total daily work hours column.

船长签字（Signature of master）：____________

表 4-2-3　船员休息时间记录表

TABLE FOR RECORD OF HOURS OF REST OF SEAFARERS[1]

船名：________　IMO 号码：________　船旗：________　页码：1/2

Name of ship ________　IMO number ________　Flag of ship ________　Page 1 of 2

姓名：________　岗位/职务：________　Seafarer(full name) ________________　Position/rank ________　日期：________

值班人员[2]：　是 ☐　否 ☐

Month and year ____________　Watchkeeper[2]　yes ☐　no ☐

休息时间记录

RECORD OF HOURS OF REST

请视情况使用"×"或连线或箭头标示休息时段。　Please mark periods of rest, as applicable, with an ×, or using a continuous or arrow.

请在反面填写表格 COMPLETE THE TABLE ON THE REVERSE SIDE

下列本国法律、法规和(或)集体协议关于对最短休息时间的规定适用于本船：

The following national law, regulations and/or collective agreements governing limitations on minimum rest period apply to this ship:

____

我同意本记录是本人休息时间的准确反映。

I agree that this record is an accurate reflection of the hours of rest of the seafarer concerned.

____

船长或授权人(签字)：　船员(签字)：

Signature of master or authorized person ______ Signature of seafarer ____________

船员应得到一份本记录表的副本。本表格有待于依据____________(主管机关名称)制定的程序进行检查和签注。

A copy of this record is to be given to the seafarer. This form is subject to examination and endorsement under procedures established by ________ (name of competent authority)

1. 此表中涉及的术语应用工作用语或船舶用语和英语表述。The terms used in this model table are to appear in the working language or languages of the ship and in English.

2. 在合适的选择框内打"√"。Check √ as appropriate.

页码：2/2(Page 2 of 2)

日期 Date / 小时 Hour	请视情况使用“×”或连线或箭头标示休息时段。Please mark periods of rest, as applicable, with an ×, or using a continuous line or arrow.																							船长授权人(部门长)填写[1] Completed by person who authorized by master[1]			
	00	01	02	03	04	05	06	07	08	09	10	11	12	13	14	15	16	17	18	19	20	21	22	23	24 h 内的休息时间 Hours of rest in 24-hour period	说明 Comments	24 h 内的休息时间[2] Hours of rest in 24-hours period[2]	任何 7 天内的休息时间[2] Hours of rest in any 7-days period[2]
1																												
2																												
3																												
4																												
5																												
6																												
7																												
8																												
9																												
10																												
11																												
12																												
13																												
14																												
15																												
16																												
17																												
18																												
19																												
20																												
Hours	00	01	02	03	04	05	06	07	08	09	10	11	12	13	14	15	16	17	18	19	20	21	22	23				

1. 应根据主管当局依照《2006 年海事劳工公约》相关要求制定的程序来填写和使用。For completion and use in accordance with the procedures established by the competent authority in compliance with the relevant requirements of Maritime Labour Convention, 2006.
2. 为确保满足《2006 年海事劳工公约》及经修订的《1978 年海员培训、发证和值班标准国际公约》相关要求，有必要进行额外的计算和验证。Additional calculations or verifications may be necessary to ensure compliance with the relevant requirements of Maritime Labour Convention, 2006 and the International Convention on Standards of Training Certification and Watchkeeping, 1978, as amended(STCW Convention).

任务实施

模块　安全值班能力培养

【任务要求】

1. 掌握保持安全值班的要求和做法。值班过程中要能够正确处理机舱警报；正确记录和分析设备运行参数；正确与驾驶台进行沟通与交流；正确完成交接班操作。

2. 利用轮机模拟器进行保持安全值班训练。

【任务准备】

1. 教学资料准备：主机故障处理程序，如表 4-2-4 所示。

表 4-2-4　主机故障处理程序

大管轮和机工乙值班，主机排温高温报警，主机自动降速	
大管轮	驾驶台，主机 3 #缸排温高温报警，主机自动降速，正在安排人员排查故障
驾驶台	请尽快恢复
大管轮	明白
大管轮(电话)	轮机长，主机 3 #缸高温报警
轮机长	知道。通知其他轮机员下机舱
轮机长和其他人员一起下机舱	
轮机长	主机 3 #缸高温报警，请求将主机转入集控室控制
驾驶台	可以转集控室控制
轮机长安排人员检查主机参数，排查故障，经过分析，估计是 3 #排气阀故障	
轮机长	驾驶台，主机 3 #缸排气阀故障，需要停车更换排气阀，大约需要停车 3 h
驾驶台	现在海上风浪较大，主机不能停车，请机舱克服困难，维持航行。风浪减小后会通知机舱停车抢修
轮机长	明白。主机需要降速至慢速
驾驶台	可以
轮机长	大管轮，将主机转速降至慢速，准备备用排气阀和检修工具，一旦驾驶台允许停车，立即检修；三管轮，密切注意 3 #缸的排温和是否有异常声音
大管轮降速后准备备用排气阀和工具。三管轮去缸头层检查主机	
驾驶台	(一段时间后)机舱，现在海面状况有所好转，可以停车检修
轮机长	明白，停车操作。三管轮，带人打开示功阀，准备冲车；大管轮，准备更换 3 #排气阀
众人	明白(去执行)

续　表

轮机长安排人员检查主机参数，排查故障，经过分析，估计是 3 ＃排气阀故障	
三管轮	示功阀已经打开，可以冲车
大管轮	冲车操作。机工甲、机工乙，手摇气缸油 30 圈，合上盘车机盘车 10 min
机工甲、机工乙	（执行）报告大管轮，手摇气缸油 30 圈，已经合上盘车机，盘车 10 min
轮机长	大管轮，带人更换 3 ＃缸排气阀
大管轮	明白（去执行）。报告轮机长，3 ＃缸排气阀已经更换
轮机长	明白。驾驶台，主机 3 ＃排气阀已经更换，准备试车
驾驶台	可以试车
轮机长	大管轮，脱开盘车机，准备冲、试车
大管轮	明白。机工甲，手摇气缸油 30 圈，脱开盘车机
机工甲	明白（去执行）。报告大管轮，手摇气缸油 30 圈，盘车机已经脱开，可以冲、试车
大管轮	明白。三管轮，带人去缸头层观察，准备冲车
大管轮冲车操作	
三管轮	报告大管轮，冲车正常
大管轮	关闭示功阀，准备试车
三管轮	明白（去执行）。报告大管轮，示功阀已经关闭，可以试车
大管轮	明白
大管轮试车操作	
大管轮	报告轮机长，主机冲试车正常
轮机长	明白。驾驶台，主机试车正常，可以转驾驶台控制
主机转驾控操作驾驶台将主机起动，加速至定速	
驾驶台	机舱值班，1600 时定速
轮机长	1600 时定速航行。电机员，1 台发电机供电；二管轮，停 1 台发电机
二管轮	报告轮机长，1 台发电机运行，参数止常
轮机长	大管轮，负责值班，其他人员休息

2. 多媒体教学设备。

3. 人员分组：每组 6～8 人，每组指定 1 人做轮机长，其他按照轮机部的职责分工。

4. 设备准备：轮机模拟器；多媒体教学设备。

【任务操作】

轮机值班应该遵守《中华人民共和国海船船员值班规则》。

值班人员要分配好自己的注意力，既不能过分专注于某个设备，又不能将注意力平均分配到每个设备上。前者会造成信息的不完整，后者获取的信息深度不够。

值班人员要制订科学的机舱巡回检查路线，既要保证每个设备（不管是否运转）都能检查到，又要保证路线省时。一般来说，机舱值班巡回检查从锅炉顶层开始，检查项目主要有：

(1) 锅炉水位是否正常，是否有漏油、漏汽、漏水的地方。

(2) 焚化炉是否正常工作，燃烧温度是否在正常范围内。

(3) 锅炉蒸汽压力是否正常；检查主机膨胀水柜水位，及时补水并记录补水量，查看有无不正常的补水记录。

(4) 主机缸头层，油头，主机高压油泵，排气阀有无漏油，声音是否正常。

(5) 查看热水井水位和温度。

(6) 发电机运行参数；各缸排气温度是否正常，四周有无漏油、漏水的地方，各仪表参数是否正常，有无不正常的发热、发烫现象。

(7) 透平油位，油底壳油位。

(8) 摇臂油箱油位是否正常。

(9) 舵机房舵机油柜油位和工作电流及油压是否正常。

(10) 空气瓶要放残水；空压机工作时的电流，第一级和第二级的压力，油压和水压，油位是否正常。

(11) 主机燃油循环泵，发电机燃油循环泵工作压力是否正常。

(12) 燃油分油机、滑油分油机是否有跑油，有没有异常的声音和振动，工作电流是否正常。

(13) 日用柜和沉淀柜的油位和油温，调节蒸汽阀的开度来调节油柜的油温，控制在正常的范围之内，注意日用柜和沉淀柜要放残。

(14) 滑油储存柜、滑油沉淀柜和气缸油柜油位有没有异常变化。

(15) 造水机运行参数以及电流和盐分是否正常，真空度是否在正常范围之内，海水管有无破损的地方，水泵有无漏水。

(16) 主机滑油细滤器要手动逆冲洗，注意主机滑油细滤器进出口压差的变化，如果压差变大，则表明主机滑油细滤器脏堵，在航行期间要经常手动逆冲洗，确保主机滑油压力在正常范围之内，保证主机安全运行。

(17) 各种泵浦运转是否正常，查看泵浦吸排压力有无很大的变化，泵浦填料处有无漏水，声音是否异常，有无不正常的振动，电机马达表面温度是否正常，马达电流是否在正常的范围之内，以及电流有无不正常的波动现象。

(18) 机舱舱底是否有油、有水，污水井的水位是否正常，如果污水井的水太多，及时把污水打到污水柜，没经主管轮机员的同意与轮机长的许可不能用油水分离器直接把污水打出海。

(19) 对主机扫气箱要定期进行放残；查看机舱海水管特别是舱底海水管有无漏水、有无破损的地方，对机舱舱底有漏油、漏水时，要及时找出漏油、漏水的地方。

(20) 对主机和发电机的油门齿条要加滑油以防油门齿条卡死，使机器运转正常。

每组学生按照轮机部人员岗位和职责分工，对照上述检查项目，并结合表 4-2-4，完成本模块的操作。

【任务评价】

评估要素：安全值班知识；沟通与交流；团队精神。

【任务拓展】

船舶主机故障典型案例分析

案例一：XX 轮主机失控引起的碰撞事故

主机型号：GOTAVERKEN DM75/160VGS6U 7 610 kW　120 r/min。

事故经过：1999 年 1 月 6 日下午 1445 时，XX 轮停靠在中国北海港 3—4 号泊位进行卸货作业。1 月 11 日凌晨 0230 时卸空，港口安排当天 1600 时离码头开航。

驾驶台 1530 时通知机舱备车，机舱 1532 时冲车、试车时主机失控：在冲车时只正车发火运转，直至港内全速 100 r/min，致使船舶挣断艏艉共 10 条大缆，拖着抛下的 3 节左锚前进，至 1538 时××轮的船首撞到横向系泊在 2 号泊位的××号客船艉部左侧。

该船备车时，主机控制置于机舱集控室“遥控”位置。初次冲车没成功，轮机长未检查冲车不成功的原因，又进行 2 次试车，仍不能起动。因轮机长在本港刚接班（对机器情况还不太熟悉），大管轮告诉轮机长，以前也发生过冲车不成功的现象，可能是起动系统的应急起动阀（V16）不动作，可用手按 V16 阀，进行冲车。轮机长随即手按 V16 上的手柄进行冲车。此时，各缸示功阀处于开启状态，但主机仍然自行供油运转并不断加速。轮机长和轮机员见主机不停车，立即采取停车措施：将集控室的车钟手柄、油门手柄拉回零位，但主机停不下来；随即又到机旁控制台，想把油门控制杆拉回零位，由于情急之中没在集控室将主机控制转至机旁的操作位置，即转换阀 V1 未转到机旁位，因此此油门拉杆无法拉动；大管轮又将主机起动空气截止阀及主机控制空气截止阀关闭，结果主机不但停不下来反而加速；最后人工强行将应急停油阀切断，主机才慢慢停止运转。但因延误的时间太长，已经发生碰撞事故。

事故原因：事故发生后，公司机务主管与轮机员、自动化维修人员对该船的控制系统做逐步地分析检查。检查中发现主机转车机连锁阀的阀芯卡阻，处在半开启状态，致使控制空气压力不足。正常情况下，当通到调速器、伺服器的气压在 0.4 MPa 时，为主机设定的最低转速油门。控制空气压力下降，对应的转速就升高。最高转速对应的控制气压为 0.1 MPa，主机定速的转速是通过精密调节阀设定的。这次备车时的情况是：

（1）控制台上的控制空气压力指示为 0.35 MPa，因不符合起动条件，所以 3 次冲车不成功。

（2）轮机长和大管轮没能查明原因，在主机控制方式没有转至机旁操作位置的情况下，盲目采用手按应急起动阀，使起动空气直接进入气缸，主机运转起来。由于主机的控制方式仍处在集控室“遥控”位置，主机就按照这个比正常起动大很多的油门信号指令加速运转。

（3）轮机长和大管轮对冲车时发生的运转不停、反而加速的现象手忙脚乱，没能直接使用应急停车按扭切断供油，反而盲目地去机旁位置拉油门杆关主起动阀，延误停车时间，最后错误地关闭控制空气。由于该主机在遥控运转情况下，控制气压越小，主机油门越大、转速越高，致使主机的转速迅速升高到最高时速，造成××轮先断缆后撞船的严重事故。

事故教训：该事故是由于管理人员未按照规程对主机完成起动前的准备工作，对工作中产生的疑问没有更进一步地探究造成的。同时，管理人员在主机出现异常运行时，不冷静，导致后续的一连串的误操作。这个案例也反映管理人员对设备的工作原理不熟悉。

案例二：YY 轮主机扫气箱爆炸空冷器损坏

主机机型：NEW-SULZER 9RTA84C　34 400 kW　96.5 r/min。

事故经过：2000 年 3 月 28 日，YY 轮第 72 航次由香港—上海港。1100 时机舱值班人员接驾驶台通知备车离港，1110 时主机试车起动时，“轰”一声巨响，同时主机扫气箱高温报警；主机低温冷却水膨胀水箱低位报警；主机防爆门起跳，机舱烟雾弥漫。检查发现 No. 1 主机空冷器在漏水，扫气箱内有大量冷却水，主机无法起动。公司安技科立即安排香港合兴船厂上船协同检查、抢修。船方和合兴船厂人员在共同检查中，发现主机扫气箱内有几只缸的扫气止回挡板严重断损变形；No. 1 空气冷却器底部冷却管束有 60 多根损坏漏水和部分底部冷却水管束严重变形，已与冷却器芯子两端面脱开。经过合兴船厂全力抢修，更换或校正扫气止回挡板；临时车制 300 多只铜闷头用于 No. 1 空气冷却器的两端盖，将漏水的冷却水管闷堵，恢复该空气冷却器工作。2000 时抢修完毕，试车运行正常后开往上海。

事故原因：事后经调查了解，该船 2000 年 3 月 27 日 2300 时靠泊香港完车后，值班轮机员和机工按照日常操作要求，对主机盘车时，把气缸油注油器驱动油用手动顶开控制阀，以使气缸油注油器投入工作。但事后忘记恢复原样即停止气缸油注油器的工作，造成 3 月 27 日 2300—3 月 28 日 1100 时冲车时，这 12 h 内，主机 9 个缸的气缸油注油器一直处于工作状态，连续向气缸内注入气缸油，有的缸气缸油通过气口流入扫气箱。大量的气缸油聚集在燃烧室，在机体余热的作用下产生油雾存留在扫气箱和各燃烧室内。使该船在备车试车时发生油气爆燃。

事故教训：该事故是由于管理人员的责任心不强引起的，同时也暴露该船在管理中的一些问题。试想，如果在操作现场设置警告牌，提醒操作人员盘车结束后将气缸油控制阀复位，可能就不会发生这个事故。

以上 2 个案例有几个共同点：

（1）未按照操作程序进行操作。

（2）疏忽大意。

（3）专业素质缺乏。

项目五
修船管理

项目概述

船舶机械(以下简称船机)、设备在长期的使用过程中,承受着力、摩擦、磨损等多种因素的作用。由于受其内在因素(如设计、材料、制造和安装工艺等)和外部工作条件(如负荷、维护管理、环境等)的影响,机械零部件的尺寸精度、几何形状和相互位置精度、配合精度及表面质量等逐渐发生变化,或者产生腐蚀、裂纹等破坏,使机械的技术状态和使用性能不断下降,甚至发生故障,从而导致船舶机械的功能部分或全部丧失,以致造成船舶停航。为减少此情况的发生,就必须对船舶进行有针对性的修理,修理工作能否保证船舶恢复良好状态取决于修理过程的组织与管理是否科学。

本项目首先要求学生熟悉船机故障及船舶维修保养体系,了解故障诊断技术,熟悉船机的维修过程,熟练掌握船机零件修复工艺和缺陷检验方法,并能在修船管理中运用各知识,为做好现代船舶轮机维修管理奠定基础。

任务1　制订维修保养计划

任务概述

提高对故障与维修的认识及维修水平是做好现代船舶轮机维修管理的基础。针对零件的具体损坏形式，选用合适的修复工艺进行有效的修复，不仅可以使已损坏或报废的零件恢复其使用性能，更能够保证船舶在缺少备件的情况下的应急需要。本任务要求学生熟悉船机故障的模式和规律，了解船舶的维修方式和体系。

学习目标

1. 掌握船机故障的模式和规律；
2. 了解船舶的维修方式和体系。

相关知识

一、船机故障

船舶系统、设备、机械或零部件凡不能完成其规定的功能，或其性能指标恶化至规定标准以外的一切现象均称为船机故障。对不能修复的产品则称为失效。船机故障可包括如下内容：引起船机系统立即丧失其规定功能的破坏性故障；导致船机设备性能降低，工作性能无法达到工作要求的故障；船机设备正常运转时，操作者无意或蓄意使设备脱离正常运转时的故障等。

船机设备"规定的功能"只能在设备运行中才能显示出来，如果设备已经丧失规定的功能而设备未起动，则故障就不能显现。有时，设备尚未丧失功能，我们根据某些物理状态、工作参数、仪器仪表检测等，可以判断即将发生故障。因此，在故障发生前必须进行有效的维护和修理。这种根据某些物理状态、工作参数而事先鉴别出设备即将发生的故障，称为潜在故障。通过有效手段诊断潜在故障并及时予以排除。故障是可靠性与可维修性的研究对象，是维修科学研究的内容。

1. 船机故障的分类、故障原因及征兆

1）故障的分类

船机故障是复杂多样的，按故障的性质、原因、影响和特点等情况将其分类，有助于轮机人员分析、认识故障和排除故障，也便于进行故障统计，为改进船机的设计、制造和维修提供可靠的信息资料。

（1）按故障的性质分类。①人为故障：由于操作人员管理不良、行为过失或制造和安装不良引起的故障。目前，在船机故障中人为因素占80%以上，成为引起故障的主要原因，如轴系的管理和校中不良引发的轴系振动、断轴等故障。②自然故障：由于船机的工作环境变坏、使用条件恶劣、结构和材料的缺陷等造成的故障。自然故障可分为正常自然故障和异常自然故障：正常自然故障一般具有规律性，如设备的正常磨损、老化导致的故障；异常自然故障一般具有偶然性，由设备的结构和材料缺陷等引起的故障，如船舶柴油机的热应力引起裂纹的故障。

(2) 按故障的原因分类。①结构性故障：船机设备因结构设计上的缺陷、计算上的错误或选材不合适等原因导致的故障。例如，柴油机气缸套上部凸缘根部在设计上受力不当和制造工艺不良而引起凸缘根部产生裂纹，甚至导致缸套断裂。②工艺性故障：由于制造、安装工艺的问题或者质量的控制、检测不严等引起的故障。例如，由于轴系的安装、校中质量不良而引起轴系振动、轴承发热和过度磨损等。③磨损性故障：在正常工作条件下长期运转产生的故障。由于长期运转，船机零件磨损使其尺寸、形状和表面质量等性能参数逐渐达到极限值，船机性能变坏而发生故障。例如：由于过度磨损使活塞与气缸之间间隙过大而产生敲缸、窜气；轴与轴承之间过度磨损导致的轴承间隙过大等故障。④管理性故障：由于维护保养不良或违章操作等造成的故障。例如，由于滑油长期不化验、不分离和不更换，变质滑油引起轴瓦合金熔化的故障。

(3) 按故障对船舶营运和影响的程度分类。①局部性故障：船舶不停航的局部故障。由于船机设备产生局部故障导致设备的功能部分丧失，此类故障不需停航修理，可在航行中进行故障处理。例如，更换主机某缸喷油泵、主机备用滑油泵和淡水泵的拆解与修理等。②重大性故障：船舶短时间停航的重大事故。由于船机设备的严重故障导致设备的功能完全丧失，必须停航，争取短时间内通过船员自修或采取更换备件等措施排除故障。例如，主机某缸发生严重的拉缸故障，停机检修或实施封缸措施，修理后继续航行。这种情况下的停航时间：货船不超过6 h；客船不超过2 h。③全局性故障：船舶长时间停航的全局性异常严重的故障。当船机设备出现异常严重的故障导致设备的功能丧失，造成船舶丧失航行能力，需要进厂进行长时间的修理。例如，主机曲轴折断、艉轴或中间轴折断、螺旋桨损坏和船舶搁浅、船体破损等。

(4) 按故障的发生和发展过程的特点分类。①渐进性故障：船机设备长时间运转中，由于部件发生磨损、腐蚀、疲劳破坏等使配合件的损耗累积使其性能逐渐变坏而发生的故障。一般发生在设备零件有效寿命的后期；有规律，可预防，故障发生的概率与设备运转时间有关。通过连续的状态监测可有效防止这类故障的发生。例如，柴油机气缸套与活塞环的磨损、曲轴与轴承的磨损、管路的腐蚀穿孔、密封胶圈的老化而引起漏油、漏气等故障。②突发性故障：因外界随机因素或材料内部的潜在缺陷引起的故障。这类故障无故障先兆，难以预测。例如，主机自动停车、螺旋桨桨叶的折断、舵机转舵突然失灵等。③波及性故障：或称二次故障，由于船机设备的某种故障引发出的更大的、更危险的故障。例如，发电柴油机连杆螺栓的脱落或断裂而引起的连杆、活塞、气缸套和气缸盖甚至机体的破坏，俗称连杆伸腿等。④断续性故障：船机设备在某一段时间呈现故障状态，而在另一段时间又自行恢复功能的故障。例如，电气设备因触点接触不良而引起的指示灯时亮时灭的故障等。

此外，还可按船机设备在使用过程中故障发生的时间分为早期故障、使用期故障（随机故障）和晚期故障（老化期故障）；按船机故障的模式分为磨损性故障、腐蚀性故障、断裂性故障和老化性故障;按故障的损伤程度分为允许故障和不允许故障等。

2) 故障的原因

船机故障的原因可以分为外因和内因 2 种:船机故障的外因包含工作应力、环境应力、人为因素和时间等因素;而船机故障的内因则是指导致船机故障的物理、化学或机械过程,也称为故障机理。维修及管理人员应根据船机故障的迹象判断故障部位,分析故障机理,制订故障对策。

通常情况下船机故障的原因可分为自然损坏、使用维护不当、修理质量不高,以及设计、制造方面的缺陷等 4 个部分。

(1) 自然损坏。设备在正常使用过程中,由于磨损、腐蚀、疲劳等因素而使其零部件的尺寸、形状和质量发生变化,从而破坏设备原有的工作状态而导致的故障。

(2) 使用维护不当。在使用过程中,未严格按照操作规程进行操作,甚至违章操作,维护不当或缺少维护而造成设备零部件的损坏引起的船机故障。例如,在主机备车时,对主机的预润滑不够,未及时地检查、添加或更换机油,造成机油数量不符合标准、机油变质,未及时清洗滑油冷却器,空气滤器等,使其流通阻力增大引发故障等。只有全面了解船机设备在使用中的要求及各设备零部件的技术状态变化规律,做到正确使用和及时维修,才能有效地预防由此产生的故障。

(3) 修理质量不高。船机设备的零部件在维修过程中,从拆解、清洗、检验、维修和装配等各个环节,均有严格的技术标准和要求。如不注重维修质量,则会造成设备工作中出现故障,浪费物力、财力。常见的故障有:主机气阀间隙过大,敲缸严重;喷油器针阀研磨不良、密封不严而漏油,雾化不良等。严格修理规范、改进维修设备、提高维修技能、加强对维修的检查和验收等方法,才是提高维修质量的有效途径。

(4) 设计、制造方面的缺陷。由于船机设备的零部件在设计、制造方面存在缺陷,在使用过程中突然或逐渐暴露出来,造成设备的故障。例如:主要铸件(气缸盖、气缸体等)存在砂眼、细小裂纹;运动件(连杆、曲轴等)的强度和刚度过小,在加工制造时,未能很好地消除内应力;零部件精度不合适等缺陷都会造成机器的故障。这些情况虽然较少,但一旦出现即为较重大事故。

3) 故障的征兆

除突发故障以外,任何一种故障在发生前均会有不同形式的信息显示,即故障先兆,它是故障初期的表现形式。在机舱的管理工作中,轮机员注意观察并及时采取措施可以防止故障的发生。故障的先兆主要有下列表现:

(1) 船机性能方面。①功能异常:船机设备的工作状态突然出现的不正常现象,这是比较常见的故障症状,表现为起动困难、功率不足、转速不稳、自动停车和剧烈振动等。例如,主机转速突然增加或减少、主机熄火后不能起动、滑油泵出口压力突然降低等,这种故障症状明显,容易察觉。②温度异常:船机设备在运转中,油、水和部件工作温度出现超出规定值的现象,表现为油、水温度过高或过低,排烟温度过高,轴承发热等。例如,主机排烟温度过高、单缸排温过高、轴承温度过高、冷却不良等。③压力异常:船机设备的油、水、气压力超出规定值的现象,表现为燃油、滑油、冷却水压力失常,扫气压力、压缩压力和爆发压力不正常等。④示功图异常:柴油机作功不正常,测试出的示功图图形异常,计算出的气缸功率不符合要求。

（2）船机外观显示方面。①外观反常：船机设备在运转中，油、水、气等的跑、冒、滴、漏等现象。排烟异常，如冒黑烟、蓝烟和白烟等。一般情况下，润滑油上窜到气缸时，排烟呈蓝色；燃烧不完全时，排烟呈黑色；油中有水时，排烟呈白色。②消耗反常：船机设备在运转中，燃油、滑油和冷却水的消耗量过多，或不但不消耗反而增加的现象。例如，曲柄箱油位增高。③气味反常：在机舱内嗅到橡胶、绝缘材料的"烧焦味"，变质滑油的刺激性气味等。例如，离心泵填料烧焦的味道，电路短路时也会有焦糊味产生。④声音异常：设备在运转过程中出现非正常声响，这是故障的"报警器"，应立即降速或停车检查。如柴油机的敲缸声，增压器的喘振声。此外，还有螺旋桨鸣音及各种工作不正常的声音等。

以上各种故障先兆向轮机人员提供故障信息，帮助轮机人员及早发现事故苗子，防患于未然。

2. 故障模式、故障规律

1）故障模式

故障模式是指妨碍产品完成规定任务的某种可能方式，即产品的故障或失效的表现形式。船机设备的故障模式有磨损、腐蚀、变形和断裂（特别是疲劳断裂）等；电器的故障模式有短路、漏电、断路等。

（1）磨损。在摩擦副摩擦表面上物质不断损耗的过程叫做磨损。其表现为零件尺寸、形状和位置精度以及表面质量发生的变化。它是伴随摩擦而产生的必然结果，是诸多因素相互影响的复杂过程。它使机械零件丧失精度，影响使用寿命与可靠性。其磨损的形式主要有黏着磨损、磨粒磨损、腐蚀磨损、疲劳磨损和微动磨损等。

（2）腐蚀。腐蚀是金属与周围介质发生化学作用、电化学作用或物理溶解而产生的变质和破坏的现象。腐蚀损伤总是从金属表面开始的，然后慢慢地往里深入，并使表面的外形发生变化，出现不规则形状的凹洞、斑点、溃疡等破坏区域。破坏的金属变为氧化物，形成腐蚀产物并部分地附着在表面上。钢铁零件生锈就是最明显的例子，很多机械设备处于高温介质等恶劣条件下工作，腐蚀的现象极易发生，其结果不仅影响性能、缩短寿命，而且造成严重的跑、冒、滴、漏现象，恶化操作环境，危害人员身体健康。

（3）变形。机械设备由于工况条件恶劣，经常满载或超载工作，一些零件产生变形是常见的，有些零件因形状简单，变形产生的危害比较直观，变形的检查和校正也较容易，曲轴和连杆是最典型的例子。但是，像气缸体、变速箱体、机架等形状复杂、相互位置精度高、测量检查及校正均比较困难的基础件，它们的变形将使其他零件加速磨损，甚至断裂，还有可能导致整台机械设备被破坏，极大地降低使用寿命，所以变形的危害是十分严重的。

（4）断裂。断裂是指物体在机械力、热、腐蚀等单独或联合作用下，使其本身连续性遭到破坏，从而发生局部开裂或分成几部分的现象。它是一种复杂行为，在不同的力学、物理和化学环境下会有不同的断裂形式。例如：机械零件在循环应力作用下会发生疲劳断裂；在高温持久应力作用下出现蠕变断裂；在腐蚀环境下产生应力腐蚀或腐蚀疲劳。断裂是零件失效的重要原因之一，虽然与磨损、变形相比占失效的百分比要小一些，但随着机械设备日益向着大功率、高转速的方向发展，断裂失效的几率有所提高，尤其是断裂几乎都会造成重大事故，产生严重的后果，具有更大的危险性。

产品的故障模式可能是单一的，也可能是综合的。此外，产品的故障模式也可能不是一成不变的，它会随着工作环境、使用条件、运转时间以及产品的内在因素等的变化而异，并与产品的设计、材料、制造等因素密切相关。

在实际生产中，通过对产品故障模式的调查、统计和计算分析，便可以评价与鉴定产品的可靠性。在维修管理工作中，可依产品（如船机设备）的各种故障模式的发生时间来确定早期故障期和故障率的变化规律，从而可以采取预防措施，减少或防止故障的发生。

2）故障规律

船机设备及零部件自投入使用至损坏不能运转的全部使用过程中，不同时期的故障概率不同。使用经验与试验表明，简单机械设备的故障率与时间呈“浴盆曲线”关系，即故障率规律曲线，如图 5-1-1 所示。

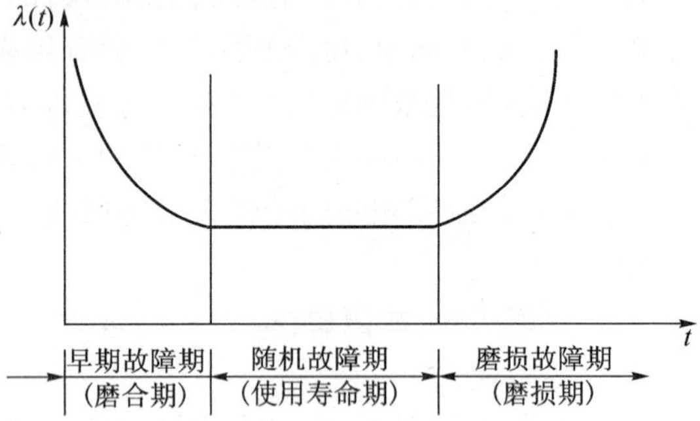

图 5-1-1　故障率规律曲线（浴盆曲线）

图中横坐标表示时间 t，纵坐标表示故障率 $\lambda(t)$。故障率 $\lambda(t)$ 是指某完好设备在某时刻 t 后的单位时间内发生故障的概率。故障率规律曲线按故障发生的时间分为 3 个阶段：

（1）早期故障期。早期故障期又称磨合期，是船机投入使用的初期，是故障率减小期。这个时期故障的特点是故障率较高，但随着使用时间的延长而迅速下降。早期故障主要是由于设计、制造和安装上的缺陷，或者是使用环境不合适等造成的。在设备进行大修或改造后，再次使用也会出现这种情况。通过调试、磨合、修理和更换有缺陷的零件等措施使故障率很快降低，运转趋于稳定。

（2）随机故障期。随机故障期又称偶然故障期，是在早期故障期之后磨损故障期之前的一段时间，是故障率恒定期，是设备的有效寿命期。其特点是：①运转稳定，故障率低。②出现的故障为偶然因素引起的随机故障，是难以预料的，主要是由于设计、制造中的潜在缺陷、操作不当、维护不当和环境因素等原因所引起的。随机故障不能通过调试或延长磨合期消除，也不能用定期更换零件预防。③随机故障期较长，是船舶机械的主要使用期。

（3）磨损故障期。磨损故障期又称损耗故障期或晚期故障期，是故障率增加期，是在船舶机械寿命的后期出现，特点是故障率随时间的延长而迅速升高，它是由于设备零件的磨损、腐蚀、疲劳和老化造成的。如果在磨损故障期开始前进行修理或更换零件，则可延长随机故障期，推迟磨损故障期。

并非所有的机械、设备等产品都具有以上 3 个故障期并呈现浴盆曲线规律。一些设备只有其中 1 个或 2 个，如有些无早期故障期，有些则达不到磨损故障期。统计分析表明，产品可以出现如图 5-1-2 所示的 6 种故障率曲线。

曲线 A，B 有明显的磨损故障期，通常显示机械设备发生磨损、疲劳和材料老化等故障，可采用定时维修方式延长使用寿命期。往复式发动机的气缸、轴承、齿轮等大量单体部件具有此种故障规律。

曲线 C 无明显的磨损故障期，故障率随时间延长而缓慢增加。飞机涡轮发动机等机械设备具有此种故障率规律，可依设备的技术状态确定检修时间。

曲线 D，E，F 显示产品在整个寿命期中故障率为常数，无需进行定时维修。复杂的电子设备等具有这类故障率规律。

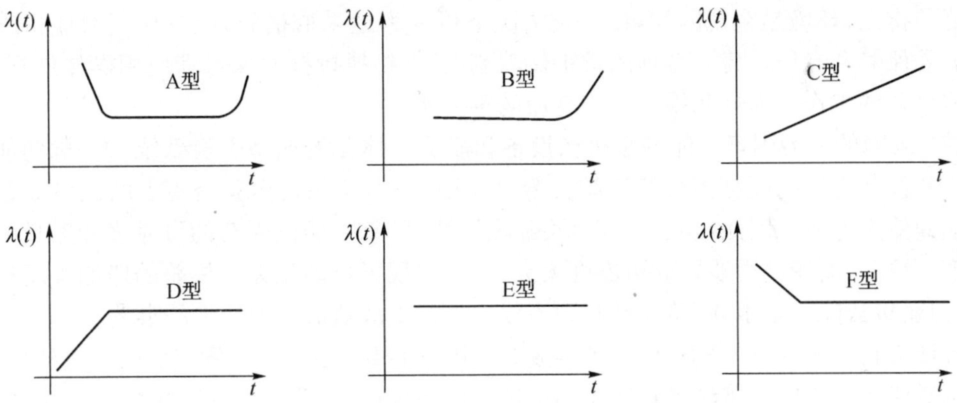

图 5-1-2　各种故障率曲线

3. 故障的影响因素

船机设备在设计、使用及维修中，影响零部件参数值变化速率的因素有以下 7 个方面。

（1）设计。设计中，应对船机设备未来的工作条件有正确估计，对可能出现的变异有充分考虑。设计方案不完善、设计图样和技术文件的审查不严是产生故障的重要原因。

（2）选材。在设计、制造和维修中，都要根据零件工作的性质和特点正确选用材料。材料选用不当或材料不符合规定，或选用不适当的代用品是产生磨损、腐蚀、疲劳和老化等现象的主要原因。

此外，在制造和维修过程中，很多材料要经过锻造、铸造、焊接和热处理等加工工艺，在工艺过程中材料的金相组织、力学物理性能等均发生变化，其中加热和冷却的影响尤为明显。

（3）制造质量。制造工艺的每道工序都存在误差，其工艺条件和材质的离散性必然使零件在铸造、锻造、焊接、热处理和切削加工过程中积累应力集中、局部和微观的金相组织缺陷、微观裂纹等，这些缺陷是造成机械寿命不长的重要原因。

（4）装配质量。船机零部件间有适当的配合要求，配合间隙的极限值，包括装配后经过磨合的初始间隙过大或过小，都可造成有效寿命缩短。装配中各零部件之间的相互位置精度也很重要，若达不到要求，则会引起附加应力、偏磨等后果，加速失效。

（5）合理维修。根据工艺合理、经济合算、生产可行的原则，合理进行维修，保证维修质量。这里最重要、最关键的是要合理选择和运用修理工艺，注意修复前的准备，修复过程中按规程进行操作，修复后正确处理。

（6）正确使用。在正常使用条件下，机械设备有其自身的故障规律，若使用条件变化，故障规律也随之变化。

①载荷。船机设备发生耗损故障的主要原因是零件的磨损与疲劳破坏。在规定条件下，零件的磨损在单位时间内与载荷的大小成直线关系；而零件的疲劳破坏只是在一定的高速载荷下发生，并随之增大而加剧。因此，磨损和疲劳都是载荷的函数，当超负荷、超速工作时，会引起剧烈的破坏。②环境。环境包括气候、腐蚀介质和其他有害介质的影响，以及工作对象的状况等。温度升高，磨损和腐蚀加剧，过高的温度和空气中的腐蚀介质存在，造成腐蚀和腐蚀磨损；空气中含尘量过多，工作条件恶劣都会提高船机设备故障率，减少设备寿

命。必须指出，环境是客观因素，在一定情况下可人为地采取措施，减少环境对船机设备的影响。③保养和操作。建立合理的维护保养制度，严格执行技术保养和使用操作规程，是保证船机设备的工作可靠性和提高使用寿命的重要条件。

（7）故障的人为因素。船舶是机械设备和船员一体化的典型人机系统，人、机功能的充分发挥和彼此良好的配合将会使船舶安全可靠地航行，船舶营运获得更大的经济效益和延长船舶的使用寿命。因此，船舶的综合可靠度取决于船体、船机固有的可靠度和船员的工作可靠度。目前，船舶动力装置的可靠度大大提高，出现了自动化无人机舱的船舶等现代化的船舶，但船机故障仍是不断，每年都有因海损和机损事故造成重大损失的事例。

统计资料表明，船舶海损、机损等事故的原因，约80%是人为因素造成的。船员素质低，不具备适任能力或操作错误等致使船舶机械和设备维护、保养不良而发生故障。20世纪80年代以来频繁发生的海难事故及其严重损失引起国际上的空前关注，IMO把海上事故中人为因素的作用列为重要的审议问题，制定了ISM规则、修订了STCW公约，以公约的形式强制实施，以减少和防止海上事故的发生。

二、船舶维修方式和保养体系

1. 现代船舶维修方式

1）维修的目的

为保证和提高船舶的维修质量，满足船级社和法定主管机关的要求，使船舶始终处于良好的适航状态，确保船员的生命安全及满足防污染管理规定的要求，必须对船舶进行维修保养。

2）维修的概念

维修是对船舶机械和设备维护与修理的统称。维护或称技术保养，是指为保持船舶机械和设备的技术性能正常发挥所采取的技术措施；船舶修理或称修船，是指当船舶机械和设备受到内部因素（如设计、材料、制造和安装工艺等）或外部环境的影响，使其技术性能下降、状态不良或发生故障而失效时，为保持或恢复其原有的技术性能所采取的技术措施。所以，船舶维修是船舶正常航行的重要的技术保障。

3）维修的方式

船舶上的维修只是对船舶机械和设备的日常维护、定期检修和排除故障的自修，进厂修理乃是针对那些危及安全航行的机械设备或船舶检验机构要求的项目。随着科学技术的发展，船机设备日趋先进、复杂，船舶电气化、自动化程度日益提高，对维修技术和维修质量要求也相应提高。落后的维修思想和修修补补的维修方式已不适应现代船舶的维修要求，需要用新的、科学的现代维修理论以及先进的维修思想和维修方式来满足现代船舶维修的要求。

现代船舶的维修大多以预防维修为主。预防维修是指为防止机械和设备发生故障，在故障发生前有计划地进行一系列的维修工作。现代船舶维修的方式可分为3种：

（1）定时（计划）维修。定时维修是以工作时数为维修周期，按照规定的时限（或期限）对机械、设备进行拆卸、检验和维修，以防止故障的发生。定时维修的机械、设备应具有以下条件：①故障率曲线有明显的磨损故障期，不适于发生偶然性故障的设备。②设备的无故障生存期要足够大，即正常使用期较长；否则，无维修的必要。③采用其他任何维修方式均不适宜的设备。

定时维修通常以磨损作为维修的依据，从大部分机件能坚持工作而不发生故障为出发点，将意外损坏的概率限制在一个较小的范围内。以时间为衡量标准的定时维修，维修时机掌握比较明确，便于组织和计划管理，但针对性和准确性不高，有时不仅无效甚至有害，可靠性不高和维修工作量大，费用高。这是由于影响设备故障的因素很多，有许多随机因素，许多故障并不是时间所造成的。而且，船舶设备复杂，很难统一在一个规定的间隔期内进行维修。因此，按规定的时间统一进行维修，不仅浪费人力、备件和一部分设备使用寿命，而且在修理中的拆解、测量和安装又会给设备增加人为耗损和误差，增加设备的早期故障，甚至缩短设备寿命。从对设备的监控角度看，定期维修对设备的监控是阶段性的、不连续的。

定时维修的依据是浴盆曲线，即当故障率出现上升拐点时进行维修工作。这种维修方式在船舶机械中应用较多。

(2) 视情(状态)维修。视情维修或称状态维修，是指不确定机械、设备的维修期，而是通过不断地监控设备的运转状况和定量分析其状态，按照实际情况来确定维修时间，从而避免故障的发生。采用视情维修应具备的条件：①设备的故障率曲线应具有进展缓慢的磨损故障期，以便监测到故障信息后来得及采取防止故障发生的措施。②具有能反映设备技术状态的参数、参数标准或标准图谱，以便准确地诊断设备的故障。③具有视情设计的设备结构，为进行视情维修提供必要的条件，如设备上安装传感的孔、口等。④视情维修是以现代化的监控手段和故障诊断技术为基础的，因此需具备先进的无损检测装置及与电子计算机相连的终端显示装置等，以进行保护、预警，防止故障发生。

视情维修对设备不确定维修期，而是根据实际情况确定最佳维修时间，因此，维修工作的针对性强。同时，该种维修方式由于在设备功能性故障发生前采取措施，因而可有效地预防故障和充分地利用设备的工作寿命。此外，维修工作量和费用均较少。所以，视情维修是理想的预防维修方式。

视情维修是根据船机设备的实际状态确定是否进行维修工作。其特点是：①具有预防性。通过设备状态监(检)测确定设备状态是否正常，从而确定是否需要进行维修工作。②具有针对性。不确定维修周期，根据实际情况确定最佳维修时间。③具有经济性。维修工作量和费用均较少。

其缺点是需要以监控手段和故障诊断技术为基础，一般只对渐进性故障有效。

(3) 事后维修。事后维修是在设备发生故障后才进行的维修。设备采用事后维修的条件：①某些复杂设备虽有故障，但其许多零部件仍保持良好的基本功能以致无法预测故障的发生。②某些复杂设备缺乏适用的检测手段、参数和临界参数。③某些设备不具备实施检测的条件。

因此，上述情况只能在故障发生后再进行维修。这种维修方式的缺点是停机时间长，停机造成的损失大。但是，修理费用低，对管理的要求也低。事后维修也绝非等待故障的发生，而是在设备故障发生前后均连续不断地进行状态监控。事后维修是一种非预防性的维修方式，但仍进行经常性的检查和保养工作。

事后维修适用于故障不直接危害使用安全且仍保持基本功能的设备，或采用预防维修不经济的耗损性设备。事后维修的特点是不具备预防性，且只限于修复故障。

(4) 改进性维修。改进性维修是对导致设备损伤的根源性参数进行修复,从而有效防止失效的发生,延长设备的使用寿命,其是继视情维修之后提出的一种新的设备管理理念。

在故障发生过分频繁,即平均故障间隙期很短,以及修理或更换的费用很大,即人力、备件费用或停工损失很大时,改进性维修是对付这种情况的最好办法。如果实施正确,这种方法一次就可以排除上述问题,而其他维修方式都会有反复进行维修活动的可能。改进性维修与机械设备改装是有区别的,只有在维修过程中进行的改进,并且与维修目的一致的工作才属于改进性维修。船机设备在日常的工作中应推广使用改进性维修。

船舶上重要的机械设备一般应选用视情维修或定时维修方式,对于故障不危及使用安全的设备或只发生偶然性故障的设备采用事后维修方式。对于一些经过精确计算有规定使用寿命的零部件或设备仍采用定时维修方式,而大多数设备和零部件逐步采用视情维修和定时维修相结合的方式来预防故障。一个复杂设备中的不同项目,可依具体情况分别选用不同的维修方式;同一项目也可以采用一种或多种维修方式。

2. 船舶保养体系

1) 船舶维修保养体系

船舶维修保养体系(CWBT),是以我国传统的船舶维修管理方式为基础,吸收国外先进的管理经验,并与国际上插卡式船舶设备管理相结合,形成的集计划、管理、指导于一体的一种新颖、科学、实用的现代化船舶设备维修管理模式。

(1) CWBT 的理论基础与维修方针。目前,我国各类船队无论从船舶数量上还是从船舶结构上均已挤身于世界航运大国的行列,然而我国的船舶维修技术管理在相当一段时期里仍然停留在 20 世纪 50 年代落后的管理模式上。从 20 世纪 80 年代开始,我国航运企业在学习吸收美国先进的全面质量管理思想,消化挪威的船舶维修管理的全面质量管理模式,并结合我国实际情况,研发了船舶现代化管理模式——CWBT,使我国的船舶管理提高到一个新的水平。

①建立 CWBT 的目的。a. 采用先进的设备管理方法和维修技术,提高设备管理与维修技术的现代化水平。b. 克服船员频繁调动造成的管理与维修的脱节,克服船员技术素质不同造成的管理与维修水平的差异,克服船舶技术监督与管理部门因船舶的流动、分散而不能有效监督和管理的困难,使船舶维修保养实现系统化、标准化、规范化。c. 保证船舶维修工作的整体化、连续性和定量化,使其与船级检验结合起来,对船舶设备进行全面质量管理。d. 保持船舶良好的技术状态,提高营运率,降低维修费用,提高企业的经济效益。e. 改变"重修轻养""重用轻管"的倾向,鼓励船员进行有效的维修保养工作。f. 建立船舶技术资料库和维修档案,实现计算机管理。②CWBT 的理论基础。a. 以现代维修理论为指导思想,开展现代预防维修工作,根据船机设备的故障情况采用不同的维修方式。b. 把维修预测、计划、组织、指导、监督与控制等诸环节落实到设备管理中,形成完整的现代化管理体系,实行船舶现代化管理。c. 开发人力资源,使船员的资格、经验和培训符合要求,能胜任工作,适应现代化船舶管理的要求。③CWBT 的维修方针。船舶设备的维修不仅是为保证设备完好,工作可靠,而且是为获取最大的营运效益。a. 根据船舶设备类别不同,采用不同的维修方式。船舶设备分为 4 类:安全设备、船级设备、重要设备和非重要设备。主要的动力设备采用定时维修方式,逐步向视情维修方式发展;耐用设备、低值设备、非生产性设备和维护价格高昂而不危及安全的设备采用事后维修方式;船级检验项目和长期工作的设备则采用定时维修方式。

b. 按设备的维修内容和重要性进行优选和优化，使影响运行安全的设备维修及时，并且无遗漏。c. 根据信息的收集与反馈、数据的统计与分析，运用可靠性与可维修性的理论来确定维修内容、维修范围和维修周期。

（2）CWBT 的主要内容。CWBT 对船舶设备进行系统划分和编码，进行设备维修级别的划分和维修工作的分类，编制设备卡和工作卡，编制维修计划，实现信息管理和计算机管理等。①编码册。CWBT 的编码册包括标准编码册和单船编码。标准编码册是把船舶设备按其功能分类设计的设备代码册。设备分类、编码有利于信息传递和系统化管理。标准编码册规定了船舶各类设备、主要部件、组件所属的主和次（子）系统、设备单元和维修单元。标准编码册是单船编码的依据。CWBT 把船舶设备的分类列为 21 个主系统，如表 5-1-1 所示。CWBT 的标准代码是 1 组由英文字母、阿拉伯数字组合而成的 5 位设备混合代码，如 B1512，其中：B 为主系统——海水系统；1 为子（次）系统——海水冷却系统；5 为设备单元——空调海水泵组；1 为维修单元——空调海水泵；2 为维修单元序号——No. 2 空调海水泵。②维修手册。CWBT 的维修手册是由设备卡和维修执行记录 2 部分组成。设备卡主要用于记载设备铭牌内容、各种数据资料和为该设备编制的维修计划；维修执行记录则是设备的维修档案，即完成各级维修工作的记录和说明。CWBT 设计了 8 级 4 类维修保养周期和维修类别，如表 5-1-2，表 5-1-3 所示。③工作卡和工作计划板。CWBT 的工作卡和工作计划板是设备进行维修保养、计划管理和操作的工具，用于编制和调整维修计划，并按其循环运作。工作卡还用于传递设备卡中所规定的各项维修指令。设备维修工作计划显示于工作计划板上，工作卡在工作计划板上按一定规律排列，构成月、季、年（至 4 年）的各周期工作计划表。工作卡在工作计划板上运作，使各级维修工作按期进行。④信息管理。CWBT 的信息管理包含船舶实施维修保养工作后的记录、报表、上级指令和信息反馈等内容。CWBT 设有各种资料、记录、报表及报告，通过现代通信工具快速准确地传递，使船舶与其主管部门情况相通。⑤采用计算机管理。采用计算机进行船舶维修管理是实现船舶现代化技术管理的重要内容。公司、船队主管部门应用计算机对船舶维修工作进行有效地管理、监督和指导。

表 5-1-1　主系统代号表

系统代号	系统中文名称	系统代号	系统中文名称
A	空气系统	L	滑油系统
B	海水系统	M	主机系统
C	装卸货设备	N	通信导航系统
D	甲板舾装设备	O	燃油系统
E	电力系统	P	船舶推进和操纵系统
F	淡水系统	Q	生活设施
G	发电原动力系统	R	冷藏、空调、通风系统
H	船体部分	S	安全应急系统
I	证书、文件、资料	T	蒸汽系统
J	工程机械设备	U	自动化遥测和遥控系统
K	防污染系统		

表 5-1-2　维修保养周期

维修级别		A	B	C	D	E	F	G	H
维修周期	定期	日常	周	月	季	半年	1 年	2 年	4 年
	定时/h				1 500	3 000	6 000	12 000	24 000

表 5-1-3　维修类别

维修类别	维修工作性质
第一类	含有年检和坞检项目的工作
第二类	含有特检和循环检验项目的工作
第三类	其他主要维修工作
第四类	一般维修工作

(3) CWBT 的操作。①编写单船 CWBT。编写维修手册中的设备卡是关键。依设备卡编写工作卡，一般单船约有 500～600 张。②维修计划的实施和信息管理。a. 每月设备主管人按计划完成维修工作，并取得下月工作卡。因故未完成时，按 CWBT 规定的弹性时间限期完成。b. 非计划性修理或偶然故障的维修，可视为完成了相应维修级别的内容。c. 维修执行记录由轮机长结合工作完成情况撰写并上报公司主管部门。d. 工作卡在工作计划板上循环。已完成的工作卡按其维修保养周期和实施顺序返回插到工作计划板上相应的月份中。以一个船级检验周期——4 年为一次大循环，实行循环检验的船舶 5 年为一个大循环。

2) 船舶机械有计划保养体系

船舶机械有计划保养体系(Planned Maintenance System，PMS)，是通过制订科学的设备维修保养内容和要求使船舶机械保持良好技术状态的一整套管理制度。

根据中国船级社(China Classification Society，CCS)现行的《钢质海船入级与建造规范》的规定，一般情况下，船舶每 5 年要进行一次特别检验。特别检验是对船舶进行一次全面性的大检查。许多设备必须拆开检查和试验，并要花费很长时间。

CCS 为把特别检验与船员的自修、保养结合起来，在 CCS 规范中提出了特别检验的其他替代检验方法，即轮机实行循环检验(Continuous Machinery Surveys，CMS)。由验船部门会同船舶所有人对轮机的特检项目做了详细的划分，由船舶所有人结合船舶修理、船员自修等实际情况，一般每年安排 1/5 的特检项目。每 5 年一个循环完成全部的特检项目。这样当船舶进坞、进厂修理进行特检时，因平时完成了大部分检验项目，大大缩短了坞修期，节省了费用，同时又减轻了船员的劳动量。

CCS 为达到船检制度与国际接轨和中国航运界设备维修保养与国际接轨的双重目的，在 CWBT 及 1996 年《钢质海船入级与建造规范》的基础上，我国又制定了轮机特别检验的另一种替代检验方法，即 PMS，并规定船舶按其计划进行维护保养的机械设备和装置(包括电气设备)，CCS 可同意采用 PMS 检验代替轮机船级的特别检验。

PMS 是指船机及电气设备根据 CCS 现行规范的有关要求和设备制造厂说明书的规定，由船舶所有人制订一套详细的周期维修保养计划。通过该计划在船上的贯彻和实施，使船舶机械始终保持在良好的技术状态。规范中所规定的特别检验项目通过 PMS 检验实施每

5 年中应拆检一次的项目(H 级)和每年应进行的确认性检查项目(F 级)的方法来完成。例如,船舶主机的气缸盖、活塞、连杆等重要零部件是 H 级,每 5 年应拆检一次。但主机的总体检查是 F 级,每年应进行确认性检查。这种船机采用周期性维修保养的计划管理称为机械有计划保养体系。

船舶实施 PMS,船员可以对轮机(包括电气设备)的所有检验项目实施 PMS 检验,PMS 检验项目可以覆盖所有 CMS 检验项目。所有的 PMS 检查项目验船师每年只进行年度确认性检查和 5 年一次的 PMS 检验到期的确认性检查。年度确认性检查可以安排在船级年度检验时同时检查。船舶实行 PMS,船公司和船员授权检验范围更大,时间更灵活,更容易结合船舶维护、保养、自修。实施 PMS 对船公司带来许多好处,一是减少船舶由于厂修、坞修的停航时间,节省维修费用;二是避免船员平时保养拆检过的项目重新拆开申请船检,减轻船员的劳动量,同时也避免了设备的二次损坏,提高设备的使用率。

PMS 是轮机船级证书的附加标志(Class Notations)之一,PMS 适用于已实施船舶维修保养体系的船舶,由公司申请执行 PMS 并经 CCS 确认检查满意后,CCS 将签发新的轮机入级证书,并在轮机船级符号后加注"PMS"附加标志。PMS 的申请和实施可以替代船级换证检验。这是验船部门对保持轮机船级采取的一种新的检验方法。PMS 和 CWBT 的精神实质和管理原则是一致的,内容上也是相近的。CWBT 可以认为是属于 PMS 范畴的。

3. 船机零件的修复

1) 船机零件修复的意义和要求

(1) 船机零件修复的意义。对损坏的船机零件进行修复,不仅可恢复零件的使用功能、延长使用寿命,而且可节约修船经费,提高经济效益。尤其是在没有备件或条件不允许更换备件的情况下,修复零件或现场修复零件对于提高船机设备的可靠性,保证航行安全和提高船舶的营运效益具有十分重要的意义。船机零件的修复具有以下重要意义:①可以减少船舶所带备件的数量,从而减少闲置资金,有利于生产的发展。②减少新备件的购置或制造,不仅大幅降低修船费用,降低修船成本,而且可缩短修船期。③可以促进船舶修复工艺的发展和修理技术水平的提高。④延长设备的使用寿命。

(2) 船机零件修复的要求。轮机员在选择修复工艺进行零件修理时,应从质量、经济和时间 3 个方面综合考虑,具体应满足以下要求:①应使修复费用低于新件制造成本或购买新件的费用。一般,如果零件的修复费用小于 2/3 新零件的制造或购买费用,就认为是经济的。②有合适的修复工艺并具备相应的技术条件,修复工艺能够满足零件的修复要求。③零件修复后必须保持其原有的技术要求。④零件修复后必须保证具有足够的强度、刚度,不影响使用性能和使用寿命。⑤零件修复后要至少能够维持使用一个修理间隔期。例如,中、小修复范围的零件,修后应能使用到下一个中、小修复期。

2) 船机零件修复原则

经过长期使用后,2 个相互配合的零件由于磨损,其尺寸、形状和配合间隙都发生了变化。这些零件被修复后并不一定要求其尺寸、形状和配合间隙都恢复原样。一般要求修复后配合件的形状和配合间隙要恢复到原设计的要求,但尺寸不一定非要恢复到原设计尺寸。因此,有 2 项相互配合的零件磨损后的修复原则:

(1) 改变配合件的原设计尺寸,恢复配合件的形状和原设计的配合间隙值,从而恢复其工作性能。符合该项修复原则的修理方法有修理尺寸法、尺寸选配法等。

(2) 恢复配合件的原设计尺寸、形状和配合间隙值，从而恢复其工作性能。符合该项修复原则的修理方法有恢复尺寸法等。

3) 船机零件修复工艺的选择

(1) 修复工艺的种类。修复工艺有许多种类，常用的修复工艺如表 5-1-4 所示。其中，有许多工艺既可用来制造零件，也可用来修复零件。例如，在下列常用的修复工艺中，除金属扣合工艺，机械加工修复工艺中的修理尺寸法、恢复尺寸法、附加零件法、换位加工修理法等一般仅用于修复零件外，其他多数修复工艺同时也是制造工艺。

表 5-1-4 常用的修复工艺

序号	修复工艺	具体办法	零件的失效形式
1	机械加工	修理尺寸法、恢复尺寸法、尺寸选配法、局部更换法、附加零件法、换位加工修理法	磨损、腐蚀、裂纹、加工失误
2	金属扣合	强固扣合法、强密扣合法、加强扣合法	裂纹、断裂、腐蚀
3	塑性变形	冷校法、热校法、加热-机械校直法	塑性变形
4	黏接	有机黏结剂、无机黏结剂	磨损、腐蚀、裂纹
5	焊接	电弧焊、气焊、氩弧焊、埋弧焊、钎焊	磨损、腐蚀
6	研磨	粗研、半精研、精研	磨损、腐蚀
7	手工加工	锉、铲、刮拂、打磨、抛光	磨损、腐蚀、裂纹、断裂
8	成套换修法	成套换新法	磨损、腐蚀、疲劳

(2) 修复工艺的选择。合理选择修复工艺是成功修复零件、提高修复质量、降低修船费用和缩短修船时间的关键环节。但是，船机零件的修复工艺有许多种，每种修复工艺的特点和适用性各有不同；而需要修复的船机零件，其材料、结构、尺寸和修复要求又千变万化，因此要想合理、正确地选择修复工艺，必须考虑以下几个问题：①修理工艺对零件材料的适用性。每种修复工艺对零件的材料都有一定的适用范围，因此在修理之前，首先应搞清楚待修零件的材料，然后根据零件的材料选用合适的修复工艺。例如，用焊补方法修理不同材质的零件时，应根据被修理零件的材料及焊后的强度要求选用不同焊补方法。表 5-1-5 为常用修复工艺对零件材料的适应性。②修理工艺应满足要求的修复层厚度。零件的磨损层的厚度不同，修复时所需要的修补层厚度就不同。而每种修复工艺所能达到的修补层厚度也不同，因此应根据待修零件所需要的修补层厚度选择修复工艺。表 5-1-6 为常用修复工艺的单层修补层厚度。③零件结构、尺寸对修理工艺的限制。在对损坏零件进行修理时，应综合考虑所采用修理工艺的适用性。例如，一些壁厚太薄的金属零件就不能采用金属扣合工艺等。④修复工艺应保证零件的修理质量。零件修复后，零件材料的强度、修补层强度、修补层与零件的结合强度等能否满足修理要求是检验修理质量的重要指标，也是选择修复工艺的最主要的依据。⑤修复工艺对零件变形和材料性能的影响。在常温或温度不高的条件下进行修复，对零件变形和材料性能几乎没有影响。但在高温下，如喷焊、堆焊时零件容易变形，甚至会使零件材料的组织、性能发生变化。

所选的修复工艺应该能保证零件的各种强度和刚度要求。如果有几种工艺都可满足前面的各项要求，那就应该从中选用能获得较高的零件强度、修补层强度、修补层与零件的结合强度的修复工艺。例如，曲轴的主轴颈磨损失效但自身强度尚足够的情况下，采用电弧喷涂或低温镀铁工艺都可满足前面的各项要求，但从修补层与零件的结合强度和修补层的自身强度来说，低温镀铁远高于电弧喷涂，所以应该优先选用低温镀铁工艺进行修复。

表 5-1-5　常用修复工艺对零件材料的适应性

序号	修复工艺	低碳钢	中碳钢	高碳钢	合金结构钢	灰铸铁	不锈钢	铜合金	铝合金
1	镀铬	＋	＋	＋	＋	＋	－	＋	×
2	镀铁	＋	＋	＋	＋	＋	－	×	×
3	气焊	＋	＋	－	＋	－	×	＋	－
4	手工电弧焊	＋	＋	－	＋	－	＋	×	×
5	钨极氩弧焊	＋	＋	－	＋	×	＋	＋	＋
6	埋弧焊	＋	＋	×	＋	×	＋	×	×
7	二氧化碳气体保护焊	＋	＋	×	＋	×	×	×	×
8	氧气-乙炔钎焊	＋	＋	＋	＋	＋	＋	＋	－
9	黏接	＋	＋	＋	＋	＋	＋	＋	＋
10	金属扣合	×	×	×	×	＋	×	×	×
11	塑性变形	＋	＋	×	＋	×	＋	＋	＋

注："＋"表示修理效果良好；"－"表示修理效果一般；"×"表示不可使用或一般不使用

表 5-1-6　常用修复工艺的单层修补层厚度

修复工艺	镀铬	镀铁	气焊	手工电弧堆焊	埋弧焊	钎焊	镶套
修补厚度/mm	0.01～0.5	0.1～2.0	0.3～7.0	0.7～4.0	1.0～4.0	0.2～4.0	＞2.0

任务实施

模块　制订三管轮年度维修保养计划

【任务要求】

了解船机故障的种类和规律；熟悉船舶维修保养体系（CWBT 和 PMS）；能够制订三管轮职责范围内的船舶机械年度维修保养计划。表 5-1-7 为某公司三管轮年度维修保养计划。

【任务准备】

1. 人员分组：6～8 人一组，每组指定组长一名，负责提交年度维修保养计划；
2. 教学资料准备：

某公司三管轮职责

（1）在轮机长和大管轮的领导下进行工作，负责管理甲板机电设备及泵浦间、救生艇、应急救火泵、空调机、燃油辅锅炉及其附属设备、防污染设备和机舱内部的辅助机械等，以及轮机长指定的其他辅助机械和设备。

（2）贯彻操作规程和各项制度，不断研究改进所负责的机械设备的使用管理方法，报轮机长批准后执行。

（3）负责制订本人主管的机械设备的预防检修计划，进行检查测量及修理，记载并保管修理记录簿。

（4）负责编制本人主管的机械设备的修理计划、修理单和航次修理单，提交大管轮审核。修船期间，协助监工、验收并参加自修工作。

（5）负责本人主管的机械设备的备件和专用物料的申领、验收和报销，监督和妥善保管，防止锈蚀、损坏或遗失。

（6）负责保管移交本人使用的技术文件、仪器、工具和备件等。

（7）在航行时轮值航行班（0800—1200 时）。停泊时，领导由大管轮指派的人员进行检修工作，并与大、二管轮轮流留船值班。航行中替换大管轮晚餐时间值班 0.5 h。

3. 教学设备准备：多媒体教学设备。

【任务操作】

学生的实操分 3 个阶段进行。

第一阶段：熟悉三管轮职责，确定年度维修保养计划职责范围；

第二阶段：讨论三管轮主管设备的保养周期；

第三阶段：制订三管轮年度维修保养计划。

表 5-1-7　某公司三管轮年度维修保养计划

序号	检查内容（以说明书为基础，并结合具体实际情况而定，表中小时数仅作参考）	月份												检修负责人	养护周期/月	备注
		1	2	3	4	5	6	7	8	9	10	11	12			
1	锚机、绞缆机油泵、油马达、传动齿轮、冷却器、控制系统及管系阀门滤器等的检查、维修、清洁、保养													三管轮 4/E	3	
2	电动或液压起货机：油泵、油马达、传动齿轮、操纵阀、刹车油缸、冷却器、控制系统及管系阀门滤器等的检查、维修、清洁、保养													三管轮 3/E	3	
	No. 1															
	No. 2															
	No. 3															

续　表

<table>
<tr><th rowspan="2">序号</th><th rowspan="2">检查内容
(以说明书为基础,并结合具体实际情况而定,表中小时数仅作参考)</th><th colspan="12">月份</th><th rowspan="2">检修负责人</th><th rowspan="2">养护周期/月</th><th rowspan="2">备注</th></tr>
<tr><th>1</th><th>2</th><th>3</th><th>4</th><th>5</th><th>6</th><th>7</th><th>8</th><th>9</th><th>10</th><th>11</th><th>12</th></tr>
<tr><td>3</td><td>消防泵及管系阀门滤器的检查、维修、清洁、保养以及效用试验(每周)</td><td></td><td></td><td></td><td></td><td></td><td></td><td></td><td></td><td></td><td></td><td></td><td></td><td>三管轮
4/E</td><td>3</td><td>每周测试</td></tr>
<tr><td>4</td><td>通用泵及管系阀门滤器的检查、维修、清洁、保养以及效用试验</td><td></td><td></td><td></td><td></td><td></td><td></td><td></td><td></td><td></td><td></td><td></td><td></td><td>三管轮
4/E</td><td>3</td><td></td></tr>
<tr><td rowspan="3">5</td><td>压载泵及管系阀门滤器的检查、维修、清洁、保养</td><td></td><td></td><td></td><td></td><td></td><td></td><td></td><td></td><td></td><td></td><td></td><td></td><td>三管轮
4/E</td><td>3</td><td></td></tr>
<tr><td>No. 1</td><td></td><td></td><td></td><td></td><td></td><td></td><td></td><td></td><td></td><td></td><td></td><td></td><td></td><td></td><td></td></tr>
<tr><td>No. 2</td><td></td><td></td><td></td><td></td><td></td><td></td><td></td><td></td><td></td><td></td><td></td><td></td><td></td><td></td><td></td></tr>
<tr><td>6</td><td>舱底污水泵及管系阀门滤器的检查、维修、清洁、保养</td><td></td><td></td><td></td><td></td><td></td><td></td><td></td><td></td><td></td><td></td><td></td><td></td><td>三管轮
4/E</td><td>3</td><td></td></tr>
<tr><td rowspan="3">7</td><td>日用淡水泵及管系阀门滤器的检查、维修、清洁、保养</td><td></td><td></td><td></td><td></td><td></td><td></td><td></td><td></td><td></td><td></td><td></td><td></td><td>三管轮
4/E</td><td>3</td><td></td></tr>
<tr><td>No. 1</td><td></td><td></td><td></td><td></td><td></td><td></td><td></td><td></td><td></td><td></td><td></td><td></td><td></td><td></td><td></td></tr>
<tr><td>No. 2</td><td></td><td></td><td></td><td></td><td></td><td></td><td></td><td></td><td></td><td></td><td></td><td></td><td></td><td></td><td></td></tr>
<tr><td rowspan="3">8</td><td>卫生水泵及管系阀门滤器的检查、维修、清洁、保养</td><td></td><td></td><td></td><td></td><td></td><td></td><td></td><td></td><td></td><td></td><td></td><td></td><td>三管轮
4/E</td><td>3</td><td></td></tr>
<tr><td>No. 1</td><td></td><td></td><td></td><td></td><td></td><td></td><td></td><td></td><td></td><td></td><td></td><td></td><td></td><td></td><td></td></tr>
<tr><td>No. 2</td><td></td><td></td><td></td><td></td><td></td><td></td><td></td><td></td><td></td><td></td><td></td><td></td><td></td><td></td><td></td></tr>
<tr><td>9</td><td>污油水驳运泵及管系阀门滤器的检查、维修、清洁、保养</td><td></td><td></td><td></td><td></td><td></td><td></td><td></td><td></td><td></td><td></td><td></td><td></td><td>三管轮
4/E</td><td>3</td><td></td></tr>
<tr><td>10</td><td>日用淡水压力柜及管系阀门滤器的检查、维修、清洁、保养</td><td></td><td></td><td></td><td></td><td></td><td></td><td></td><td></td><td></td><td></td><td></td><td></td><td>三管轮
4/E</td><td>3</td><td></td></tr>
<tr><td>11</td><td>卫生水压力柜及管系阀门滤器的检查、维修、清洁、保养</td><td></td><td></td><td></td><td></td><td></td><td></td><td></td><td></td><td></td><td></td><td></td><td></td><td>三管轮
4/E</td><td>3</td><td></td></tr>
<tr><td>12</td><td>汽笛、雾笛及管系阀门滤器的检查、维修、清洁、保养</td><td></td><td></td><td></td><td></td><td></td><td></td><td></td><td></td><td></td><td></td><td></td><td></td><td>三管轮
4/E</td><td>3</td><td></td></tr>
<tr><td>13</td><td>中央空调通风管系、通风机及风管的检查、维护、保养</td><td></td><td></td><td></td><td></td><td></td><td></td><td></td><td></td><td></td><td></td><td></td><td></td><td>三管轮
4/E</td><td>3</td><td></td></tr>
<tr><td>14</td><td>空调和冰机冷却水泵及管系阀门滤器的检查、维护、保养</td><td></td><td></td><td></td><td></td><td></td><td></td><td></td><td></td><td></td><td></td><td></td><td></td><td>三管轮
4/E</td><td>3</td><td></td></tr>
<tr><td>15</td><td>厨房用机械设备的检查、维护、保养</td><td></td><td></td><td></td><td></td><td></td><td></td><td></td><td></td><td></td><td></td><td></td><td></td><td>三管轮
4/E</td><td>3</td><td></td></tr>
<tr><td>16</td><td>日用加热器、热水循环泵以及管系阀门滤器的检查、维修、清洁、保养</td><td></td><td></td><td></td><td></td><td></td><td></td><td></td><td></td><td></td><td></td><td></td><td></td><td>三管轮
4/E</td><td>3</td><td></td></tr>
</table>

续　表

序号	检查内容 （以说明书为基础，并结合具体实际情况而定，表中小时数仅作参考）	月份												检修负责人	养护周期/月	备注
		1	2	3	4	5	6	7	8	9	10	11	12			
17	救生艇气动泵、气动限位开关以及刹车装置的检查、维护、保养													三管轮 4/E	1	
18	舷梯机气动泵、舷梯机以及刹车装置的检查、维护、保养													三管轮 4/E	1	
19	海水淡化装置：真空泵、凝水泵、喷射泵、冷却海水泵以及管系阀门滤器等的检修、保养													三管轮 4/E	3	
20	油水分离器、油分浓度监测装置以及管系阀门滤器的检修、维护、保养以及效用试验													三管轮 4/E	1	
21	生活污水处理装置、监测装置以及管系阀门滤器的检修、维护、保养													三管轮 4/E	1	
22	焚烧炉及其管系阀门滤器的检修、维护、保养													三管轮 4/E	1	
23	救生艇机的检修、维护、保养以及效用试验（每周）													三管轮 4/E	1	
24	应急消防泵（包括移动式和便携式）、原动机及其管系阀门的检修、维护、保养以及效用试验，每5年应急消防泵必须彻底解体检修一次													三管轮 4/E	1	
25	滚装船舷门的液压设备及其管系阀门的检查、维修、保养													三管轮 4/E	1	
26	液压舱盖、操纵装置、油泵、油马达、管系阀门滤器的检修、保养													三管轮 4/E	3	
27	油轮排油监控系统（ODM系统）的相关泵浦、阀门等机械设备的检查、维修、保养以及效用试验													三管轮 4/E	1	
28	油船货油泵、扫舱泵、深井泵以及系统管系阀门、传动齿轮箱的检查、维护、保养（for oil tank, not applicable）													三管轮 4/E	1	
29	柜式、窗式空调的检修、保养													三管轮 4/E	3	
30	油船艏舱泵以及管系阀门滤器的检修、保养													三管轮 4/E	3	
31	分管设备、专用工具、测量仪表的清洁、检查、标识、整理													三管轮 4/E	6	

【任务评价】

评估要素：故障类别；修复工艺选择；维修保养计划制订。

任务拓展

船机零件的修复工艺

一、机械加工修复工艺

船机零件在使用过程中产生磨损、裂纹、腐蚀等损坏后可以采用机械加工方法进行修复。此法在修复过程中虽然改变了零件的尺寸，但是它可以使零件达到要求的几何形状和配合间隙，从而恢复设备的使用性能和延长使用寿命。

机械加工修复工艺是主要通过机械加工，有时需要辅助采用焊接、电镀、镶套等方法，对损坏的船机零件进行修复的工艺。

机械加工修复工艺适用于修复因磨损、腐蚀、表面裂纹或加工失误而报废的船机零件。常用的机械加工修复工艺有：修理尺寸法、恢复尺寸法、尺寸选配法、局部更换法、附加零件法、换位加工修理法、成套换修法和钳工加工修复。

1. 修理尺寸法

相对运动的配合件的配合面磨损后，其配合间隙将增大甚至会超过规定的极限值，从而使零件的工作性能变坏。修理尺寸法是对配合件中较为复杂和贵重的一个零件的磨损表面进行机械加工，以消除零件的几何形状误差和缺陷，使其具有一个新的几何形状和基本尺寸——修理尺寸的方法。依此修理尺寸再制造与之配合的另一个零件，使两者具有原设计的配合间隙。例如，柴油机曲轴的主轴颈长期使用过度磨损或偏磨后，在保证轴颈有足够强度的情况下，可以光车主轴颈，再依据光车后主轴颈的尺寸重新配制主轴瓦，使其具有原有的轴承配合间隙。

当采用修理尺寸法进行修理时，修理后孔的尺寸大于原先孔的基本尺寸；修理后轴的尺寸小于原先轴的基本尺寸。通常确定零件修理尺寸的方法主要有以下 2 种。

1）最小加工余量原则

最小加工余量原则就是使零件的修理尺寸等于实际测得的尺寸减去（或加上）为消除缺陷或损伤所需要的最小加工余量。而与之相配合的另一零件的修理尺寸等于上述修理尺寸加上（或减去）配合间隙值。例如，柴油机曲轴轴颈偏磨后，首先采用最小加工余量进行光车修理，再按此尺寸浇铸新的轴瓦。这种方法的特点是加工余量最小，能最大限度保证零件的强度和性能，延长零件的使用寿命，但因这种方法大多是采用单件生产，故修理时间较长，费用也较高。

2）分级修理原则

分级修理原则就是把需修理的零件按预先规定好的分级修理尺寸进行机械加工，而与之相配合的零件可以按相应的分级修理尺寸预先成批生产，制成备件。一般，这时零件的加工量要大于最小加工余量。例如，船用柴油机的活塞环槽磨损后，可将活塞环槽按某一级的修理尺寸进行车削加工，消除环槽表面磨损缺陷后，换上相应的分级修理尺寸等级的加厚活塞环。这种方法的特点是将单件、小批量性质的零件尺寸修理引向中、大批量生产，使维修时间大大缩短，提高了修理质量与经济效益。但在制订零件分级修理尺寸时，各级修理尺寸间隔数值的大小应在零件强度允许的范围内根据零件的配合间隙、磨损情况、加工条件等因素综合考虑来确定。如每个柴油机活塞环槽修理后采用的加厚活塞环最多不能超过2个，否则将影响活塞环槽的强度。

修理尺寸法具有方法简单、经济、修理质量高等优点，广泛应用于结构复杂和贵重零件的修复。例如，船用柴油机的曲轴、气缸套、活塞、气阀等零部件可用此法修理。

2. 恢复尺寸法

恢复尺寸法是对已损坏的、2个相互配合的零件中，较贵重、较难制造的那个零件进行机械加工，在保证强度和刚度的前提下，消除其工作表面的损伤和几何形状误差，然后采用镀铁、镀铬、电刷镀、堆焊、喷悍等工艺增大零件的尺寸，最后再进行精加工使其恢复原设计的尺寸和形状的方法。原有与之相配合的另一个旧零件作报废处理，重新按照原设计的尺寸和形状去制造或购买一个与之相配合的新零件，使两者恢复原设计的配合间隙值。

恢复尺寸法符合第二项修复原则，即“恢复尺寸，恢复形状和恢复间隙”的原则。此法既适合于单件修理，也适合于批量修理，同样广泛用于曲轴轴颈的修理。

3. 尺寸选配法

尺寸选配法是把一批相同机型的已经过度磨损的配合件集中起来，分别进行机械加工以消除配合表面的缺陷和几何形状误差，再按原配合间隙重新配合成对，组成一些具有不同基本尺寸但具有相同配合间隙的新的配合件的方法。例如，柴油机的喷油泵和喷油器中的精密偶件就可用此法修理。

尺寸选配法是符合第一项修复原则，即“改变尺寸，恢复形状和恢复间隙”的原则。

此种方法的特点是工艺简单、方便、经济、快捷，可使一部分已报废的配合件经加工后重新投入正常使用。其缺点是必须有一批配合件，如果配合件的数量太少，则不易组成新的配合件，并且修理后，各对配合件具有不同的基本尺寸，不可互换。

4. 局部更换法

一些贵重的或尺寸较大的零件出现局部损坏或磨损过大，在保证零件机械强度的前提下，从零件上去除损坏部分，并按损坏部分应有的正确几何形状和尺寸精度另外制造这一部分的新件，再用焊接或其他方法将新件与零件余留部分牢固地结合在一起，这种修理方法称局部更换法。

例如，柴油机气缸盖上的喷油器座周围出现疲劳裂纹时采用镶套法修理就是局部更换法中的一种，如图5-1-3所示。

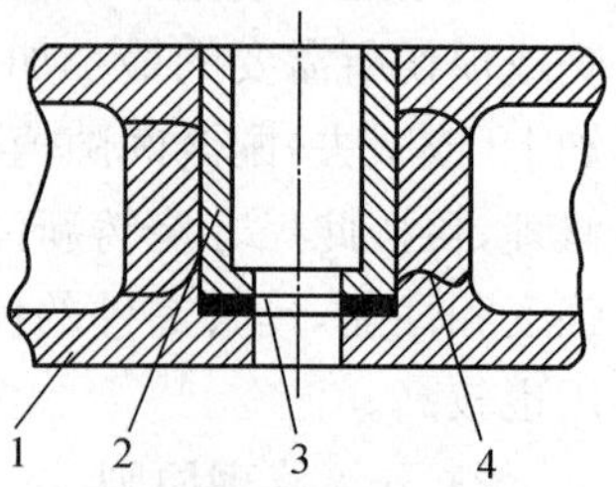

1—气缸盖；2—衬套；3—紫铜垫片；4—裂纹

图5-1-3　气缸盖孔道裂纹的修理

局部更换法主要用于修复船机零件的磨损或其他损坏，也可以作为提高零件的耐磨性及耐蚀性的重要措施之一。由于附加衬套具有一定的壁厚要求，被修复机件必须去除相应厚度的材料后才能装入衬套，这会对原机件的强度造成一定的影响，因此采用此修复工艺时应对该机件进行强度的校核，以保证修复后的机件仍具有足够的强度。

衬套材料应与零件材料具有相同的膨胀系数，通常根据被修复机件的原始材质、接触的介质、工作环境温度、承受的压力等因素综合考虑，可以选择的材料有黄铜、青铜、铸铁、不锈钢等。衬套与被修复的机件之间通常采用过盈配合，用红套法或压入法安装衬套。

又如，当活塞顶部烧蚀严重或产生裂纹时，可将损坏的顶除去，镶上与之完全相同的局部零件，其中铸钢活塞可采用焊接方法使之牢固地固定在活塞上，铸铁活塞一般可以采用螺钉连接方式，如图 5-1-4 所示。

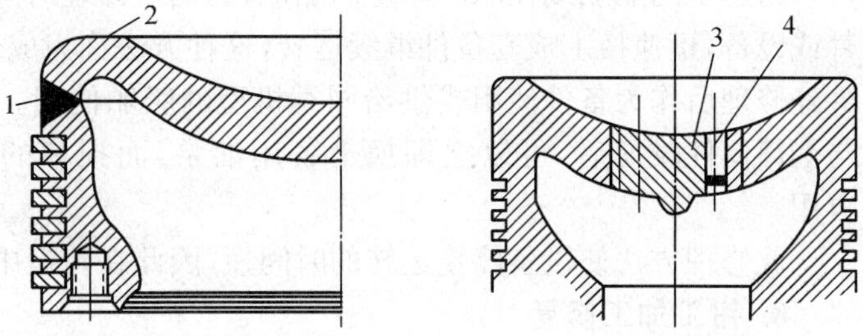

(a) 铸钢活塞　(b) 铸铁活塞

1—焊缝；2—新制活塞顶部；
3—局部更换活塞顶部；4—活塞

图 5-1-4　活塞顶部局部更换

5. 附加零件法

附加零件法是当零件局部损坏时，如果在损坏部位额外装配一个零件不会影响零件的正常工作，则可在损坏处另附加一个零件，并采用适当的方法将其固定，使零件在一定时间内基本恢复原有功能的方法。

例如，增压器壳体外表面有一处制造缺陷或因腐蚀而漏水，在不影响其工作的前提下，可加工制造一块与损坏部位形状吻合并稍大一些的铸铁或低碳钢覆板，涂上合适的密封胶或加垫一块橡胶板，用螺栓将铸铁或低碳钢覆板固定在增压器壳体上。又如，冷却水管或油管上有腐蚀小孔而漏水或漏油，可用卡箍、橡胶板和螺栓，将小孔箍住使其密封，这些都属于附加零件法。

6. 换位加工修理法

换位加工修理法是当零件的连接、配合部位（如螺栓孔、键槽等部位）因磨损或腐蚀损坏后，将零件翻转一定角度即换一个位置，在零件未磨损或腐蚀的部位重新加工出连接、配合部位，从而恢复零件正常的连接配合关系和工作能力（传动、连接、固定等）的修理方法。此法常用来修理具有磨损的键槽、螺栓孔等配合部位的零件。图 5-1-5 为采用换位加工修理法修复磨损键槽和螺栓孔的实例。

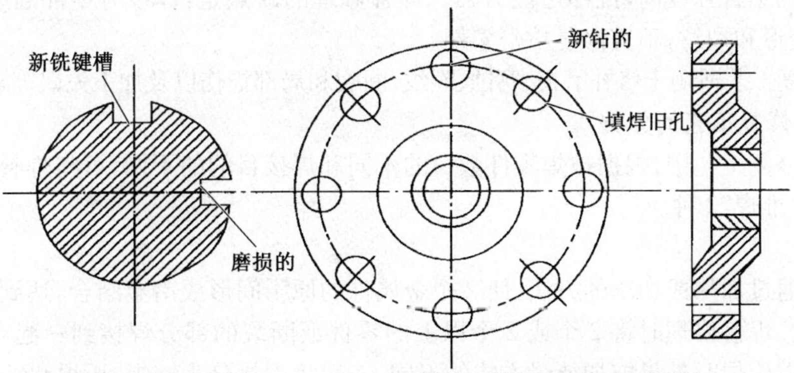

(a) 磨损键槽的修理　(b) 磨损螺栓孔或螺孔的修理

图 5-1-5　换位加工修理法示意

这种修理方法在改变了连接、配合部位后，对原来损坏的部位根据实际情况可进行填焊,也可不进行填焊。此法是一种快速、简便、有效的应急修理方法。

7. 成套换修法

营运中的船舶或在船厂修理的船舶,为缩短修理时间,拆下已严重磨损或损伤零件的部件或设备,迅速换上成套备件继续运转,这种方法称为成套换修法。而拆换下来的设备或备件经修理后作为备件使用或供给同类机型的船舶使用。例如,柴油机运转中高压油泵柱塞与套筒偶件咬死后,可以立即换上备用油泵,而损坏的油泵经修理后作为备件留待以后再用。

此修理方法使设备停止运转的时间短,因此在营运中的船舶上得到广泛采用。

8. 钳工加工修复

(1) 铰孔。利用铰刀进行精密孔加工和修整性加工的工艺,它能得到很高的尺寸精度和较小的表面粗糙度,主要用来修复各种配合的孔。

(2) 珩磨。用4～6根细磨料的砂条组成可涨缩的珩磨头,对被加工的孔作既旋转又上下沿轴向往复的综合运动,使砂条上的磨料在孔的表面上形成既交叉而又不重复的网纹轨迹,并磨去一层薄的金属。由于参加切削的磨料多,且速度低,又在珩磨过程中施加大量的冷却液,使孔的表面粗糙度变小,因此精度得到很大提高。

(3) 研磨。通过用铸件制成的,具有良好的嵌砂性能的研具,再加上由磨料中加入研磨液和混合脂调制成的研磨剂,在工件表面上进行研磨,磨去一层极薄的金属,获得一定的加工精度和粗糙度。研磨常用于修复高精度的配合表面。

(4) 刮削。刮削是用刮刀从工件表面上刮去一层很薄的金属的手工操作。刮削生产效率低、劳动强度大,常用磨削等机械加工方法代替。

二、焊补修复工艺

1. 焊补修复工艺及其特点和应用

焊补修复工艺即采用焊接的方法对损坏的金属零件进行修复的工艺,是利用焊接和堆焊工艺修补裂纹和断裂的零件,修复严重磨损、烧蚀等零件的方法。

焊补修复工艺的特点是:修理成本低、工时少、效率高、设备简单、应用方便,焊接修复层与零件基体的结合强度高,抗冲击能力强。焊补修理的缺点是:焊接时零件温度高,热应力大,易产生变形和裂纹,不宜修复精密零件。

焊补修复工艺适用于修补磨损、腐蚀、裂纹、断裂和局部损伤以及加工失误等缺陷的零件。

2. 焊补修复工艺的分类

在焊补修复工艺中,根据被焊零件数目的不同和焊接目的的不同,可将焊补修复工艺分为"焊接"和"堆焊"2种。

1) 焊接

焊接是通过加热或加压的方法,使2个金属件的原子间形成冶金结合,达到永久性连接的一种工艺。焊接修理时将2个或2个以上的零件或断裂的部分焊接到一起,其主要目的是连接。根据施焊时外界施加能量方式的不同,一般将焊接分为熔焊、压焊和钎焊三大类。

(1) 熔焊。熔焊是用加热的方法使2个金属面熔化并连接的工艺。根据加热的热源不同又可分为:气焊、电弧焊、电渣焊、等离子弧焊、电子束焊和激光焊等。

(2) 压焊。压焊是用加压或同时加热和加压的方法使2个金属面熔化并连接的工艺,根据加压形式的不同分为：接触焊、摩擦焊、超声波焊和爆炸焊等。

(3) 钎焊。钎焊是在焊接时采用比焊件母材熔点低的焊接材料(称钎料)，将焊件和钎料加热到高于钎料熔点，低于母材熔点的温度，使钎料熔化但母材不熔化，同时施加钎剂(即焊药)，除去零件表面的氧化膜，使熔化的液态钎料润湿母材，并填充接头间隙，通过焊材与母材金属元素的相互扩散而形成冶金结合的焊接方法。例如，采用氧-乙炔火焰进行黄铜钎焊铸铁、青铜钎焊不锈钢、银钎料钎焊铜合金等。

钎焊按钎料熔点分为软钎焊和硬钎焊两大类。

钎料熔点在 450 ℃以下的钎焊称为软钎焊。常用的钎剂是松香等。软钎焊强度低，工作温度低，主要用于电子线路的焊接。由于钎料常用锡铅合金，故称为锡焊。

钎料熔点在 450 ℃以上的钎焊称为硬钎焊。常用的钎剂有硼砂、硼酸、氯化物、氟化物等。硬钎焊接头强度高，主要用于受力较大的钢铁和铜合金构件以及刀具的焊接。常用钎料有铜基、银基和镍基等。

钎焊焊接变形小，焊件尺寸精确，生产率高，主要用于精密仪表、电气零部件、异种结构钢件，复杂薄板结构及硬质合金刀具的焊接。

修船厂和船舶上通常采用气焊和电弧焊修理损坏的零件。例如，应急焊接断裂的曲轴和曲轴裂纹、焊接修补管路设备等。

2) 堆焊

堆焊(Build-up by Welding)是用熔化焊条或合金粉末的方法在零件磨损或腐蚀的表面上熔敷一层或多层金属的工艺，一般采用熔焊。堆焊是在一个零件表面，为增大尺寸或恢复尺寸，或者是为使零件获得具有特殊性能(如耐磨、耐腐蚀、耐高温)的焊层而进行的焊接，堆焊层与基体结合强度较高，并且用于维修的费用低。堆焊的缺点主要是：堆焊焊缝周围容易产生裂纹，修复零件的疲劳强度低于原件，零件易产生变形等。

堆焊工艺适用于修补大面积磨损、腐蚀、裂纹或加工失误的零件，补偿较大的尺寸偏差以恢复零件原有尺寸。

堆焊有手工电弧堆焊、氧-乙炔焰堆焊、埋弧堆焊和等离子弧堆焊等。手工堆焊普遍运用的是手工电弧焊和氧-乙炔焰堆焊，其操作工艺与普通焊接工艺基本相同。在船机零件修理中常用于修复磨损的轴颈、凸轮、排气阀等。

为保证堆焊修理的质量应注意以下几点：

(1) 堆焊前零件待修表面的清洁。应清除零件表面油污、锈痕等，使其露出金属光泽。

(2) 零件预热。预热的温度需根据零件材料和焊条确定。

(3) 选择焊条。根据零件材料和其对表面性能的要求选择合适的焊条。

(4) 合理地焊接。堆焊时应采用分段多层堆焊法或逐步退焊法。分段多层堆焊法和逐步退焊法可使堆焊时零件受热均匀，这能大大降低热应力和热变形。分段多层堆焊法是把长焊层分成若干短焊层，然后分段一层层堆焊；逐步退焊法是把长焊道分成若干段短焊道，每段由后向前焊，如图 5-1-6 和图 5-1-7 所示。

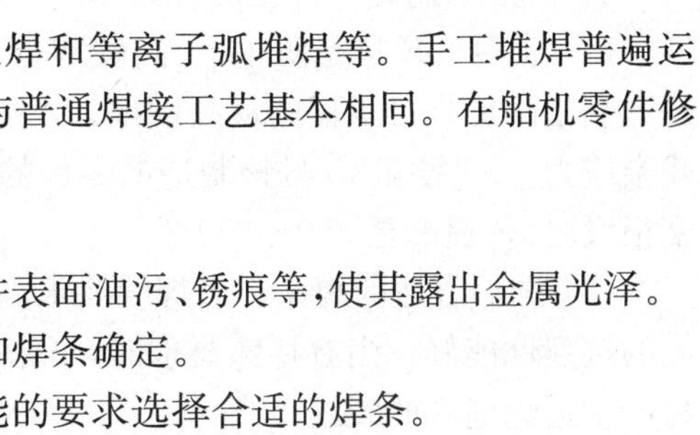

图 5-1-6　分段多层焊示意

(5) 焊后处理。零件堆焊后要进行低温退火处理以消除应力;采用合适的机械加工以获得满意的尺寸。

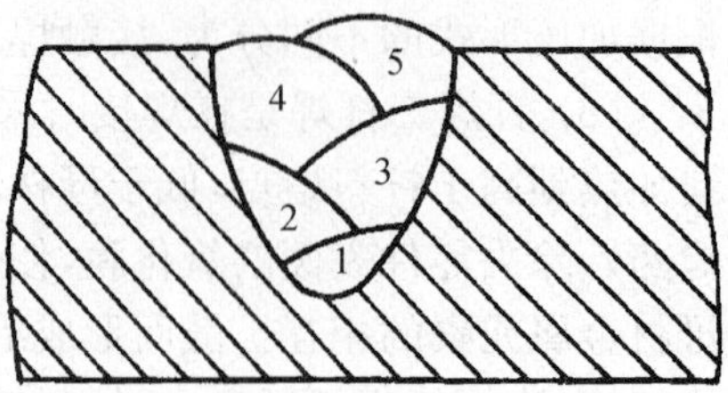

图 5-1-7 堆焊顺序

3. 钢质零件的焊补

对钢质零件的焊补主要是为修理裂纹、腐蚀和补偿磨损零件的尺寸。通常,钢中含碳量越高,可焊性就愈差,焊接时出现裂纹的倾向就愈大。

1) 低碳钢零件的焊补

低碳钢零件含碳量较低,可焊性良好,通常在进行焊补时不需要采取特殊的工艺措施。手工电弧焊选用一般焊条即可获得满意的效果。若母材含硫过高或在低温条件下焊补刚度大的工件时,可能会出现裂纹,此时要选用优质焊条可使焊缝金属有较好抗裂性能与力学性能。同时,选用合适的焊补工艺和采取必要的预热措施。

2) 中碳钢、高碳钢零件的焊补

中、高碳钢零件含碳量较高,焊补时在焊缝周围很容易产生裂纹。

裂纹的种类及其产生原因:

(1) 热裂纹。热裂纹产生的原因主要是由于焊接处的含碳量偏高,或含硫量偏高、含锰量偏低等原因所致,多出现在焊缝内,特别是在弧坑处更容易出现。

(2) 冷裂纹。冷裂纹产生的原因是钢材含碳量增高后,淬火倾向也相应增大,容易产生塑性低的淬火组织。当工件刚性较大时,会引起比较大的焊接应力而导致裂纹出现。冷裂纹多出现在焊缝的母材上,有时也会在焊缝上出现。

(3) 热应力裂纹。热应力裂纹产生的原因是因为焊接区刚性过大,导致焊接区不能自由收缩而造成巨大的焊接应力,此时,在焊件的某些薄弱断面上,因承受不了此应力而导致出现裂纹,多在冷却过程中刚度较大的焊件的薄弱部位上出现。

为保证中、高碳零件在焊补修理时不出现裂纹,通常可采取以下措施:

(1) 预热。预热是防止中、高碳零件在焊补修理时出现裂纹的主要措施。这是因为预热有利于降低焊接零件的最高硬度,改善焊缝的塑性,防止产生冷裂纹和热应力,减少焊后残余应力。35 号和 45 号钢制造的零件的预热温度为 150～250 ℃;当含碳量更高或零件刚度很大时,须提高至 250～400 ℃。

(2) 选用合适的焊条。当焊缝要求高时,应尽可能选用碱性低氢型焊条,主要是因为它们的抗裂性能好。当有特殊要求时,可采用铬镍不锈钢焊条,即使在不预热的情况下,也不易产生近焊缝区的裂纹。

(3) 合理采用焊接技术。在焊接处可采用开 V 形坡口,多层焊方法,第一层焊缝用小电流、慢焊速,注意使母材熔透,且要避免产生夹渣和未熔合等缺陷。

(4) 焊后热处理。焊接后要对工件进行缓慢冷却,尽量消除焊接所产生的应力。

4. 铸铁件的焊补修理

1) 铸铁焊接时容易出现的缺陷

铸铁是脆性材料,韧性很低,在工作中常因受力不均等原因产生裂纹或折断现象。铸铁零件焊接时容易出现白口组织、裂纹和气孔等缺陷,难以保证质量,主要原因是:

(1) 铸铁含碳量很高,在焊接(熔焊)时,熔池中的铸铁熔化,所有的碳元素全部熔入铁水中。由于焊接的冷却速度较快，铁水很快凝固，来不及析出石墨，因此形成以碳化铁为基体的焊缝组织，即白口组织。此外，铸铁中硫、磷含量较高，不仅引起脆性，而且促进白口组织的形成。白口组织的硬度高、脆性大、强度很低，性能很差。

(2) 由于焊缝白口组织的收缩率大，焊接时产生的热应力很大，加上白口组织的脆性大，没有塑性，导致铸铁零件焊接时焊缝容易产生裂纹。

(3) 铸铁在焊接时，容易产生一氧化碳气体；铸铁母材中常浸入润滑油，难以除净；铸铁零件在铸造时可能留下气孔、缩松、砂眼等缺陷，由于这些原因，在焊接时容易产生气体，如果气体在焊接时没排除干净，留在焊缝中便形成气孔。

2) 铸铁零件的焊接方法

铸铁的焊补方法通常采用电弧焊和气焊。按铸件是否预热可分为冷焊法和热焊法等。

(1) 铸铁件冷焊法。铸铁件冷焊法是指铸铁焊件在不预热或预热温度低于 200 ℃时进行焊接的工艺。其特点是：操作方法简单、修复速度快，焊件变形较小，但容易产生白口组织、热应力裂纹、气孔等缺陷，同时对焊补技术要求高，工艺要求较严格。一般手工电弧焊用得较多，常用小电流、细焊条断续焊、锤击焊缝等措施来减少焊缝的白口组织和裂纹。

(2) 铸铁件热焊法。铸铁件热焊法是先将工件预热至 600 ℃左右再进行焊接，焊后要再经过加热、保温、缓慢冷却的工艺。其特点是：焊前预热至 600 ℃左右，焊接过程中温度保持在 400 ℃左右，焊后缓冷，使工件温度均匀，能得到质量优良的焊缝或堆焊层；焊缝金相组织与基体基本相同，连接强度高；机械加工容易。其缺点是需要加热与保温设备，劳动条件较差，工件整体预热会产生较大的变形。

铸铁件热焊法适用于箱体、气缸体、气缸盖等结构较复杂的铸铁件的修复。焊接时可以采用电弧焊或气焊。

3) 铸铁件的黄铜钎焊修复

一般用氧-乙炔火焰加热，采用黄铜作钎料，熔点在 880 ℃左右；钎焊时使用铜钎剂，去除氧化膜，提高结合强度。因为钎焊时铸铁零件的母材不熔化，所以不会产生白口组织和裂纹。黄铜钎焊铸铁的焊接接头的抗拉强度接近铸铁 HT200 的抗拉强度。

不论采用什么方法焊接铸铁件，焊后都要注意缓冷；否则容易出现裂纹。

三、金属扣合工艺

金属扣合(Metalock)工艺是利用高强度合金材料制成连接件，通过连接件材料的塑性变形把零件上的裂纹或断裂处拉紧连接起来，使其恢复使用功能的一种修理方法。

1. 金属扣合工艺的原理、特点

1) 连接件的材料

金属扣合工艺所使用的连接件有波浪键、加强块、密封螺栓和圆柱销等。

对制造扣合连接件的材料的基本要求是：材料强度高、塑性和韧性好、初始硬度不高、冷加工硬化性强、热膨胀系数低于或相近于零件本体材料。

金属扣合工艺中采用的连接件(即扣合键)是修理裂纹零件的关键。一般零件选用的扣合键材料多为镍铬不锈钢，如：1Cr18Ni9，1Cr18Ni9Ti 等，其冷变形后强度可提高 50%；也可选用普通低碳钢 10，15，20 钢等，冷变形后强度可提高 10%～20%；高温零件可选用含镍量高并与零件材料膨胀系数相近的高温镍基合金，如 Ni36，Ni42 等的膨胀系数与铸铁相近，或选用 10，15，20 钢。

2）波浪键的形状

波浪键是金属扣合工艺所使用的扣合连接件中最主要的连接件。波浪键的形状是由若干个圆柱体形状的“凸圆柱”和长方体形状的“连桥”相互连接所组成的。波浪键的上底面和下底面是 2 个相互平行的平面。波浪键的“凸圆柱”的数量必须是奇数，一般为 5，7，9 个。波浪键的结构如图 5-1-8 和图 5-1-9 所示。

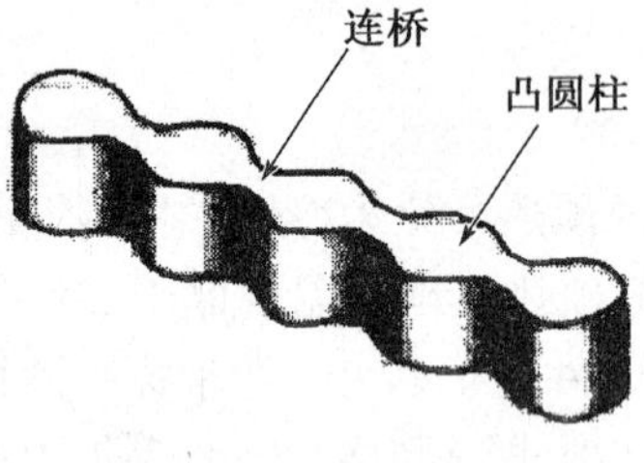

图 5-1-8　波浪键的形状

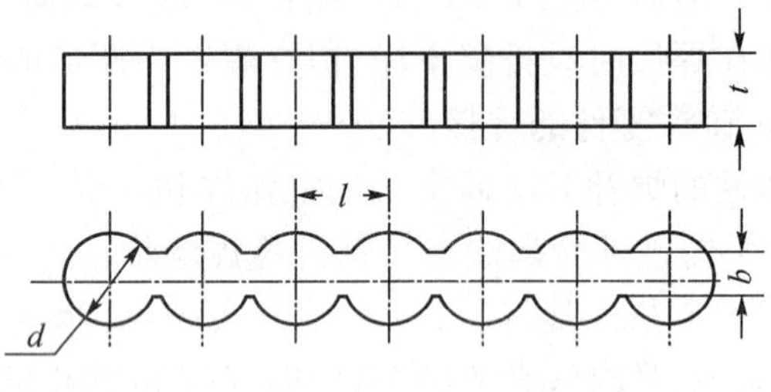

图 5-1-9　波浪键的基本尺寸

3）使用工具

金属扣合工艺需要进行钻孔、铲槽、攻丝、铆击、割断、磨平、探伤和黏接等工作，这些工作基本上都是手工操作，需要使用的工具大部分都是手持机械工具、手持电动（气动）工具，主要有钻模、手电钻（或风钻）、（气动）铲凿、攻丝工具、角磨机、手锤、钢锯、探伤剂、黏接剂等。

4）工艺特点

金属扣合工艺修理零件的裂纹和断裂具有可靠的修理质量和较高的经济性，主要具有以下特点：

（1）一般仅用于壁厚大于 8 mm 的铸铁件的修理。

（2）金属扣合工艺在常温下完成修理，零件不会变形，也不会破坏零件原有的形状、尺寸及位置精度。

（3）修理质量可靠，能够保证零件所要求的强度和密封性等。

（4）工艺简单、操作灵活和快速，所以成本低、效率高、经济效益好。

（5）不需要特殊设备，只需要一般的工具完成修理，并且可以原地（现场）修理，无需拆卸零件。

5）适用范围

金属扣合工艺能有效地修理裂纹和断裂的零件，尤其适用于难于保证焊补修理质量的铸钢件、铸铁件以及不允许产生较大变形的零件。例如，船用柴油机的机座、机架、气缸体、气缸盖和气缸套，各种机械的壳体和螺旋桨等的裂纹均采用此法修理，并且质量可靠，可延长零件的使用寿命。但该法不适用于修复厚度在 8 mm 以下的铸铁件及振动剧烈的工件。此外，修复效率较低。

2. 金属扣合工艺的种类和应用

1）强固扣合法

强固扣合法或称波浪键扣合法。它是在零件垂直于裂纹或折断面的方向上加工出一定形状和尺寸的波浪形槽，再将与波浪形槽相吻合的扣合键（波浪键）嵌入槽内。键与槽的形状和尺寸一致，两者之间只需保持有 0.1 mm 左右的配合间隙，如图 5-1-10 所示。槽的深度 T 根据零件的壁厚 H 而定，如图 5-1-11 所示。常温下铆击扣合键，使之产生塑性变形而充满槽腔，借助于扣合健的凸缘与波形槽的凹缘相互扣合，将零件裂纹拉紧而成牢固的一体，如图 5-1-12 所示。

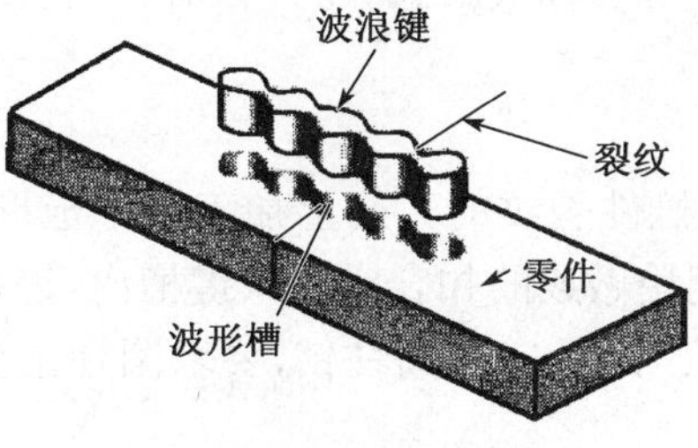

图 5-1-10　强固扣合法示意

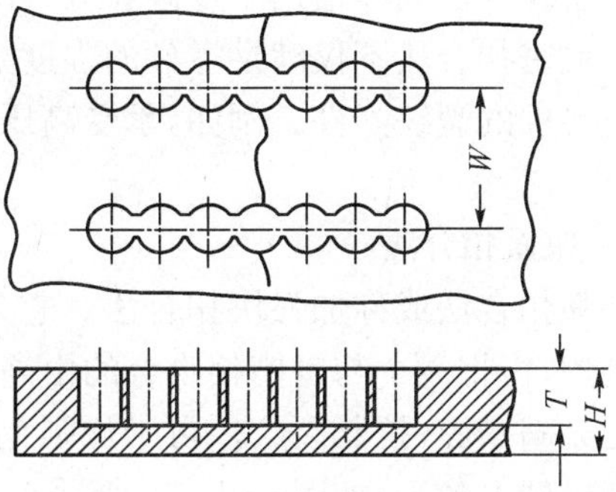

图 5-1-11　波浪键的间距与深度

扣合健的凸缘的个数一般取 5，7，9，这样中间的一个凸缘正好设在裂纹上，扣合效果较好。在扣合键嵌入前，在键和键槽表面涂一层环氧树脂或无机黏接剂，则连接效果会更好。此法适用于修理裂纹处壁厚在 8～45 mm，有一般强度要求的零件；不需要密封裂纹，承受载荷不是特别大的铸铁件。

强固扣合工艺：①在零件上裂纹两端钻止裂孔。②确定零件裂纹处的波浪形槽的位置。③利用专用钻模板和手电钻加工出波形槽。④在键和键槽表面涂一层环氧树脂或无机黏接剂。⑤将波浪键嵌入波浪形槽中，并用手锤敲击波浪键使之充满槽腔。

2）强密扣合法

强密扣合法或称波浪键-密封螺丝扣合法，是在强固扣合法的基础上，再沿裂纹钻孔、攻丝和旋入涂有胶黏剂的密封螺钉的方法。所有密封螺钉彼此重叠，即当第一个密封螺钉装入后，钻削第二个螺钉孔时，使其切入第一个螺钉，2 个螺钉有 0.5～1.5 mm 的重叠。这样在沿裂纹长度方向上形成一个“金属密封带”，起到防止裂纹渗漏的作用，如图 5-1-13 所示。

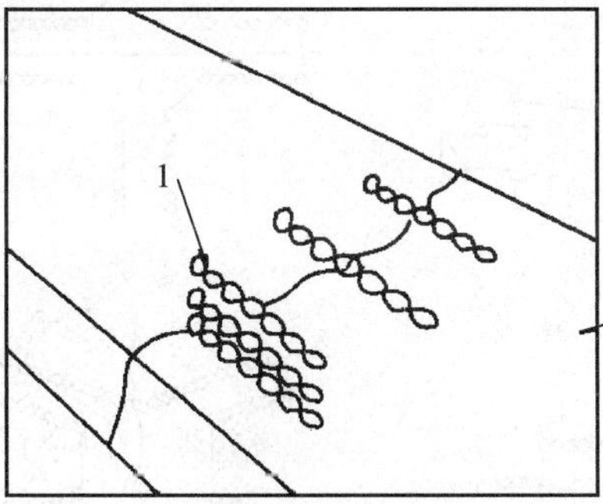

1—波浪键；2—零件

图 5-1-12　强固扣合法

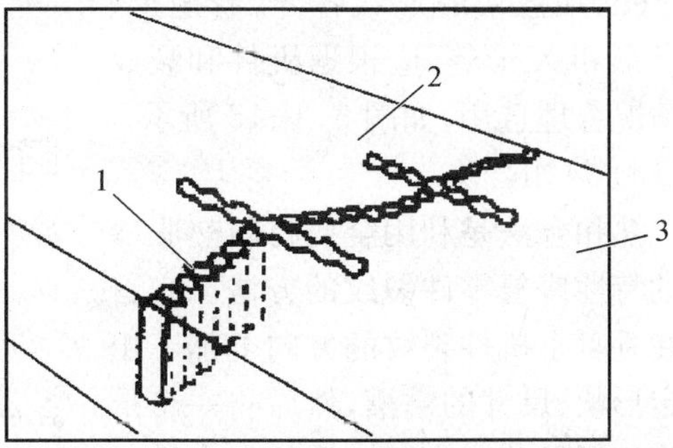

1—密封螺钉(或密封圆柱销)；2—波浪键；3—零件

图 5-1-13　强密扣合法

在裂纹上安装密封螺钉，适用于承受低压的有裂纹的零件。密封螺钉可选用 M3～M8 规格；如果是承受高压的有裂纹零件，应采用安装密封圆柱销。圆柱销直径可选用 3～

8 mm。

采用强密扣合法修理完毕后，检验修理质量的方法有：①肉眼观察的方法。②敲击听响法。敲击修理部位，如发出坚实声音，证明修理质量良好。③水压法。其适用于有密封性要求的零件。

强密扣合法同样适用于壁厚在 8～45 mm 的铸铁件，但其承受载荷的能力高于强固扣合法。强密扣合法不仅满足零件的强度要求，而且满足零件的密封性要求，所以可用来修理有密封要求的裂纹零件。例如，承受高压的柴油机气缸套和气缸盖、压力容器表面裂纹的修理等。

3）加强扣合法

加强扣合法或称加强块扣合法。它是在垂直于机件裂纹的方向上加工出一定形状、尺寸的键槽，再把一个与键槽相吻合的由高强度合金钢块做成的扣合键嵌入键槽内，铆接扣合键使之充满槽腔，拉紧裂纹。再于加强钢块与机件交界处，嵌入圆柱销，要求圆柱销分布在钢块和机件上各半，如图 5-1-14 所示。

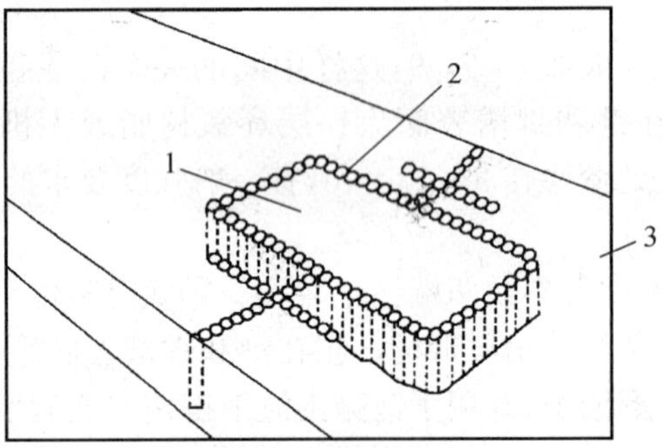

1—矩形加强块；2—密封圆柱销；3—零件

图 5-1-14　加强扣合法

加强扣合法用于承受高载荷的厚壁机件，通常使用处的壁厚超过 45 mm。加强块的形状各异，有矩形、十字形和 X 形等，应根据机件和裂纹的情况合理选用，如图 5-1-15 所示。

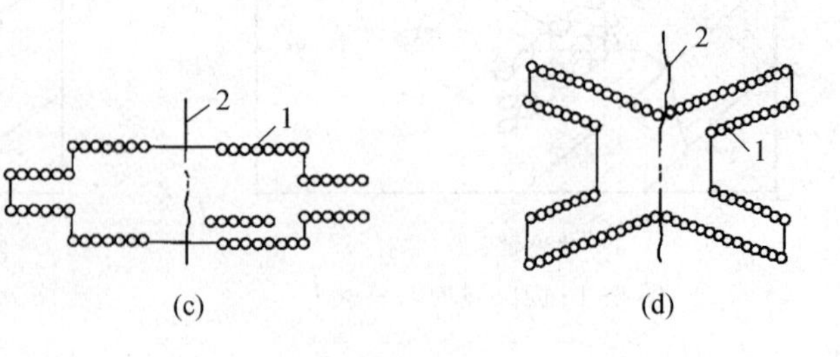

1—密封圆柱销；2—裂纹

图 5-1-15　加强块的形状

4）热扣合法

热扣合法是利用金属材料热胀冷缩的特性修复零件裂纹的方法。它首先在垂直于机件裂纹的方向上加工出一定形状、尺寸的键槽，然后将一个形状相似但尺寸略小于键槽的扣合键加热至一定温度后，放入零件裂纹处已加工好相应形状、尺寸的键槽内，当扣合键冷却产生收缩时，将零件上裂纹拉紧形成一体，使零件恢复使用功能，如图 5-1-16 所示。

这种扣合键的形状、尺寸依机件上裂纹的部位、形状和安装的可能性等进行设计。例如，可设计成圆环形、工字形等。扣合键的加热最低温度可经计算求出，并要求实际加热温度比计算温度约高 100～200 ℃，以便于加热后的扣合键能顺利嵌入键槽。热扣合法应用于修复大型、重型设备，如大型飞轮、齿轮和重型设备的机体等。

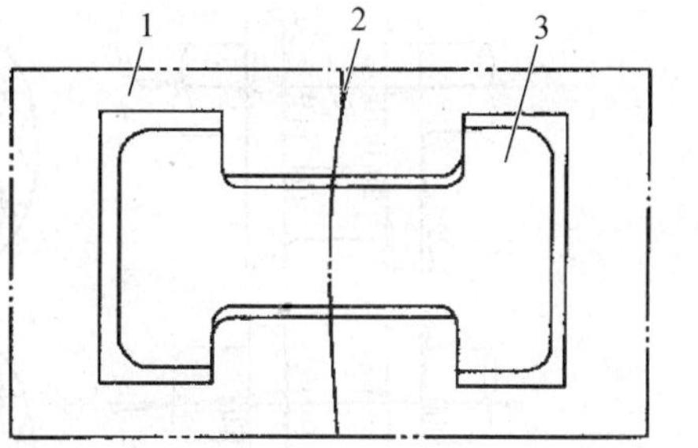

1—零件；2—裂纹；3—工字形扣合键

图 5-1-16　热扣合法

四、塑性变形修复工艺

塑性变形修复法是利用金属或合金的塑性变形的性能，通过施加外力或加热的手段，使已经发生塑性变形而失效的金属零件再发生反向塑性变形，以恢复零件原有几何形状的修复方法。

船机零件在长期使用中，由于受到弯曲的应力作用会产生弯曲塑性变形，如柴油机曲轴、连杆的弯曲变形。另外，船机零件还会因碰撞引起塑性变形，如螺旋桨桨叶打在礁石上使桨叶弯曲变形。如果零件产生塑性变形的程度不是很大，没有产生裂纹，可以采用塑性变形修复法进行校正，使其形状恢复后可以继续使用。

生产中常用的塑性变形修复法有冷校法、热校法、加热-机械校直法等修复变形零件，可根据零件变形程度选用。在塑性变形修复前，应先对零件的变形部位和变形程度进行检验，然后根据零件的性能、结构尺寸和变形程度决定采用何种修复方法。塑性变形修复法仅适用于塑性材料，脆性材料如铸铁不能采用此法。

1. 冷校法

对于零件材料的塑性较高、塑变量较小、零件尺寸较小的变形零件，可用冷校法进行修复。

冷校法是在常温下，靠敲击或施加外力来恢复零件原有几何形状的修复方法。常用的冷校法有敲击法和机械校直法。

1）敲击法

敲击法是靠锤子敲击零件使其发生反向塑性变形，以恢复零件原有几何形状的修复方法。

采用敲击法校直弯曲零件的一般方法是：将发生弯曲的零件的凸起部位朝上，放置在平台上或在零件凸起部位的下方对称的垫起两点，用锤子砸零件的凸起部位，使其发生反向塑变，以达到校直的目的。

采用敲击法校直弯曲零件的另一种方法是根据情况，采用头部具有特殊形状的锤子，敲击零件发生塑变后尺寸变短的区域，使敲击的部位产生局部塑性伸长，以恢复零件的整体形状。根据零件材料的性能、形状、尺寸和变形程度等的不同可分别选用木槌、铜锤或铁锤并用相应的锤击力度进行敲击。敲击时，不可在一处多次敲击，应移动地敲击，每处敲击 3～4 次。

此法校正变形的效果稳定，对零件的性能（如疲劳强度）影响不大。例如，小型曲轴因曲柄臂弯曲造成曲轴的弯曲变形，也可以采用敲击法进行校直，如图 5-1-17 所示。用铁锤敲击变短了的曲柄臂内侧或外侧，使变形的曲轴轴线发生变化达到校直的目的。

2）机械校直法

机械校直法或称静载荷法，是在专用的液压机上，对发生塑变的零件的凸起部位施加静

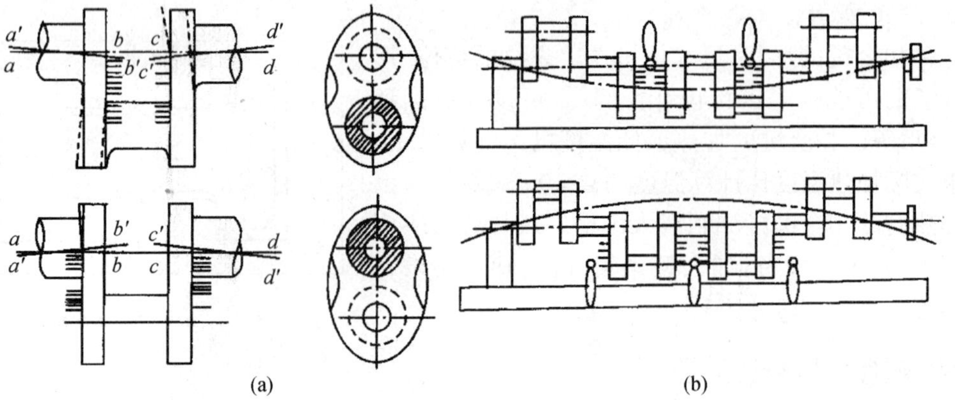

图 5-1-17　敲击法校直曲轴

压力，使其产生反向塑性变形来进行校直的方法，用于校正弯曲变形不大的小型轴类零件。例如，小型曲轴，用 V 形铁在曲轴两端或弯曲部位附近的 2 个主轴颈处支承曲轴，并将弯曲凸面朝上，在施压部位的下面，安装一个百分表，以便准确地掌握反向变形的大小，用压力机或千斤顶加压使之产生反向变形，且较原弯曲变形量大，保持压力 1～2 min 后卸载，如此数次施压可消除曲轴的弯曲变形，曲轴得以校直，如图 5-1-18 所示。注意：在支撑部位和加压部位都要施加铜、铅软垫片，以免损坏轴颈的工作面。机械校直法也常用于校正变形不大的螺旋桨桨叶。

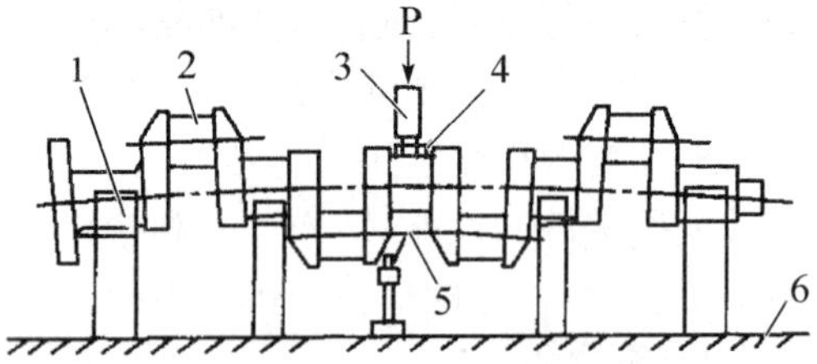

1—v 形铁；2—曲轴；3—压力机；
4—铜皮或铅皮垫片；5—百分表；6—平台

图 5-1-18　机械法校直曲轴

采用机械校直法校直零件的缺点是：零件的截面变化处（如轴颈根部过渡圆角处）塑性变形较大，并留下残余拉应力，使零件的疲劳强度降低。

2. 热校法

热校法是利用金属材料热胀冷缩的特性，对发生塑性变形的金属零件进行局部快速加热来校正变形零件的方法。通常是在轴弯曲凸面进行局部快速均匀加热，零件材料受热膨胀，使轴的两端向下弯曲，即轴的弯曲变形增大，当冷却时，由于受热部分收缩产生相反方向的弯曲变形，从而使轴的弯曲变形得以校正。图 5-1-19 为加热校直轴类零件图。

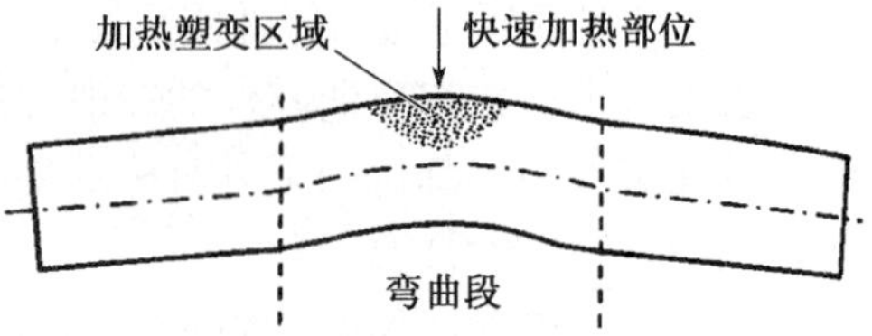

图 5-1-19　加热校直轴类零件

当加热校直轴时，采用氧-乙炔焰或喷灯在最大弯曲变形的轴颈 1/6～1/3 圆周上加热，使加热温度达 250～550 ℃，且自变形最大处向两端降温加热。在加热后保温、缓冷至室温时，检测弯曲变形的变化。一般需在零件的凸面经多点多次加热冷却后，才能使零件校直。

此法适用于焊接性好的钢材，如低碳钢或普通低合金钢，可矫正弯曲变形较大、尺寸较大的零件。但对工人的操作技术和经验要求较高。

3. 加热-机械校直法

此法为热校法与机械校直法的联合运用，适用于弯曲变形较大并且尺寸较大的零件。可先采用机械校直法使零件恢复一定的变形，再用热校法局部加热校直。也可先加热后，采用机械加压进行校直。例如，当螺旋桨桨叶弯曲变形较大时，将叶片弯曲变形处加热后再用千斤顶加压或用螺杆和螺母制作的上紧夹具加压的方法使桨叶形状复原。

应该指出，无论采取何种塑性变形的修复方法，都不可能将零件矫正到一丝不差的程度。如果是精密零件，则要求非常高，采用上述方法校直后还需要通过机床精加工，才能达到最终要求。

五、黏接修复技术

利用胶黏剂把损坏的零件重新连接成一个牢固的整体，使损坏的零件恢复使用功能的方法称黏接修复。

胶黏剂不仅可以用于修复一些用其他方法均无法修复的船机零件，而且还可以用于船机装配工作，使修、造船工作中的某些装配工艺大大简化，生产率显著提高。目前，黏接修复技术在修、造船生产中已得到广泛地应用。

船舶修理中应用的黏接剂按其物性可分为无机黏接剂和有机黏接剂两大类。

1. 有机黏接修复技术

1）有机胶黏剂的种类

有机胶黏剂的品种繁多，分类方法也很多，主要分类方法有以下几种。

（1）按原料来源分，有天然胶黏剂和合成胶黏剂。目前使用的胶黏剂中，合成胶黏剂约占整个胶黏剂的80%。

（2）按黏接剂用途分，有结构胶黏剂和非结构胶黏剂。结构胶黏剂具有较高的强度，黏接后能承受较大的负载，可用于较大零部件的修复。非结构胶黏剂一般不能承受较大的负载，主要用于受力较小零件的修复或定位。

（3）按胶黏剂状态分，有液态胶黏剂和固体胶黏剂。

（4）按胶黏剂热性能分，有热塑性胶黏剂和热固性胶黏剂。

2）有机黏接修复技术的特点

有机黏接与传统的铆接、键连接、螺纹连接和焊接等工艺方法相比，具有以下特点：

（1）黏接力强、黏接强度较高，但不如焊接和铆接。

（2）黏接时温度低，固化收缩小，所以黏接后零件不会产生变形和裂纹，也不破坏零件材料的性能。

（3）胶缝具有耐腐蚀、耐磨和密封性能。有的胶缝还能起到隔热、防潮和防振的作用。

（4）不受零件材料限制。相同或不同的金属或非金属材料均可黏接，对零件质量影响不大。

（5）工艺简单，操作方便、灵活，成本低，生产率高。

（6）胶黏剂不耐热。一般在50 ℃以下场合使用，有的可在150 ℃以下使用，某些耐高温的有机胶黏剂也只能达到300 ℃左右。

（7）抗冲击性能和抗老化性能差。

3）有机胶黏剂的黏接工艺

为保证黏接质量，必须严格、准确地按照说明书的具体要求进行操作。一般黏接的基本工艺过程如图5-1-20所示。

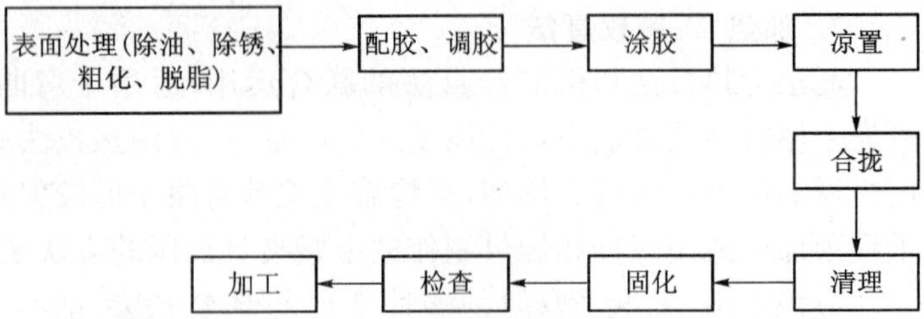

图 5-1-20　黏接的基本工艺过程

由于黏接是通过胶黏剂与被黏物表面的相互作用来实现连接的，因此黏接前的表面处理是黏接成功的关键环节。为了保证黏接强度，必须严格地对表面进行除污、除油、除锈、脱脂和粗化。

4）有机胶黏剂的选用

有机胶黏剂可以黏接各种材料，如金属与金属、金属与非金属、非金属与非金属等。黏接质量与胶黏剂的选用得当与否关系极大。所以，选用胶黏剂应注意以下几点。

（1）被黏接物的材料、表面状态、裂纹缝隙大小、黏接面大小、受力情况和使用环境条件等情况要符合胶黏剂说明书的要求。

（2）胶黏剂的性能、特点，如黏接强度、使用温度、收缩率、线胀系数、耐蚀性、耐水性及抗老化性能等要符合使用工况的要求。

（3）是否具备实施黏接工艺所需要的设备和表面处理、加热、固化的条件，完成黏接全部工艺过程所需要的时间是否足够。

（4）黏接的经济性与胶黏剂的来源等情况。

5）有机胶黏剂在船机上的应用

黏接修复技术可于修复因磨损、腐蚀、裂纹或断裂而损坏的零件，以及加工失误的零件。有时用其他工艺均无法修复的零件，用黏接修复技术却得到良好的修复效果。另外，还可以利用胶黏剂进行装配工作和对零件的接触面进行密封，使修船、造船工作中的某些装配工艺大大简化，劳动强度大大降低，生产率显著提高。

用于修理损坏的船机零件：

（1）修理松动的过盈配合件。具有过盈配合的轴与孔配合件，长期使用后产生微动磨损，造成配合松动而影响使用性能。例如，齿轮与轴的配合松动将影响传递运动。采用有机胶黏剂修理效果好，工艺简单，成本低；采用厌氧胶修理船用发电机轴与滚动轴承的配合松动、离心泵轴与叶轮的配合松动等均有明显的效果。

（2）修理腐蚀损坏的零件。由于电化学腐蚀造成的柴油机气缸套、气缸体的损坏，各类舱室和隔舱壁的破坏；由于穴蚀造成的螺旋桨桨叶损坏、气缸套外圆表面损坏等，均可在腐蚀面积大，但深度较小并且尚未危及零件强度的情况下采用有机胶黏剂进行修理。例如，某船 SulzerRND76 型主机的第二、第三缸的气缸体内壁上的数条深 5 mm，宽 10 mm、长 800 mm的腐蚀凹坑，采用有机胶黏剂修理，修补时间短，费用低，质量可靠，经0.4 MPa水压试验无渗漏。

（3）修补裂纹和断裂的零件。柴油机气缸盖进气阀孔壁裂纹，船舶管系的裂纹、漏洞，油柜和水柜的裂纹或焊缝开裂等均可采用有机胶黏剂进行修补。

用于船机装配工作：

（1）主机机座的安装。主机机座在机舱安装、定位时，可以采用有机胶黏剂进行机座安装或采用塑料垫块代替铸铁垫块，如图 5-1-21 所示。安装时，使铸铁垫块的厚度较要求尺寸少 0.5～1.0 mm，不需研刮垫块，只需在垫块上、下表面和地脚螺栓孔涂以环氧树脂胶黏剂即可安装垫块和固定机座，这不仅节省金属材料，更主要的是简化机座安装工艺，减轻劳动强度和提高安装效率。

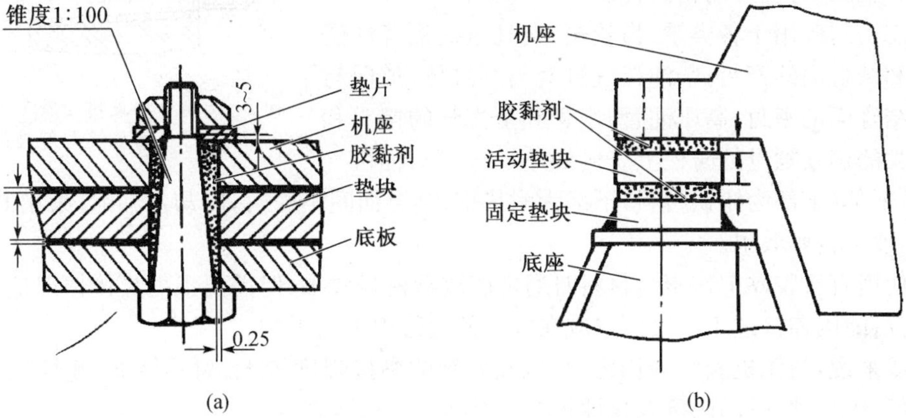

图 5-1-21　有机胶黏剂用于安装机座垫块

采用塑料垫块代替铸铁垫块，使机座安装工作更加简化和快速，缩短工时、加快修船和造船速度，图 5-1-22所示的是 Sulzer RTA58-84 型柴油机机座采用的环氧树脂垫块。

(2) 螺旋桨与艉轴的装配。传统的螺旋桨与艉轴装配都采用金属键连接。为简化螺旋桨与艉轴的安装工艺，一些中、小型船舶的螺旋桨与艉轴、泵与泵轴采用环氧树脂黏接，省去键槽和大量的研刮工作，如图 5-1-23 所示。

(3) 用作密封垫片。船舶设备中采用的密封垫片通常是静密封固体材料，如紫铜垫、橡皮、石棉纸、纸箔及白漆-丝麻等。这些固体垫片与零件之间往往会因接触面不平、不能相互吻合使密封性下降，还会因固体垫片材质不致密，安装时易错位、过度压缩、老化和腐蚀等造成漏泄，引起油、水、气的外溢。

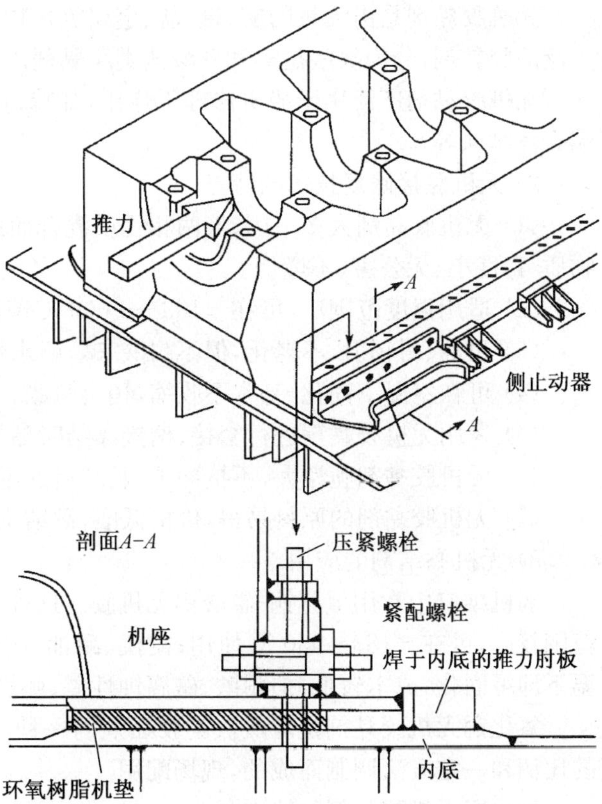

图 5-1-22　Sulzer RTA58-84 型柴油机机座环氧树脂块

目前，在很多场合开始使用高分子液态密封胶代替传统的固体垫片作为连接件的密封材料。液态密封胶在常温下呈黏稠液态，涂在零件结合面上形成一层具有黏性和弹性的可剥性密封垫片。这层密封垫片可填充结合面的不平并黏附于结合面上，使连接面达到完全吻合，因密封垫片弹性好且耐压，所以具有良好的密封性。

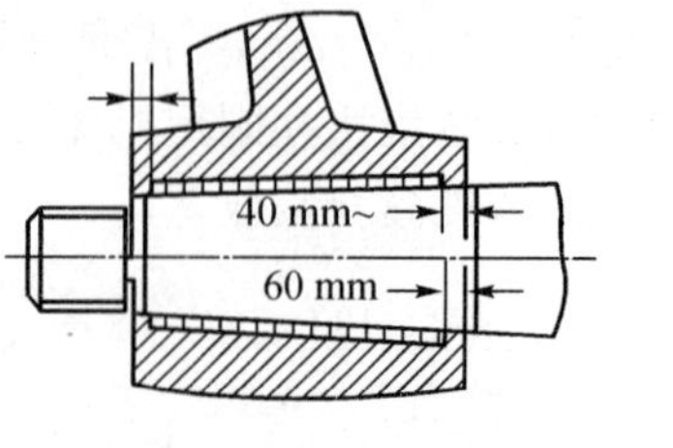

图 5-1-23　环氧树脂胶黏剂用于螺旋桨与艉轴的连接

液态密封胶用于各类泵、齿轮箱、空气压缩机等的法兰平面和结合面的密封；柴油机气缸套与气缸体、道门与机架的结合面的密封；高压油管、水管和蒸汽管的接头和振动较大的锁紧螺母的防松上。例如，MAN 型柴油机气缸盖上、下部（上部为铸铁材料，下部为耐热钢）结合面间不密封，冷却水漏泄，采用 609 密封胶修理，取得良好效果。

在使用有机胶黏剂作密封材料时通常能改善密封效果，但需要根据具体情况适当采用。否则，有可能因连接过于牢固而造成在以后的检修中无法拆卸。

一般来说，与无机胶黏剂相比，有机胶黏剂的黏接强度较大、耐热性差、脆性较小、抗冲击性较好、耐腐蚀性较好、抗老化性较差和黏接工艺较复杂等。

2. 无机黏接修复技术

1）无机胶黏剂的种类

无机胶黏剂是由无机的酸、碱、盐、金属氧化物和氢氧化物等构成的具有黏结性能、应用广泛的胶黏剂，分为磷酸盐类和硅酸盐类胶黏剂。

无机胶黏剂广泛用于船机修理工作中，如修理断轴、气缸体和箱盖的裂纹，增压器涡轮端壳体腐蚀等。

2）无机黏接修复技术的特点

（1）无机胶黏剂大多由固、液两相物质混合而成的一种黏性糊状物，且通常是水溶性的物质，毒性小、无公害、不燃烧。

（2）适用温度范围广，可在－183～3 000 ℃范围内工作，耐热性能好。

（3）耐油、耐辐射、不老化，但不耐酸、碱，耐水性差。

（4）可在室温下固化，基本不收缩，稍有膨胀。

（5）采用无机胶黏剂进行套接、槽接黏结时黏结强度高，但不适宜平接黏结。

（6）无机胶黏剂脆性大，不抗冲击，黏结后的零件拆卸困难。

（7）无机胶黏剂的原料易得，价格低廉，黏结工艺简单，使用方便、灵活。

3）无机黏结剂的应用

船机维修中常用氧化铜-磷酸铝无机胶。这种氧化铜无机胶黏剂的特点是：适用的温度范围较广，可在－183～950 ℃使用；耐湿、耐油、耐辐射、不易老化；配制简单、使用方便、室温下即可固化、成本较低；但耐酸、碱腐蚀性差、脆性大、不抗冲击。

氧化铜无机胶黏剂是磷酸盐类胶黏剂的一种。由正磷酸、氧化铜粉和氢氧化铝按一定的比例和一定方法调制而成的，现场配用。

氧化铜无机胶黏剂的特点是：

（1）熔点较高。氧化铜无机胶黏剂的熔点可达 950 ℃。

（2）具有较宽的温度范围和较高的热稳定性。其耐低温可达－183 ℃，可长时间在 500 ℃环境下工作，短时间能在 700～800 ℃下工作。

(3) 具有高绝缘性和耐油性。

(4) 不耐酸、碱，黏接强度较低，脆性较大。

氧化铜无机胶黏剂适用于受力不大，不需拆卸的紧固连接，用于修补高温下工件或零件，可代替焊接、铆接和过盈配合等连接方法。如：用于气缸体与气缸套配合面上大面积铸造缺陷(砂眼)的修补；修理船舶管系腐蚀漏洞；增压器涡轮端壳体腐蚀等。

一般来说，与有机胶黏剂相比，无机胶黏剂的黏接强度较小、耐热性好、脆性较大、抗冲击性和耐腐蚀性较差、抗老化性较好和黏接工艺较简单。

六、研磨技术

研磨是用研具和研磨粉从工件表面层磨去极细的金属屑，使工件具有准确的尺寸、形状和表面粗糙度，这种对工件表面进行最后一道精修的工序叫做研磨。

研磨是精密和超精密零件精加工的主要方法之一，是在精加工，如精车、精磨或精铣加工后的超精加工。其目的是降低零件表面粗糙度和控制精密尺寸。

通过研磨加工可使零件获得极高的尺寸精度、几何形状和位置精度，最高的表面粗糙度等级以及提高配合精度。零件的内圆和外圆表面、平面、圆锥面、斜面、螺纹面、齿轮的齿面及其他特殊形状的表面均可以采用此种方法进行加工。船舶主、副机燃油系统中的 3 对精密偶件：柱塞-套筒偶件、针阀-针阀体偶件、出油阀-出油阀座偶件的内圆和外圆表面、圆锥面、平面在制造时都需要采用研磨进行精加工。在针阀-针阀体配合锥面磨损和柴油机的进排气阀配合锥面磨损后，轮机工作人员均需通过研磨予以修复，使配合面恢复密封性能。

1. 研磨工艺

1) 研磨原理

研磨是将研磨剂均匀地涂在研具上，当受到零件或研具的压力后，部分研磨剂就嵌进研具内。零件与研具在相对滑动或滚动的情况下，通过嵌入的研磨剂的微切削作用，在磨损表面进行磨削；同时，由于研磨剂的化学作用，在零件表面生成易被磨削的氧化膜，从而加速研磨过程。所以，研磨加工是机械、化学联合作用完成的精密加工。

零件研磨的质量和效率通常与研磨运动、研磨压力、研磨速度和研磨时间等因素有关。

(1) 零件与研磨工具的相对运动。研磨时零件与研磨工具运动方向应周期变换，使研磨剂均匀分布在零件表面上并加工出纵横交叉的切削痕，以均匀研磨零件表面；研磨表面上各点相对于研磨工具表面的滑动路程相等，以达到均匀磨削的目的。

(2) 研磨压力。在实际应用的压力范围内，研磨效率随压力增加而提高。研磨压力取决于零件材料、研磨工具材料和外界压力等因素。研磨压力愈大，研磨掉的材料愈多，表面愈粗糙；压力愈小，被磨掉的材料愈少，表面愈光洁。压力过小则研磨效率大大降低。常用的压力范围为 0.05～0.3 MPa，粗研宜用 0.1～0.2 MPa，精研宜用 0.01～0.1 MPa。

(3) 研磨速度。研磨速度影响研磨效率，通常研磨速度增加将使研磨效率提高。研磨速度取决于零件加工精度、材质、质量、硬度、研磨面积等。一般研磨速度在 10～150 m/min。速度过高，产生的热量较多，会引起零件变形、表面加工痕迹明显等质量问题，所以精密零件研磨速度不应超过 30 m/min。一般手工粗研往复次数为 30～60 次/min，精研为20～40 次/min。

(4) 研磨时间。研磨初期,因研磨剂磨粒锋利,微切削作用强,零件研磨表面的几何形状误差和粗糙度得以较快地纠正。随着研磨时间的延长,磨粒钝化,微切削作用下降,不仅零件精度不能提高,反而由于热量增加而下降。粗研时间取决于研磨剂的切削性能,为提高研磨效率,当研磨剂磨粒钝化,研磨效果差时,应立即更换研磨剂。精研时间一般为 1～3 min,超过 3 min 研磨效果不显著。

因此,粗研时选用较粗的研磨剂、较高的压力和较低的速度进行研磨,以期较快地消除几何形状误差和切去较多的加工余量;精研时选用较细的研磨剂、较小的压力和较高的速度进行研磨,以获得精确的形状、尺寸和最高的表面粗糙度。

2) 研磨剂

研磨剂或称研磨膏,是研磨和抛光加工时对零件表面进行微切削加工的材料。研磨剂是在研磨粉中加入油溶性或水溶性辅助材料制成的一种混合剂。使用时,需用研磨液稀释后才能进行研磨。研磨粉是具有一定粒度的磨料。

(1) 磨料。磨料的种类很多,常分为粗、中、细 3 种。粗研磨时选大号,半精或精磨时选小号。

常用的磨料有以氧化铝为主要成分的各种刚玉(棕刚玉、白刚玉和铬刚玉)、以碳化硅为主要成分的各种碳化硅(黑碳化硅、绿碳化硅、立方碳化硅)、碳化硼和氧化铬等。

磨料的粒度是指磨料颗粒的尺寸大小,粒度号是根据 1 英寸长度上有多少个孔的筛网而定。按磨粒的颗粒尺寸范围和粒度号分为磨粒、磨粉、微粉和超微粉 4 种,如表 5-1-8 所示。研磨加工仅使用粒度号为 100 以上的磨料,称为研磨粉。研磨加工常用的磨粒粒度号及其所能达到的表面粗糙度分别如表 5-1-9,表 5-1-10 所示。

表 5-1-8　磨料粒度号及对应的磨粒公称尺寸

种类	粒度号范围	基本颗粒尺寸范围/μm
磨粒	12～80	160～2 000
磨粉	100～280	40～160
微粉	W63～W5	3.5～63
超微粉	W3.5～W0.5	0.5～3.5

表 5-1-9　常用磨料粒度的基本范围

加工方法	粒度	应用场合
粗研磨	100～240	一般零件的研磨
精研磨	W14～240	
粗研磨	W10～W14	精密零件、量具、刃具的精密研磨
半精研磨	W5～W7	
精研磨	W5 以下	

表 5-1-10　常用磨料加工能达到的表面粗糙度

加工方法	磨料粒度	能达到的表面粗糙度/μm
粗研磨	W40～240	Ra0.20
半精研磨	W10～W28	Ra0.10～Ra0.025
精研磨	W5～W7	Ra0.012～Ra0.006

磨料的研磨性能与其粒度、硬度和强度有关。磨料的硬度是指磨料表面抵抗局部塑性变形的能力。研磨加工是利用磨粒与零件材料的硬度差来实现的，所以磨粒硬度越高，切削能力越强，研磨性能越好。磨料的强度是磨粒承受外力不被压碎的能力。磨粒强度越高，切削力越强，寿命越高，研磨性也越好。以金刚石的研磨能力为准，设为 1，其他磨料的研磨能力如表 5-1-11 所示。

表 5-1-11　各种磨料的相对研磨能力

材料名称	金刚石	碳化硼	绿碳化硅	黑碳化硅	白刚玉	棕刚玉
相对研磨能力	1.0	0.5	0.28	0.26	0.12	0.10

（2）研磨膏。研磨膏分为油溶性和水溶性两大类。油溶性研磨膏使用时需用煤油或机油等研磨液稀释。油溶性研磨膏可使加工表面获得极高的粗糙度等级和精确尺寸。水溶性研磨膏使用时需用水、甘油等研磨液稀释。研磨液需具有一定的黏度和稀释能力，以黏吸磨料和使之均匀；具有较好的润滑和冷却能力，以及化学活性和无腐蚀性，以加速研磨的化学作用。

研磨膏是一种重要的表面光整加工材料，广泛用于仪表、仪器、量具、精密零件的精研磨和抛光。常用的研磨膏有氧化铬、氧化铝、碳化硼、碳化硅、氧化铁等，其品种、规格和应用范围如表 5-1-12 所示。

表 5-1-12　普通研磨膏的品种、规格及应用范围

产品名称	颜色	磨料代号	粒度范围	应用范围
氧化铬研磨膏	深绿	Cr203	W3.5 以下	金属镀件的精抛和钢件的最后抛光
氧化铁研磨膏	深红	Fe203	W3.5 以下	贵金属如金银制品、有机玻璃和玻璃制品的抛光
棕刚玉研磨膏	棕色	A	60～280	普通碳钢、合金钢、可锻铸铁、硬青铜的研磨
白刚玉研磨膏	白色	WA	W1～60	淬火钢、高速钢、轴承钢、不锈钢等的研磨和抛光
绿碳化硅研磨膏	淡绿	GC	W5～60	铜、铝等有色金属，硬质合金，玻璃等的研磨和抛光
碳化硼研磨膏	褐黑色	BC	60～280	硬质合金、陶瓷、宝石、光学玻璃等的研磨和抛光

研磨分为粗研、半精研、精研 3 种。精密零件的粗研可选用 W10～W14 的氧化铝研磨膏；半精研选用 W5～W7 的氧化铬研磨膏；精研和偶件互研时可选用 W5 以下的氧化铬研磨膏。

（3）研磨工具。研磨工具也称研具。它是与零件被研磨部位的形状和尺寸相吻合的、为研磨而特制的工具。研具的作用一方面是使零件研磨成形，另一方面是作为研磨剂的载体。研磨是精密零件加工制造的最后工序，也用于精密零件的修复。研磨时，零件与研具表

面接触并作相对运动，研具的几何形状精度直接影响零件表面的加工精度。因此，对研具要求较高，不仅要制造精度高，而且耐磨。

研具有手工研具和机械研具。按研具工作表面形状分为研磨平板、研磨尺、研磨盘、研磨棒、研磨套和研磨环等；按研具的用途分为平面、外圆、内孔、锥面、球面、螺纹和齿轮等。研具的材料一般有灰铸铁、低碳钢、铜、铝、铅、木材、丝稠和皮革等。

零件外圆或内孔研磨时，分别用机床夹持零件或研磨棒，使之按一定转速回转，然后用手握住研磨套或零件，涂上研磨膏使磨粒随研磨具作往复和回转运动进行研磨。配合件配合面磨损、腐蚀用研磨进行修复时，则采用配合面上涂研磨膏使之相对运动相互研磨，即互研。

2. 船机零件的研磨修复

在船上柴油机的进、排气阀和阀座，燃油系统的精密偶件等的配合面磨损失效后，通常都是由轮机人员进行研磨，自修恢复其使用功能的。

1）平面研磨修复

平面研磨是在平板上进行的。研磨平板的尺寸由研磨件的形状和大小决定。研磨分为粗磨和精磨。粗磨在刻槽的平板上进行，精磨在光滑的平板上进行。

船机零件工作表面或其他配合面为平面的配合件，当平面发生磨损或腐蚀时，可在高精度的研磨平板上手工研磨修复。

研磨前，先将零件加工表面和平板清洗干净，然后在平板上均匀涂一层薄的研磨剂。把工件需要研磨的表面合在平板上，一般以旋转和直线移动相结合的方法，按 8 字形轨迹沿平板的全部表面进行研磨。研磨时，压力应均匀，以免工件过热变形。如果工件过热，就得停止研磨，等工件冷却后再研磨。研磨一段时间后，将零件转动一定角度再继续研磨。一般圆形零件转 120°，方形零件转 90°，矩形零件转 180°，目的是研磨均匀。

套筒端面密封不良的研磨修复，就是在铸铁平板上进行的。研磨时，在平板上涂以极少量的金钢砂研磨剂，用手轻轻握住套筒进行研磨，工件的运动轨迹呈“8”字形，如图 5-1-24 所示，并按图中箭头所示来回移动，同时还需按时把工件调转 120°。只有这样才能使工件磨耗均匀，不会产生倾斜。直到平面上的伤痕磨去后（注意不能磨得过多），再用煤油把套筒和平板上的研磨剂洗净，然后在平板上滴上几滴机油进行清磨 1～2 min，最后再与相对应的配合平面互研即可。

船舶上的空压机阀片、制冷压缩机阀等修理时均需采用平面研磨。

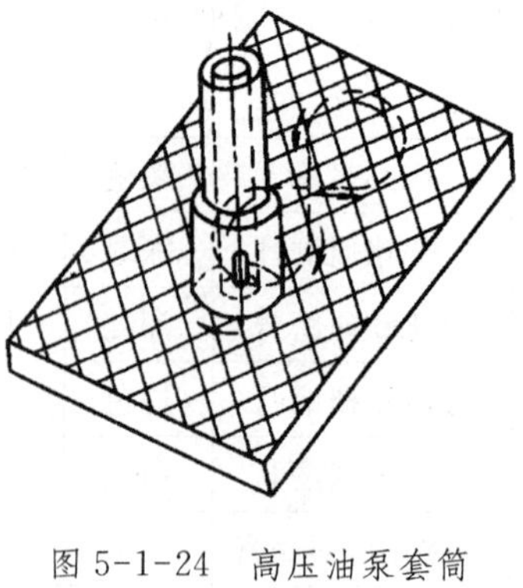

图 5-1-24　高压油泵套筒端面的研磨

2）锥面研磨修复

研磨圆锥形表面是轮机工作人员在检修机器中经常进行的工艺操作。这是因为船舶上这类机件很多，如旋塞，一般阀门、安全阀，柴油机进、排气阀和喷油头等。各种阀的结合部位都应有良好的密封性，以保证不漏气、漏水和漏油。为达到密封的要求，正确地掌握研磨方法是必要的，现简单介绍如下。

（1）柴油机进、排气阀的研磨。气阀拆出后，如发现锥形面上有麻点或局部变黑，就必须研磨。研磨时是否先粗磨后细磨，这要根据阀和座的表面情况决定。如果表面情况还可以，只用细磨即可。研磨时，首先在阀的表面均匀涂一层研磨剂，装上气阀，一方面用适当的力压紧，另一方面通过手柄将气阀左右旋转(即采用旋磨与撞击相结合的方法)。研磨时应注意旋转数次之后，将气阀转到一个新的位置，以免研磨剂集中而将气阀磨得凹凸不平。磨一段时间后，应将气阀取下擦净，重涂研磨剂(从粗号、中号至细号)再磨。这样一直磨到阀面上有一圈黝黑色光圈和没有细小纹路为止，然后把研磨剂用煤油洗净，再用机油研磨，使配合更加紧密。磨好后的气阀可用软铅笔划上线条进行检查，中间没有间断，也没有光亮的细线痕迹即可。

(2) 喷油嘴针阀研磨。针阀研磨主要是阀锥面研磨，首先应洗净擦好并在针阀导向柱表面涂上少许润滑油进行润滑，再在针阀阀锥面上均匀地点上几点研磨剂，然后将针阀放入针阀体内，用手轻轻地压住，并进行旋转和轻轻地敲击，使锥形阀面互相研磨。随着阀面的磨出(磨出密封阀线宽度为 0.3～0.5 mm)，再把针阀取出洗净后，用滑油进行研磨，直到出现明显光亮的密封阀线即可。磨好的喷油嘴应经雾化试验，在正常启阀压力下，雾化良好不滴油。

研磨是一项精细的工作，研磨中的清洁尤为重要，并应细心、耐心地研磨，操之过急则效果不良。

任务2　船舶修理组织与管理

任务概述

船舶修理是保证船舶正常营运的重要环节，其目的是消除船舶存在的缺陷，恢复或维持船舶的原始性能及强度，从而使船舶在营运期间能优质经济地安全运转；同时，也是为满足保持船级及适航性要求。因此，船舶修理是当船机设备的性能下降、状态不佳或发生故障而失效时，为保持或恢复其原有的技术性能所采取的技术措施。本任务要求学生熟悉修船的种类和原则；编制修理单和确定修理范围；安排厂修期间的工作；监督与验收修理项目。

学习目标

1. 熟悉船舶修理的种类和原则；
2. 根据船舶具体状况编制船舶修理单和确定最终修理项目；
3. 依据修理单内容做好厂修期间的自修与监修工作；
4. 根据厂修期间的实际状况增减项目并确认修理是否合格。

相关知识

一、修船的种类和原则

1. 修船的原因

船舶在运营中需要修理的原因有以下几点：

(1) 船舶在运营过程产生的损耗包括自然损耗（包括船体结构腐蚀损耗和轮机性能下降）和外来损耗（如船舶搁浅、触礁和碰撞等）。

(2) 船舶由于新技术的发展和新的国际公约生效，迫使船舶所有人必须对船舶进行改装，以便船舶能够通过船检。

(3) 船舶运营中的例行检查、检验。

为保持船舶性能和维持营运需要，船舶有必要进行维护和修理。

根据船舶修理的原因，船舶修理可以分为自主修理和被动修理。为适应新技术的发展改装、修理船舶和船舶定期检修可以算做船舶所有人自主修理，其他原因导致必须修理的情况可以称为被动修理。

根据修理工程承担对象，船舶修理可分为船员自修和厂修。

船员自修是船员应尽的基本职责之一，是保证船舶技术性能良好、消除没备隐患、减少故障、缩短修期、节约修费和提高船员技术水平的重要措施。

船员自修分为不停航自修、停航自修和厂修时的自修。

(1) 不停航自修是船员在航行期间内进行的自修保养工作。其主要内容是按计划和设备保养规程规定的预防性检查保养项目，解决航行中发现的问题。

(2) 停航自修是有计划安排或停泊期间的船员自修工作，以主机的检修为主，并进行其他不停航时无法进行的工作。停航自修以船员为主，在必要时由航修站或船厂协助进行。

(3) 厂修时的自修是船员在船舶厂修期间尽可能多地完成一些厂修范围的工作。当船舶进厂时，船员的主要职责是积极配合厂修做好监修工作。船厂应积极支持船员自修，及时解决自修所需的零部件加工和配件供应等问题。

2. 修船的种类

修船类别，船厂和船舶单位的规定及名称并不完全一致。例如，中国船舶工业总公司的船舶修理分为坞修、小修、中修和大修 4 类。而交通运输部制定的有关修船规定则分为航修、小修、检修 3 种。按航运企业规定，修船规定可分为航修、计划修理(包括检修)和事故修理。

1) 按交通运输部的规定划分

(1) 航修。船舶在营运中发生的零部件的过度磨损、一般性事故或出现损坏等缺陷，影响船舶的安全航行，而船上又难以自行修复，可由船厂或航修站利用在港停泊作业时间进行修理。航修属临时性修理，可以不编计划，临时列出修复项目的工程单即可。

(2) 小修。小修是按规定周期结合定期检验的坞内检验和年度检验所进行的短期计划性修理，目的是消除在使用中产生的过度磨耗和腐蚀，保证到下次修理期内的安全运转，主要对船体、主机和副机、管系、通海阀、舵装置、轴系、锅炉、受压容器、液压设备、电气设备等主要设备进行不拆开或少拆开的重点检验和修理，对设备进行清洁保养、研磨、调整和更换零部件，一般以原样修复为主。

小修的间隔期，一般客货船为 12 个月，远洋货船为 12～18 个月。如船舶的技术状态良好不需修理，则经验船师检验认可后可以延期 6 个月，但最多不超过 12 个月。

(3) 检修。检修是修船的最大修理类别。检修的目的是按规定周期每隔 2～3 次小修以后并结合验船的特别检验，拆开必要的机器设备，对船体和全船的各主要设备及系统进行一次比较全面的检查，修复已经磨损而在小修中不能解决的缺陷，保持船舶的强度并结合以后的小修统一考虑，使主要设备和系统安全运转到下次检修期。

除计划厂修外，还有事故修理。事故修理是指船舶在营运中，如遇到不可抗拒(台风、龙卷风)的因素或意外(船舶碰撞，触礁所造成)的海损事故后的修理。其修理情况要根据船舶损坏程度和船检部门提出的修理意见、要求进行临时性修理，以取得适航证书。

2) 按航运企业的规定划分

(1) 航修。属临时性修理，不编修船计划，主要解决营运中的局部故障。影响航行安全而又不能自修的工程，由船厂或修船队等利用船舶在港期间进行修理，不影响船舶营运。

(2) 计划修理(包括检修)。一般每 5 年进行一次，5 年中进行一次特别检验和一次计划修理。2 次计划修理之间进行一次坞修。

(3) 事故修理。船舶发生事故后，应依损坏情况和船舶检验机构的要求进厂修理。如果事故损坏通过临时性修理取得适航证书，则采用临时性修理，以降低营运损失；如果损坏严重，则依当时当地的条件决定修理方案，当此次事故修理与计划修理时间较近时，则应合并进行。

此外，厂修还可分为计划修理和临时修理。计划修理多结合船舶的各种检验有计划、周期地进行，包括坞修、小修和检修。临时修理是由于意外事情而进行的非计划修理，包括航修和事故修理。

3. 修船的原则

（1）船舶修理必须以原样修复为主。修理是解决营运中船员无力进行的修理工程，一般不进行改建。若要对船舶进行更新和改造，则需要做经济论证，并经上级批准。修理应以恢复机械、设备的原有性能为目的，并以船舶的使用年限为重要依据。船舶的航区和类型不同，其使用年限有很大差异，修船的方针也就不同。船舶类型和船龄不同对其修理的要求也不一样。例如，某(集团)总公司对各类船舶的使用年限的规定如表 5-2-1 所示。

表 5-2-1　各类船舶的使用年限　　年

序号	船型	老龄船	使用年限
1	杂货船、多用途船	＞20	20～25
2	散货船、木材船、滚装船、集装箱船和客船	＞15	15～20
3	油船	＞10	10～15
4	化学品船、液化气船和天然气船	＞8	8～12

上述船舶的使用期分别达到 20 年、15 年、10 年、8 年时则称为老龄船。对于不同船龄的修理要求为：

对于营运期不到 1/3 使用年限的船舶，按设计要求进行修理，修理时应达到保持原设计性能。

对于营运期达到 1/3 以上但不到 2/3 使用年限的船舶，修理时应在原结构和设计的基础上，按照营运期的要求进行修理，满足入级要求，保证船舶营运安全和保持其计划使用年限。

对于营运期已超过 2/3 使用年限，计划在特检期内退役的船舶，即老龄船舶，修理时应进行维持性修理，维持船级的最低要求；同时采取适当减载和限制功率的措施，以保证船舶的强度和航行的安全。

（2）远洋船舶应按入级标准进行修理。当为达到原入级要求而修理范围过大，经技术经济论证又不合算时，应按改变入级航区或移交沿海使用的要求进行修理。

（3）保证修船的质量。完成修理单上预定的修理项目，保证修理质量，修理的项目必须达到质量标准，应满足验船规范、修理标准、技术说明书等有关规定，做到牢固可靠、经久耐用、性能良好。修船厂应对修理的质量负责。修船质量的保证期，固定件为 6 个月，运动件为 3 个月。

（4）缩短修船时间。修船时间直接影响船舶营运率，是船舶运力的一个重要指标，应努力缩短修船期，减少对船舶营运和利润造成的损失。

（5）降低修船成本。修理费直接影响运输成本，是运输单位的重要经济指标。修船要勤俭节约，重点把主要设备修好，努力降低各类船舶不同类别的修理费限额。

（6）合理安排修船工程。船舶进厂修理工程对账后，首先要让工程主管排出工程进度表，然后与修理厂签定修船进度合同，明确双方的责任和义务，以免延误船期给公司造成经济损失。

(7) 坚持日常保养与计划修理、船员自修与厂修结合的原则。鼓励船员自修，逐年扩大自修范围和确保自修质量。船舶重大修理、设备更新和技术改造项目应进行技术和经济论证，并报公司审批。

二、修船的组织

修船的准备和组织工作对修理质量、期限、费用，以及厂、船双方关系都有重大影响，应高度重视，认真对待。

1. 修船的准备工作

1）编制修船计划

修船计划分为年度、季度、月度计划。

(1) 年度修船计划由船技部门在修理年度前的10月底编妥报总公司审批。年度修船计划须根据修理间隔期、前一年和本年度上半年修船实际情况和参考过去的修船记录编制。计划的主要项目：修理类别、进厂月度计划、估计修费、计划修船厂及其地址等，此计划不可能很准确，但可作为编制年度财务预算、安排船厂的依据。

(2) 季度修船计划根据船舶营运安排、年度修船计划执行情况及船舶状况由船技部门于季度开始前一个月编妥，允许在年度计划的基础上进行必要的修正。对修船日期、地点准确确定，季度修船计划经公司批准报总公司备查。

(3) 月度修船计划是修理船舶的执行计划，根据季度修船计划和实际情况编制，要求有更高的准确性，以便与船厂确定修船事宜。月度计划由船技部门掌握。

2）修理单的编制与确定

船舶修理单上列出船舶修理工程的项目、程度、范围和要求，是修船的重要文件和船厂修船的重要依据，是保证修船计划顺利完成的关键。编制正确的修理单对节约修船经费、缩短修期和提高修船质量均有决定性作用。所以编制正确的修理单是非常重要的修船前的准备工作。

编制修理单，确定修理的范围和程度，主要依据以下情况：①公司的修船原则和修船计划以及规定的修理类别。②船舶证书上需要船级社检验的项目。③说明书上所规定的各种设备和部件的检修间隔期。④船舶在航行中各种机械和设备的技术状况、磨损与损坏规律以及各种测试资料。历次修船记录和有关技术文件等均是编制修理单的重要依据。

船舶修理单分为坞修、甲板、轮机和电气4个部分。

轮机和电气部分的修理单分别由轮机员和电机员编制，大管轮汇总，轮机长审定(轮机部坞修修理单由轮机长亲自负责，甲板部修理单由大副负责)，公司机务部门上船审查校对，进行补充和修正，最后由公司批准。将修理单送有关船厂报价，选择修船厂。

修船厂接到修理单后，在必要时可会同机务部门上船核实。船厂对隐蔽工程拆检后提出拆检报告，经机务部门和船上确认后作为补充修理单。核对后的修理单和拆检报告是船厂制订施工单、估价单和签订修船合同的依据。

编写修理单时首先要说明机器的类型、功率、气缸直径、行程、转速或者修理设备的制造厂名称、出厂时间、编号、数量和规格，修理部件的材料和性能等。此外，需要注意下列要求：

(1) 名称和部位。首先要指出如主机、起锚机等，并注明修理机件的名称、规格。

(2) 损坏情况。说明修理部位的具体损坏情况，如过度磨损、碎裂、腐蚀或变形等。

(3) 修理要求。提出修理件的具体修理要求，如换新、光车、校准、调整、研磨等。若完工后需要试验者，则应在修理单上说明试验要求。

(4) 材料的规格和数量。需要的材料品种繁多，规格复杂，因此对材料的规格要详细说明，并注明数量。对于特别重要的材料，如艉轴、舵杆等需要厂方提出材料的化学成分和机械性能的说明文件，也要在修理单上标明。

(5) 附带工程。凡因为修理施工的需要涉及其他机构需要拆装而又要厂方施工的，必须在修理单中详细说明。

(6) 对平时无法拆检的部件或部位而不能确切决定修理内容的项目，即隐蔽工程要注明"拆检后决定修理内容"字样，但应估计列出需修换部件的名称、规格和数量等。

(7) 对要求预制的零部件(包括毛坯)，应在修理单上绘制草图，必要时注明"由船上测绘"。

在修理单上应注明船舶修理类别，主要是因为"航修""小修"和"检修"的修理范围不同，并注明船舶检验机构要求的修理工程，以便船厂在修理过程中安排验船师进行监督和检验，对修理工程签证或换发船级证书。

编写的修理单应一式3份，其中2份上交公司机务部门，1份留船。船舶"检修"应在进厂前4个月将修理单送交公司机务部门审核批准；船舶"小修"应在进厂前2个月送交修理单。公司机务部门审核后，将修理单送有关船厂报价，选择修船厂。"检修"船进厂前3个月、"小修"船进厂前40天将修理单送交修船厂。

3) 修船备件的准备

在编写修理单的同时，根据修船项目的需要，船舶进厂前应备好修船必需的备件。重要部件至少应在半年前提出申请，以便及时订货。对于需要的特殊材料，在选定船厂后应提前通知船厂，以便保证修船进度和节约修理费用。这样在修理单上可写明备件由船方提供。

对于订货困难需要船厂制造加工的配件应提前向船厂提出，由船厂提前安排制造。在修理单上应写明备件由厂方提供。

备件订购除在紧急情况外，一般均由船上提出申请，经公司船技部主管批准后，由公司专门部门进行订购。申请备件时应注意：

(1) 各主要设备的备件存量应保持船级社的最低要求。

(2) 对于船舶辅助设备的标准备件(如轴承、阀件、测量仪表、液压软管和轴封等)，尽量按物料申请，可节省大量费用。

(3) 备件申请计划由主管轮机员根据备件存船数量、设备实际情况、维修保养计划和消耗规律等提出，经轮机长汇总并审核后上报公司。

(4) 备件的申请必须使用公司的标准表格。

(5) 船员自修项目的备件也应有计划的申请领取。

4) 修船物料的准备

修船中使用的工具、物料等应提前做好准备，有计划的提出申请。

申请物料一般由船上提出申请，经公司船技部主管批准后，由公司专门部门进行采购。

申请物料时应注意：

(1) 物料的供应一般每3个月或半年一次。

(2) 申请的物料一定要有计划，提前、集中由船舶向公司统一申请，由公司选定供应商和质优价廉的港口供应。

(3) 对申请单的要求：申请单中申请的物品一定要查准物料手册，写明型号、规格、尺寸、数量，特殊需要的物品要画图及标明材料及用于何处等。

5) 专用工具及资料的准备

(1) 进厂前，轮机长应召集轮机员、电机员和机工长，针对修船项目，准备好所需专用工具。尤其是液压工具要提前试好，保持可用良好状态，以免因为工具的原因而影响修船进度。

(2) 对于所修设备的技术资料，轮机长也应提前准备好，有条件的船舶可将一些技术参数从说明书中复印下来交船厂工程主管。如果厂方需要将技术资料带走，一定要让其写借条，以免资料丢失。

6) 交厂工程的现场标示

进厂前，轮机长应会同各主管轮机员和电机员对厂修项目进行现场标示，标示序号应与修理单一致，以便同船厂对账时尽快找出修理部位，尤其是管路、阀件、舱底设备一定要标示清楚、明了。在现场标示的同时，也可在修船账上注明检修设备的位置。厂修账单要人手一份，对所有厂修项目，每个轮机员都要知道、了解其具体修理情况，包括不是自己主管的设备，以便于个别轮机员下船时在船轮机员进行监修。

2. 修船的组织工作

1) 安全工作

为使进厂修理的船舶得以安全、顺利地完成修理工程，船舶进厂后船舶领导人应及时与船厂联系，了解船厂的安全保卫制度，并向船厂说明船舶有关安全保卫的要求，共同结合实际情况制订出防火、防盗、防冻、防污染等各项具体安全措施，签订协议书，共同遵守下列事项：

(1) 凡进厂修理的船舶需经工厂安全、生产、消防等部门共同实地检验，认为合格后方可进厂。

(2) 船舶进厂前，必须将易燃易爆物品、有毒物品等全部卸掉。视工程范围清洗油舱、柜(箱)和管路，并排除易燃易爆气体和有害气体。

(3) 修理的船舶如需留用少量油类和易燃易爆物品，应由双方协商同意。该物品必须集中妥善保管，作出明显标记，并将存放位置通知工厂施工员。

(4) 船舶进厂后，船方应负责本船的警卫值班、安全防火、清扫工作和配合工厂施工采取有效的防火措施。在动用明火作业的部位，应派专人看守。

(5) 与修理工程无关的设备、零部件等，均由船方自行保管保养。

(6) 船舶进厂后，应遵守厂方的有关规章制度，船厂人员也应遵守船上的有关规定。

(7) 船舶进厂后的安全平时由工厂负责，船方协助，如遇不可抗拒的自然灾害，其造成的一切损失由船方负责，或向保险公司索赔。

修船中万一发生意外灾害事故，船员要坚守岗位，首先保卫好本船的安全，然后服从船厂统一指挥，共同保护或抢救其他船舶。

2）自修工作

船员自修对船员掌握船上的机械和设备的技术状况、及时消除隐患、提高船员修船技能和业务素质十分重要。开展好船员自修工作可使船舶机械和设备经常处于良好的技术状态，减少进厂修理，从而节约修船经费，缩短修船周期，增加船舶营运时间，有效地提高经济效益。为此必须充分发挥船员自修的积极性，在各方面条件允许的情况下尽可能多地开展自修工作。不过自修工作应确保符合有关技术标准和验船部门的要求，做好测量记录，实行自检、互检和轮机长负责的验收制度。

船员自修工作可分为营运期间的自修和厂修期间的自修2种。

（1）营运期间的自修工作。船舶营运期间，船员在完成预防检修计划的前提下，根据船员能力和备件情况完成一部分属于厂修范围的工程，如主机主要部件的拆装、检查、测量、调整间隙和更换备件等。自修工程的范围一般根据公司的规定安排。

船员在营运期间自修一般不占用营运时间，而是利用船舶停泊的时间进行自修。当运输任务繁忙，停泊时间短时，或船上船员偏少时，公司可予以一定的停航检修时间，在必要时也可申请船厂或航修站的协助。

（2）厂修期间的自修。厂修期间，船员应尽可能多安排一些属于厂修范围的自修工程，对不停航无法解决的项目，如重要的发电柴油机海水管系、锅炉的清洗等应在厂修期间完成。配合船厂共同完成修船任务，缩短厂修期，节约修理费用。

厂修期间的主要自修项目应在船舶进厂前编制修理单时编入修船计划，并由船技部门审核和检查修理质量。

船员自修时应充分利用船上已有的设备和工具，机务部门、供应部门要有计划地给船舶配备必要的电动、风动和小型机械化工具。

船员自修所必需的备品、配件和物料，各主管部门要给予优先安排及时供应。

船舶进厂时船员要基本固定，尤其是高级船员，必须调动时要征得机务部门的同意以保持自修力量。

船厂要为自修安排必要的协助和加工任务。

自修工程与厂修工程配合，按厂修预计的时间完成自修工程项目。

厂修期间的自修工程与厂修工程不应相互干扰，应保证自修工程的质量和按期完工，并由船舶领导或监修代表予以验收。

3. 修船的监督与验收

1）监修

当船舶进厂修理时，公司机务部门应派监修代表，负责与船厂联系，制订和签署文件，确定修船工程和处理修船中发生的问题，办理结账等事宜。船上负责具体修理项目的监修和验收，一般工程由大副、轮机长分别组织人员进行监修，重要工程由监修代表亲自监修。在不指派专人监修时，应由轮机长负责监修轮机修理项目。监修内容主要有：

（1）监修人员应监督船厂按修理单的修船项目、范围、进度和要求施工。

（2）监督材料、工艺和安装质量等是否符合技术要求。

（3）监督施工中有无由船厂责任引起的机器部件和设备的损坏。

（4）监督施工中有无不安全因素等可能引起火灾或其他的危险，在必要时有权停止施工并及时报告有关人员。

(5) 做好必要的修理数据与情况的记录。

(6) 监修人员应配合船厂工作，为施工提供方便条件。

(7) 修船期间监修人员要保持稳定，负责主管设备的轮机员，原则上不予以工休和更换。

2) 验收

验收工作用于检查船舶修理质量是否达到技术要求。船厂完成修理工程后交付给船方必须进行验收。验收时应有厂、船双方代表在场，验收后由验收人签字，以结束该项工程。具体项目的验收应是：

(1) 对船检机构检验的项目，厂修工程应由厂方申请验船师检验，自修工程由船方申请。

(2) 单项工程修理完工或试验合格后，由轮机长检查认可。凡不符合要求的项目，应由船厂负责解决。双方如有争议，首先进行协商，在必要时可申请船检部门仲裁。

(3) 全部修理工程完工后，根据修理范围决定试航和码头试车。试航时由双方共同提出试航大纲，并按船检的标准进行，明确试航时的安全责任。

(4) 全部修理工程完工后(包括各种试验结束后)，由双方代表签署本船“完工验收单”作为交船的依据。对质量未达到要求的应用文字注明，并须双方签字。

(5) 在试验、试航和工程验收中，若船检及船方提出属船厂修理工程中的缺陷和遗漏，船厂应及时消除和负责修理；若不属船厂修理工程范围而又需船厂修理，则按追加工程处理。

(6) 船厂应对承修工程的质量完全负责，厂修期间主修工程师不可随意更换。船厂修理工程的保修期，固定部件为 6 个月，运动部件为 3 个月。

(7) 在保修期间，如属船厂工程项目的质量问题，由船厂及时免费修复。如该船在其他港口船厂不便前往修理，船方可将船厂应负责的项目修妥，然后将其账单交船厂审核，并由船厂支付修理费用。若双方对问题发生的原因有分歧，则应在听取船检部门意见后协商解决。

任务实施

模块　编制三管轮主管设备修理单

【任务要求】

依据公司的修船原则和修船计划以及规定的修理类别、船舶证书上需要船级社检验的项目、说明书上所规定的各种设备和部件的检修间隔期、设备的运转状况等编制修理单。

【任务准备】

1. 教学资料准备：

船舶修理单(主机工程范例)

M-010　　主机
制造厂：
型号：
发火顺序：
额定输出功率(MCR)：kW
额定转速：　r/min
海上营运功率(CSR)：kW
营运转速：　r/min
M-010-1　　修理前后测取主机拐挡差，记录交船。
活塞(No. 1/2/3/4/5/6/7/8/9/10)
M-010-2　　拆掉缸头，拉出活塞，清洁、测量活塞和缸套；解体活塞填料函；完成后装复。
缸套(No. 1/2/3/4/5/6/7/8/9/10)
M-010-3　　拉出缸套，清洁缸套和冷却水腔，用船供备品换新缸套密封令后装复。
缸套(No. 1/2/3/4/5/6/7/8/9/10)
M-010-4　　拉出缸套，清洁备用缸套，用船供备品换新备用缸套密封令后装复。
(备用缸套位置：机舱)
缸头(No. 1/2/3/4/5/6/7/8/9/10)
M-010-5　　拆掉缸头，换用船供备品缸头装复。
(备用缸头位置：机舱)
M-010-6　　缸头进气阀(No. 1/2/3/4/5/6/7/8/9/10)拆出(x)只进气阀，换用船供备品装复。
M-010-7　　缸头排气阀(No. 1/2/3/4/5/6/7/8/9/10)拆出(x)只排气阀，换用船供备品装复。
M-010-8　　缸头安全阀(No. 1/2/3/4/5/6/7/8/9/10)拆出(x)只安全阀，解体、研磨、试跳后装复。
油头(No. 1/2/3/4/5/6/7/8/9/10)
M-010-9　　拆出(x)只油头，换用船供备品装复。
(备用油头位置：机舱)
缸头起动阀(No. 1/2/3/4/5/6/7/8/9/10)
M-010-10　　拆出(1)只缸头起动阀，换用船供备品装复。
(备用缸头起动阀位置：机舱)
十字头轴承(No. 1/2/3/4/5/6/7/8/9/10)
M-010-11　　检查运转间隙，并作记录。
十字头轴承，1 只缸(No. 1/2/3/4/5/6/7/8/9/10)
M-010-12　　打开轴承检查、清洁，并作记录，完工后装复。
十字头轴承，1 只缸(No. 1/2/3/4/5/6/7/8/9/10)
M-010-13　　打开轴承检查，用船供备件换新轴瓦，完工后装复。

曲柄销轴承(No. 1/2/3/4/5/6/7/8/9/10)
M-010-14　检查运转间隙,并作记录。
曲柄销轴承,一只缸(No. 1/2/3/4/5/6/7/8/9/10)
M-010-15　打开轴承检查、清洁,并作记录,完工后装复。
曲柄销轴承,一只缸(No. 1/2/3/4/5/6/7/8/9/10)
M-010-16　打开轴承检查,用船供备件换新轴瓦,完工后装复。
主轴承,一道(No. 1/2/3/4/5/6/7/8/9/10)
M-010-17　主轴承间隙测量,并作记录。
主轴承,一道(No. 1/2/3/4/5/6/7/8/9/10)
M-010-18　打开轴承,不拉出下瓦,检查、清洁,并作记录,完工后装复。
主轴承,一道(No. 1/2/3/4/5/6/7/8/9/10)
M-010-19　打开轴承,用船供备件换新轴瓦,完工后装复。
曲轴,No. 1 缸～No. 10 缸(No. 1/2/3/4/5/6/7/8/9/10)
M-010-20　检查曲轴拐档差,并作记录。
推力轴承
M-010-21　打开轴承,测量间隙,并做记录。
推力轴承
M-010-22　打开轴承,用船供备件换新轴瓦,完工后装复。
推力轴承
M-010-23　检查轴向间隙,并作记录。
轴向减振器
M-010-24　打开防护罩壳和端盖,拆出套筒弹簧检查、清洁,作记录。
(用二硫化钼涂抹、润滑套筒弹簧/螺栓后装复。)
机座螺栓
M-010-25　检查机座螺栓紧固力,并作记录。
(在必要时,再收紧,费用另计。)
贯穿螺栓
M-010-26　检查贯穿螺栓紧固力,并作记录。
(在必要时,再收紧,费用另计。)
驱动大链条
M-010-27　检查链条表面及收紧状况。
燃油凸轮(No. 1/2/3/4/5/6/7/8/9/10)
M-010-28　检查运行表面状况,并作记录。
进气阀凸轮(No. 1/2/3/4/5/6/7/8/9/10)
M-010-29　检查运行表面状况,并作记录。
排气阀凸轮(No. 1/2/3/4/5/6/7/8/9/10)
M-010-30　检查运行表面状况,并作记录。
起动空气分配器
M-010-31　解体、清洁、检查,检查导阀活络程度,完工后装复。

主起动阀

M-010-32　解体、清洁、检查，用船供密封件换新旧品，完工后装复。

燃油高压油泵(No. 1/2/3/4/5/6/7/8/9/10)

M-010-33　拆下燃油高压油泵，用船供备件总成换新、装复。
(备用高压油泵总成位置:机舱)

燃油高压油泵(No. 1/2/3/4/5/6/7/8/9/10)

M-010-34　拆下燃油高压油泵，并解体，换新密封圈(船供备件)，装复。

扫气箱

M-010-35　打开道门，清洁扫气箱内部，包括清除垃圾、油泥，以备检查，完工后装复。

空冷器(No. 1/2/3)

M-010-36　将 No. 1/2/3 空气冷却器拆厂总体清洁，气面内芯化学药剂浸泡、冲洗清洁，完工后运回船上原位装复。

空冷器(No. 1/2/3)

M-010-37　将 No. 1/2/3 空气冷却器拆下运到船舶甲板，将船供备用空气冷却器从甲板运到机舱原位装复。

辅助鼓风机

M-010-38　拆下电动马达(A, kW, V, 60 Hz)和叶轮清洁、检查，并作记录，完工后装复。当整体做动平衡时，另外计费。

2. 人员分组:6～8 人一组，每组指定一名学生为组长，负责修理单的起草。

3. 多媒体教学设备。

【任务操作】

根据给定的修理项目，将学生分为 6～8 人一组，每人单独完成修理单编写；组内学生进行讨论，完善修理单的编制；组长负责提交一个完整项目的修理单。

修理项目:

(1) 锅炉；

(2) 压载水泵；

(3) 消防泵；

(4) 油水分离器；

(5) 焚烧炉；

(6) 生活污水处理装置；

(7) 造水机。

【任务评价】

评估要素:修理单编制依据；修理单符合修理要求；修理项目的验收。

任务拓展

船机零件缺陷的检验方法

零件的缺陷是指零件在制造和使用过程中所产生的缺陷和损伤。零件表面和内部的这些缺陷和损伤是导致零件失效和引起事故的根源。轮机管理人员平时要进行大量的检查测量，以便及早发现问题，保证船舶的安全航行和正常营运。

船上常用的探伤方法是一般的、传统的简易方法，如观察法、听响法等，具有方法简单、精度较高的特点。

1. 观察法

观察法是指直接用眼睛或借助低倍放大镜等辅助工具观察和判断零件表面有无裂纹和其他缺陷的方法。该方法简单、快速，是最常用的检测方法之一；缺点是仅能检查表面缺陷，受表面状况的影响，存在某些部位难以检查的问题，当缺陷很小而检查面积很大时有漏检的可能。此法只适宜检查零件表面上的一些细微缺陷，其准确程度与检验人员的细心程度和工作经验有关。常用的辅助工具有放大镜、内窥镜等。

2. 听响法

听响法是根据敲击零件时发出的声音判断零件有无缺陷的方法。如：声音清脆表示零件完好或零件与其表面上的覆盖层结合良好，无脱壳现象；声音沙哑则表示零件内部或表面缺陷，或零件与其表面上的覆盖层结合不良、局部脱壳等。

听响法只能定性地判断零件有无缺陷，不能定量确定缺陷的种类、大小和部位，检验的准确度有赖于检验者的经验，只适用于小零件。此法简便、灵活，随时可以进行。

3. 触摸法

触摸法是常见的检测方法。这是因为人手上的神经纤维比较敏感，可以监测设备的表面温度、粗糙度、振动及间隙的变化等情况。

当应用触摸法时注意防止高温灼伤、低温冻伤、触电及运转设备所带来的伤害。

4. 测量法

测量法是轮机员在船上进行检修和船舶进厂修船时广泛使用的重要检测手段，利用普通或专用量具来测量磨损零件的尺寸和配合件的间隙，以判定零件磨损及腐蚀的情况。一般使用的普通量具有：内径和外径千分尺、百分表、内径百分表、塞尺等；一般使用的专用量具有样板、专用千分尺、长塞尺和桥规等。

测量法检测精度高，使用方便、灵活，但检测的精度主要取决于测量工具、量具的精度和测量人员的检测水平。

5. 液压试验法

液压试验法是检验零部件穿透性缺陷或系统密封性的检验方法，实质上是在模拟使用条件下对承压零件或系统进行检验的一种无损检验方法。

试验用的液体可选用水或油，也可用压缩空气，依要求而定。试验压力依零件工作条件而定，通常为正常工作压力的 1.5 倍。

试验前，将待检零件上的孔、洞等堵塞，用专用夹具密封零件形成包括检验部位的封闭空腔，注满液体或气体，按要求加压至规定的压力，保持一定时间后观察零件外表面的渗漏情况或系统的压降，以确定零件能否使用。图 5-2-1 为筒形活塞式柴油机气缸套冷却水腔的液压试验示意图。其试验压力为 0.7 MPa，保持 5 min，检查气缸套外表面有无渗漏现象。

液压试验法实际上是对模拟零件的使用条件进行检测，检测结果准确可靠，适用于有密封要求的零件。我国的《钢质海船入级与建造规范》《船用柴油机修理技术标准》及柴油机说明书中均对各种零件的试验压力有明确规定，检验时必须严格参照。

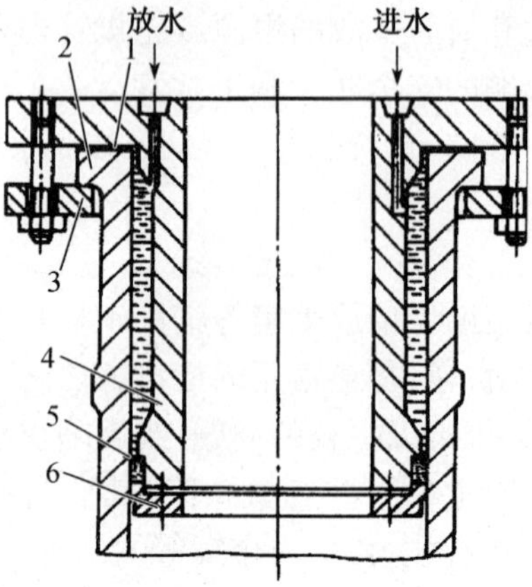

1—密封垫套；2—气缸套；3—压盖；
4—试验夹具本体；5—密封套；6—压板

图 5-2-1 柴油机气缸套液压试验

该方法的缺点是不能用于检查非穿透性的缺陷，不能用于在线监测，而且过高的压力可能损坏零部件或系统。

任务3　船舶坞修组织与管理

任务概述

船舶长期航行，船体水线以下的船体表面，特别是船底会生锈和生长海藻、贝类等，致使船体水下部分和船底表面脏污和粗糙，这种现象称为污底。显然，船舶污底将会增加船舶航行的阻力，降低航速，损耗功率。此外，船舶发生海损事故时还会产生船体变形或破损，因此船舶要定期坞修。

船舶坞修是指为实现船舶水下结构和装置的保养、检验、维修和改造工作，或泛指与船舶在船坞内进行维修相关的各项工作（检验、修理、改装、清洁、涂装、进出坞和修船管理等）的总称。船舶坞修是目前实现船体清洁、除锈和涂装等唯一有效的方式。

本任务要求学生认识坞修设施；确定坞修项目；为进坞修理做准备；进行坞修的监督与验收。

学习目标

1. 熟悉船舶坞修的目的和设施；
2. 根据船舶状况编制船舶修理单（坞修部分）；
3. 熟悉坞修工程验收。

相关知识

一、坞修工程

船舶坞修工程一般是指船舶水线以下部分的船体工程和机电工程的修理和检验。坞修工程主要是船体的除污、除锈和涂漆、船体损坏部位的焊补修理以及各海底阀、轴系、桨和舵的拆检和修理等。

1. 坞修设施

船坞是重要的修船设施，船体和轴系等的修理均需在船坞中进行。船坞的种类按用途分为造船坞和修船坞；按构造分为干船坞（包括造船坞和修船坞）、浮船坞等。对于修船而言，目前国内主要采用干船坞、浮船坞，分别如图5-3-1和图5-3-2所示。

1）干船坞

干船坞（或称旱坞）是建于水域边缘的池形水工建筑物，根据其用途分为修船坞和造船坞。造船坞深度较浅，故称为浅坞；修船坞则较深。

图 5-3-1　干船坞

图 5-3-2　浮船坞

修船坞主要用于进行船体水线以下部分的检查和修理，例如，船体表面的除锈和油漆，水线以下船板的更换，艉轴、螺旋桨、舵系、通海阀门、水文和海底地貌的探测仪器等的拆卸修理工程。

修船坞由坞首、坞口（坞门、坞门座和坞门墩）、坞室（坞墙、坞底板）、排灌系统、曳船系统、起重系统和动力设施及其他设备构成。修船坞的坞底低于水面，三面是坚固的坞壁，临水一面安装活动的坞门。在坞室的底板上设有支承船舶的龙骨墩和边墩；船坞两侧布置引船进出坞的曳船装置（如坞壁牵引车），坞壁上部地面安装起重设施。坞口附近设水泵站和排灌系统，并配置修造船用的动力管系。坞门开启，船坞与水域相通，船舶进/出坞；坞门关闭，泵站排水，船舶坐墩，进行修船作业。

2）浮船坞

浮船坞是一种特殊的工程船，它能够浮于水上并由拖船拖动。浮船坞一般常泊于修船厂附近码头，也可拖至需要修船的地点。浮船坞不仅用于修造船，而且可以打捞沉船、运送深水船舶通过浅水航道以及战时作为流动修船基地。

浮船坞一般为由两侧坞墙与坞底组成的槽形箱式结构，首尾两端通常敞开。浮船坞配备必要的修船设施，包括进排水系统、动力设备、坞修系统、曳船系统、起重设备、锚泊设备以及其他工作和生活设施等。浮船坞中央监控装置能够实现对浮船坞挠度变形、四角吃水、纵倾、横倾、压载水舱液位的监测以及对压载阀和排水泵的遥控等。通过对浮船坞的各水密舱的充水和排水，实现船坞的上浮与下沉，从而将修理的船舶托出水面或沉入水中。

待修船舶进坞时先向水舱灌水，使坞下沉至坞内水深满足船舶进坞水深要求，用牵引设备牵船入坞，之后排出水舱内水体，使坞上浮至坞底露出水面，便可进行维修作业。当完成维修作业后，以相反程序操作。

修船厂通常具有各类专业的修理车间，如坞修车间、冷作车间、轮机车间和电工车间等。此外，修船厂的设施还包括为协作厂家提供生产、办公及生活场地，办公生活设施等。

2. 轮机坞修的主要项目

船舶常规坞修就是按船级社的规定，在一定的营运周期后必须在船坞里对船舶进行的检验。依据 CCS《钢质海船入级规范》对船舶坞修的要求，一般情况下，船体、轮机和电气设备的特别检验每 5 年进行一次，检验合格后换发新的证书，以保持船级的有效性。螺旋桨轴和艉轴的检验一般不超过 5 年。坞内检验 5 年内应不少于 2 次，间隔期为 2.5 年，最长间隔不超过 3 年，但其中 1 次应与特别检验同时进行。

轮机坞修工程主要是船舶推进装置、舵和水线下的船舷阀件等的检修。具体项目有以下几个。

1）海底阀箱的检查与修理

拆下格栅，检查连接螺栓和螺帽；钢板敲锈出白，涂防锈漆 2～3 度，箱内锌块换新；如钢板锈蚀严重，在必要时应测厚检查；钢板换新后必须对海底阀箱进行水压试验。

2）海底阀的检查与修理

海底阀、船舷排出阀、海水出海阀、锅炉排污阀等水线以下的各阀应解体清洁、除锈。阀体在除锈后涂防锈漆 2～3 度；阀及阀座应研磨密封，如锈蚀严重，则可光车后再研磨；阀杆填料换新；检查海底阀与阀箱的连接螺栓，锈蚀严重时应换新。

3）螺旋桨的检查与修理

拆下螺旋桨进行检查，桨叶表面抛光，测量螺距；桨叶如有变形应予以矫正和做静平衡试验。如发现桨叶有裂纹和破损，需按螺旋桨修理标准进行焊补和修理。

4）螺旋桨轴及轴承

当抽轴检查时，应对螺旋桨轴的锥部进行探伤检查，检查铜套是否密封，对滑油密封装置应换新密封圈；锥部的键槽和键应仔细检查，换新时必须与键槽研配；测量轴承下沉量和轴承间隙，检查轴承的磨损情况。

5）舵系的检查和修理

对舵杆、舵轴承、舵叶、舵销、密封填料装置进行检查，如发现缺损、碰撞等缺陷，及时进行修复。

对于具有 CCS 船级的船舶，为保持船级还应按照《钢质海船入级与建造规范》的要求定期进行坞内检验、螺旋桨轴和艉轴的检验，检验间隔期一般不超过 5 年。以上 2 项保持船级检验均需船舶进坞完成，船级检验可以与船舶坞修结合进行。

二、坞修工作

1. 坞修的准备工作

坞修工程修理费用高，时间短，为顺利完成各项坞修工程项目和不误坞修期，要求船舶在进坞前做好下列各项准备工作。

(1) 认真编制坞修项目修理单，并将修理单提前报公司船技部门审核、报价，以选定坞修的船厂。

(2) 船方应预先订购好坞修所需的重要配件，如艉轴密封等备件，以免延误坞修期或者不能进行抽轴检查。

(3) 准备好坞修所需的专用工具，如拆装螺旋桨帽的专用扳手、液压工具，拆装中间轴法兰螺栓的专用扳手，移动中间轴和螺旋桨轴的滑道滚轮，测量螺旋桨下沉量的专用测量工具等。

(4) 准备好有关图纸资料，如船体的进坞安排图、螺旋桨图、螺旋桨轴及其轴承图，以及上次坞修的测量记录和检验报告等，提供给船厂和验船师参考。

(5) 油船应预先做好货舱清洁工作。一般船舶的油舱在进行明火作业的修补工作前事先将油料抽尽，并经过洗舱和防爆安全检验。

(6) 如需在坞内进行锅炉检验，进坞前应将炉水放尽，以免在坞内烫伤工作人员和影响坞修工程。

(7) 与坞修工程师商洽坞修事项，如进、出坞日期，岸电的供应，淡水的供应，空调和冷藏装置冷却水的供应，临时追加项目的可能性等，以及注意事项和内部规则。

(8) 所有可移动的物件，如锚、舢板等应放置牢固，在必要时可用绳索捆绑牢靠。进坞后松开轴系连接螺栓，防止受力变形，用紧固装置将艉轴固定，以防进坞拖船时艉轴向后移动。

2. 坞修时轮机部应注意的问题

船舶进坞后，为确保坞修工作顺利进行，应做到下列要求：

(1) 当船体搁置在墩木上时，倾斜度不得超过 10°～15°。检查墩木、撑木是否牢靠，船体是否均匀地平卧在墩木上，不允许船体搁置处有悬空现象。发现不正常情况应立即向坞修工程师提出，以便及时改正。

(2) 当坞水泵干后，必须对水线以下的坞修工程项目逐项认真检查，如有增减项目，应报告坞修工程师。

(3) 船员必须遵守船坞内部的规章制度，没有坞长同意，不得将物品、水或燃润料随意移动，不得擅自移动墩木和木撑；不得自行将船上的电线、蒸汽管或水管与厂方接通；不得自行搭跳板和使用炉灶；不得使用船上的卫生设备和将垃圾倒入坞内。

(4) 注意防火，当各舱室进行明火作业时应指派专人看守。

(5) 当冬季进坞时应打出不必要的舱内存水和主、辅机存水，以防冻裂机器设备。机舱等某些必须保温的场所应按需要保温。

(6) 在艉轴或螺旋桨拆卸期间应特别注意不让无关人员乱动有关机件，特别是螺旋桨的锁紧螺帽。

(7) 所有脚手架要牢靠无误，必要之处应设置安全网，冬季增设防滑设施。尤其在检修海底门时要特别留心各阀及格栅的安装要符合规范要求。

三、坞修检验

1. 坞修工程的验收

1) 质量检查与验收

坞修中的各种海底阀和出海阀必须解体清洁，研磨完好。阀与阀座的密封面经轮机员检查认可后才能装复。

当安装艉轴和螺旋桨时，轮机长应在场监督进行。

对坞修中的各项修理项目，应按修理单的要求检查修理质量，在必要时应做水压试验和运行试验。

2) 测量记录的交验

坞修的测量记录(如艉轴下沉量、螺旋桨螺距测量和静平衡试验、艉轴承间隙、舵承间隙、轴系找正等)和其他年度检验的测量记录，应一式二份提交给轮机长。

2. 出坞的检查工作

出坞前，轮机长应对下列修理工程仔细检查、认可后方可允许出坞。

(1) 检查海底阀箱的格栅是否装妥，箱中是否有遗忘的工具、杂物；所有海底阀和出海阀是否装妥。

(2) 检查舵、螺旋桨和艉轴是否装妥,保护将军帽是否涂好水泥。艉轴密封装置装妥后做油压试验、转舵试验。

(3) 检查船底塞及各处锌板是否装好,如有临时孔洞检查是否焊填好。

(4) 坞内放水前应关闭全部通海阀,坞内进水后应检查各通海阀及管路,然后分别开启各阀检查所有管路是否漏水。

(5) 坞内进水后对海水系统放空气,使其充满海水。

(6) 冷却系统、燃油系统和滑油系统正常工作后,起动柴油发电机,切断岸电,由船上自行供电。

(7) 出坞后,待船舶静漂 24 h 以上使船舶恢复弹性变形后,进行轴线检查并连接轴系各道法兰螺栓。

任务实施

模块 编制三管轮坞修单

【任务要求】

讨论坞修项目,熟悉进坞注意事项,编制三管轮坞修单。

【任务准备】

1. 学生分组:6～8 人一组,每组指定组长一名,组长负责组织本组讨论,提交一份三管轮坞修单;

2. 多媒体教学设备;

3. 教学资料准备:轮机坞修单样本。

D-040 极板(锌/铝板)

D-040-1 换新极板,包括去除旧极板、搭脚手架,船供备品

—艉柱　块,尺寸:

—侧推　块,尺寸:

—舵叶　块,尺寸:

—应急消防海底阀箱　块,尺寸:

—高位海底阀箱　块,尺寸:

—低位海底阀箱　块,尺寸:

—出海通道　块,尺寸:

—减摇鳍片　块,尺寸:

—其他　块,尺寸:

D-050 海底阀箱,海底阀,出海阀和防浪阀

海底阀箱:　打开格栅,清洁、油漆后装复(连附属管路),包括脚手架。

海底阀:　原地打开,清洁、研磨,用船/厂供备品换新密封件。

滤器：　　打开，清洁后装复。

蝶阀：　　原地检查、清洁，润滑驱动机构，在必要时用船/厂供备品换新密封件。

防浪阀：　　原地打开，清洁，用船/厂供备品换新阀板橡胶密封件后装复。

D-050-1　　海底格栅/出海阀箱

打开，清洁、用船供油漆涂装格栅/箱壁，完成后装复。（以下同 D-050-1）

D-050-2　　应急消防泵阀箱，右舷，肋骨号　　—

D-050-3　　上部海底阀箱，右舷，肋骨号　　—

D-050-4　　下部海底阀箱，左舷，肋骨号　　—

D-050-5　　出海口，右舷，肋骨号　　—

D-050-6　　出海口，左舷，肋骨号　　—

D-050-7　　高位海底阀箱，右舷

D-050-8　　低位海底阀箱，左舷

D-050-9　　应急消防泵阀箱，右舷

以下阀件从管线上拆下，送车间解体、清洁、研磨和必要的修理，换新密封件。

若是蝶阀，则用船供/厂供专用密封件换新，然后回船装复。

D-050-10　　出海阀（请分别表明阀门型式及左/右舷）

压载水、冷却水、辅助设施、油水分离器、造水机、卫生水、锅炉排污阀等。

D-050-11　　应急舱底阀

D-050-12　　海水吸入滤器打开，清洁本体和滤芯，包括去除存水、污泥和海生物，原样装复。

【任务操作】

将学生分为 6～8 人一组，一人担任组长，组内进行交流和合作，完成一份三管轮坞修修理单。

三管轮坞修项目：

（1）主海底门和阀箱；

（2）锅炉排污阀；

（3）造水机海水舷外阀；

（4）油水分离器舷外阀。

【任务评价】

评估要素：修理单格式；修理单内容；人员分派。

任务拓展

1. 坞修时如何做好防污染工作？

2. 船舶出坞时，轮机部需要做好哪些准备工作？

项目六 船舶备件和物料管理

项目概述

船舶安全航行需要船舶备件和物料的保障。船舶物料包括燃油、润滑油及其他物料。《钢质海船入级规范》对船舶主要备件有最低要求。本项目要求学生能够正确加装和管理燃油;加装和管理润滑油;订购、验收和管理备件;订购、验收和管理物料。

任务1　燃油的加装和管理

任务概述

燃油是船舶最重要的物料。它不仅对柴油机动力装置的工作产生影响，同时也会给海洋环境造成污染。不管是船公司还是轮机管理人员，都十分重视对燃油的管理。本任务要求学生掌握燃油加装、储存、净化等环节的正确操作。

学习目标

1. 了解燃油的主要特性指标；
2. 熟悉燃油加装程序并能够正确操作；
3. 日常工作中能够正确管理燃油及燃油系统。

相关知识

一、几个常用的燃油特性指标

燃油质量是以其理化性能指标来衡量的，根据其对柴油机工作的影响，船舶燃油主要特性指标大致可分为3类：

(1) 影响燃油燃烧性能的指标，如十六烷值、柴油指数、热值和黏度等。

(2) 影响燃烧产物成分的指标，如硫分、灰分、沥青分、残炭值、钒和钠含量等。

(3) 影响燃油管理工作的指标，如闪点、密度、凝点、倾点、浊点、水分和机械杂质等。

船舶燃油的使用和管理中经常涉及以下几个性能指标。

1. 影响燃油燃烧性能的指标

1) 十六烷值

十六烷值是评定燃油自燃性能的指标。其定义为在标准的四冲程柴油机上，将所试柴油的自燃性(通常以滞燃期长短计量)同正十六烷(十六烷值定为100)与α甲基萘(十六烷值定为0)的混合液相比较，当两者相同时，混合液中的正十六烷的容积百分比即为所试验燃料的十六烷值。

柴油机对燃油的十六烷值的要求：通常，高速柴油机使用的燃油的十六烷值在45～60之间；中低速柴油机在40～50之间；对于燃用重油的大型低速柴油机，其十六烷值应不低于25。

2) 热值

1 kg燃油完全燃烧时放出的热量称为燃油的热值，单位用kJ/kg表示。其中，不计入燃烧产物中水蒸气的汽化潜热值称低热值，用符号 H_u 表示。重油的基准低热值 $H_u=$ 42 000 kJ/kg；轻油的基准低热值 $H_u=$42 700 kJ/kg。

3）黏度

燃油在管路中输送的流量和压差、在喷射时的雾化质量、对喷油泵偶件的润滑能力等都与黏度有密切关系。液体的黏度值有绝对黏度和条件黏度（又称相对黏度）2 种表示法。绝对黏度表示内摩擦系数的绝对值，相对黏度是在一定条件下测得的相对值，并因测定仪器而异。属于绝对黏度的有动力黏度和运动黏度；属于相对黏度的有恩氏黏度、赛氏黏度和雷氏黏度。

（1）动力黏度。动力黏度是 2 个相距为 1 cm，面积为 1 cm^2 的液层，相对运动速度为 1 cm/s时所产生阻力的数值，工程单位制为 g/(cm・s)，国际单位制为 Pa・s，1 Pa・s= 10 g/(cm・s)。

（2）运动黏度。运动黏度是动力黏度与同温度下液体密度之比，国际单位制为 m^2/s 或 mm^2/s。通常在实际中使用厘斯（cSt，工程单位），1 cSt=10^{-6} m^2/s=1 mm^2/s。

（3）恩氏黏度。恩氏黏度是 200 cm^3液体在特定温度下，从恩氏黏度计流出所需的时间与蒸馏水在 20 ℃时流出相同体积所需的时间之比。它是一个无因次量，符号为°E。恩氏黏度曾是我国和部分欧洲国家常用的黏度表示法。

（4）赛氏黏度。赛氏黏度是液体在 37.8 ℃（100 ℉）温度下从赛氏黏度计流出 60 cm^3 所需的时间（s）。

赛氏黏度和雷氏黏度是美英国家常用的黏度表示法。各种黏度表示法的换算关系如下：

恩氏黏度（°E）=0.132×运动黏度（mm^2/s）；
雷氏黏度（s）=4.05 ×运动黏度（mm^2/s）；
赛氏黏度（s）=4.62 ×运动黏度（mm^2/s）。

国际标准化组织（ISO）规定，自 1977 年 10 月开始采用 50 ℃时的运动黏度值（mm^2/s）作为燃油的黏度值。

4）密度

燃油在温度 t（℃）时单位体积的质量称密度 ρ_t，常用单位是 kg/m^3或 g/cm^3。在 20 ℃时的密度称标准密度 ρ_{20}。燃油的密度随温度而变，其温度修正公式如下

$$\rho_t=\rho_{20}-0.000\,672(t-20)$$

2. 影响燃烧产物成分的指标

1）硫分

燃油中所含硫的质量百分数叫硫分。燃油中含硫的危害如下：

（1）液态的硫化物（如硫化氢等）对燃油系统的设备有腐蚀作用。

（2）燃烧产物中的三氧化硫和水蒸气（H_2O）在缸壁温度低于其露点时，会生成硫酸附着在缸壁表面产生强烈的腐蚀作用。由于这一腐蚀只发生在低温条件下，故称为低温腐蚀。

（3）燃烧产物中的三氧化硫能加速碳氢化合物聚合而积碳，而且此积碳较硬，不易清除。

（4）硫燃烧后产生的二氧化硫是柴油机排放的主要有害成分。

2）灰分

灰分是在规定条件下燃油完全燃烧剩余物的质量百分比。燃烧后残存的灰分中含有的各种金属氧化物，可造成燃烧室部件的高温腐蚀和磨料磨损，加剧气缸的磨损。

3）钒、钠含量

燃油中所含钒、钠等金属的质量浓度用 10^{-6}(ppm)表示。钒以金属有机化合物形式存在于原油中。一般其熔点最低，仅为 300 ℃左右。当排气阀和缸壁温度过高而超过这些化合物的熔点时，它们就会熔化附着在金属表面上，与金属表面发生氧化还原反应而腐蚀金属。由于这种腐蚀只发生在高温条件下，故称为高温腐蚀。因此，为控制此种腐蚀，应限制排气阀和缸套表面的最高温度。

4）沥青分

沥青分表示沥青占燃油质量的百分数。沥青是多环的大分子量芳香烃，悬浮在油中呈胶状。由于沥青不易燃烧，导致滞燃期长，产生后燃，冒黑烟；使用中易形成沉积胶膜和积碳，增加磨损并使喷油器偶件咬死。

5）残炭值

燃油在隔绝空气条件下加热干馏，最后剩下的鳞片状炭渣物就是残炭。残炭占试验油质量的百分数称残炭值。残炭值表示燃油燃烧时形成积碳、结焦的倾向，并不表示形成积碳的数值。残炭值中包括机械杂质和灰分。当燃用残炭值较大的燃油时，将在燃烧室产生较多的积碳使热阻增加，引起过热、磨损，缩短柴油机的维修周期。

3. 影响燃油管理工作的指标

1）闪点

燃油在规定条件下加热到它的蒸气与空气的混合气能同火焰接触而发生闪火时的最低温度称闪点，根据测试仪器的不同，分为开口闪点和闭口闪点。闭口闪点低于开口闪点。闪点是衡量燃油挥发成分产生爆炸或火灾危险性的指标。按国内外船舶建造规范规定，船舶使用的燃油闭口闪点不得低于 60 ℃，从防爆、防火的观点出发，在低于燃油闪点 17 ℃的环境温度下倾倒燃油或敞开容器才比较安全。

2）凝点、倾点和浊点

凝点、倾点和浊点都是说明燃油低温流动性和泵送性的重要指标。

(1) 燃油在试验条件下冷却至液面不移动时的最高温度称为凝点。燃油的凝点取决于它的成分和组成结构。对于含石蜡较多的燃油在低温下由于石蜡结晶而形成网状晶架，从而使燃油失去流动性，称为结构凝固；对于含石蜡较少的燃油，在低温下由于黏度增大而失去流动性，称黏温凝固。

(2) 燃油尚能够流动的最低温度称倾点。

(3) 燃油开始变混浊时的温度称浊点。

通常，燃油的浊点高于凝点 5～10 ℃；倾点高于凝点 3～5 ℃。当燃油的温度低于浊点时将使滤器堵塞，供油中断。当燃油温度低于凝点时，将无法泵送。就使用观点而言，浊点是比凝点更重要的指标。燃油的使用温度至少应高于浊点 3～5 ℃。

3）机械杂质和水分

燃油中所含不溶于汽油或苯的固体颗粒或沉淀物的质量百分数称为机械杂质。轻质燃油不允许含机械杂质，重质燃油允许含有少量机械杂质。

燃油中的水分以容积百分数表示。燃油中的水分能降低燃油的低热值，破坏正常发火，甚至导致柴油机停车。如含有海水将会造成腐蚀，加剧缸套磨损。因此，应限制燃油中的水分，尤其对轻柴油应限制其水分不大于痕迹（即不大于0.025%）。

在船舶上可以使用燃油净化措施降低燃油的机械杂质和水分。

二、燃油的加装

1. 加油申请

（1）船长会同轮机长根据航次任务，计算本航次燃油消耗量、备用油量以及油舱、油柜内的存油量，按公司（机务管理部门）规定的燃油规格，拟定加油计划，并向公司（或租家）提出加油申请。

（2）船长接到公司（或租家）指定加油的港口及油品的规格、数量，并经轮机长确认后，船舶应及时回电确认。如对确定的燃油规格、数量、加油港口有异议，应及时报告公司（或租家）。

（3）船长应在船舶抵港前通过代理与油商联系并商定具体的加油时间和地点，并及时通知轮机长。届时轮机长及主管轮机员应留船等候，如有变动，应尽早通知代理，并应得到供油公司的同意，避免发生装驳费、空驶费等。

2. 加油前的准备工作

轮机长和主管轮机员根据加油数量及船舶储油情况，做好“详细受油计划书”，具体格式可以参照SMS文件的相关附表，再与船长和大副商讨后执行。

（1）轮机长应组织召开由轮机部全体成员和驾驶部相关人员参加的加油准备会议。会议应包括以下内容：①通报“详细受油计划书”。②进行相关法律、法规的学习及防污染操作教育。③根据加油港的具体情况，明确各自的职责和分工。

（2）轮机长根据受油计划，书面通知大副加油的油舱及各油舱的加油量，以配合装货和调整水尺。

（3）大管轮负责安排好受油中的使用工具、通信工具、警告牌、清洁油污材料（木屑、棉纱及化学药剂）、试水膏及其他用品，并逐一检查，确认无误。

（4）主管轮机员根据受油计划进行必要的并舱（如需要），以避免在加油时造成混油。在油船到来前负责检查并打开受油舱的甲板透气管阀门，确认透气管、测量管的溢油池旋塞已关闭。

（5）大副负责安排于油气可能扩散到的区域悬挂“禁止吸烟”的警告牌并备妥消防器材，严禁明火作业。

（6）在船靠妥油码头或油驳靠妥本船装油前，值班驾驶员应立根据港口的规定改挂指示标志。如白天悬挂“B”信号旗，夜间开亮桅杆红灯等。

（7）木匠或水手长负责加油前堵塞甲板疏水孔。

（8）如加油被供方延误，造成船方直接或间接损失，船长应立即通知代理向供方提交滞期损失索赔通知，同时书面上报公司。

3. 受油工作

1）加油前

加油开始前，轮机长应携同主管轮机员与供方代表联系，商定如下事项：

(1) 燃油的规格、品种、数量是否符合要求。

(2) 确定装油的先后顺序。

(3) 最大泵油量(添装过程中泵油速度)及其控制方法。

(4) 装油过程中双方的联系方法。

(5) 加油泵应急停止方法。

(6) 装油开始前,轮机长应亲自或指派主管轮机员检查油驳或油罐的检验合格证和规范图表,弄清油驳的舱位分布及数量,与供油方代表一起测量并记录供油油驳的所有油舱或油罐的油位、油温和密度,计算出储油量;审核驳船装单,若发现不一致,则需当即弄清;要核对并记录流量计的初始读数,如为油罐车供油则应检查其铅封是否完好。双方确认后,轮机长在供方提交的装前状况确认书上签字。

(7) 装油开始前,应提请供油方按正确方法提取油样,并监督取样装置的安装及调整。

(8) 检查本船各有关阀门开关是否正确,各项工作准备妥善后,即可通知供方开始供油,并记录开泵时间。

2) 加油中

(1) 开始泵油后,注意倾听装油管的油流声,检查装油舱透气管的透气情况,证实油确已装入指定的油舱中,并及时测量受油舱液面的变化情况。

(2) 在全部装油过程中,要勤测量,记录每次测量值,同时计算加油速度,监督装油速度是否符合约定速度,在必要时与供方联系调整。注意装油引起船舶倾斜对测量的影响以及可能造成油面封住透气管引起的跑油现象。

(3) 受油舱中的油已达到本舱容量的70%左右,应打开下一个受油舱的进口阀若干圈,以防溢油。

(4) 当换装油舱时,应先全开下一个受油舱的进口阀,然后关闭正在装油的受油舱的进口阀。

(5) 在寒冷天气装油时,应适当提高加油温度,以防油入舱后温度下降快,影响到测量,甚至造成跑油。

(6) 油驳上均有油样提取装置,轮机长或主管轮机员应使用油样提取装置,在加油全过程中点滴取样,最后混为2～3瓶标准油样,每瓶至少1 L,加油完毕后摇匀(约30 s),均分成2～3份,由双方代表现场铅封瓶口,再将有双方签字的标签贴在瓶上,并注意铅封是否完好,有无铅封号。油样1瓶交油公司,1瓶留船保存1年(或1瓶送实验室化验)。

(7) 在加油过程中,当有公证人员(Bunker Surveyor)在船时,如果轮机长对公证人员的工作程序或文件有异议,应当面提出并应在加油操作前达成一致。加油数量应以公证人员测量的数字为准。但是,轮机长必须组织主管轮机员和其他人员在加油全过程中进行现场监装、监测、监督提取油样。油样应由船方、供方和公证方三方代表签字,船方不得接受供方提供的未经三方代表签字的油样。

(8) 在整个受油过程中,取样器要由专人照看,不得离人。

3) 加油后

(1) 待油舱中的油气稳定后(正常情况下,1～2 h可消除90%以上的气泡),轮机长和主管轮机员与供方代表一起测量并记录加装完毕后供方油驳所有油舱或油罐的油尺、油温和密度,并结合船舶装油后船舶的吃水差及左右倾斜角,计算得出剩余油量;核对并记录流量计的读数和停泵的时间(如果有流量计)。双方确认一致后,轮机长在供油方提供的加油收据上签字。

(2) 于加油当天,将受油数量记录在轮机日志上。

(3) 如受油发生争议,轮机长与供方代表交涉,并告知船长,待解决后再在加油收据上签字。若现场双方不能通过协议解决,轮机长不要在加油收据上签字,也暂不要让供方代表及油驳等离开现场。如果船期允许,可以通过代理申请第三方实施公证检验,对双方的油舱的容积、标尺、油泵的流量计及泵油管路等进行检验、测算,作出裁决,同时将此情况报告公司。在公证检验时,轮机长及主管轮机员须在现场。如果船期不允许,则轮机长必须在加油收据上加批注(若供方不同意加批注,则可书面声明并由双方代表签字),并将此情况通知油公司,同时上报公司,验船费用将由败诉方负担。

4. 加油工作报告

加油工作结束后,轮机长应向船长汇报在港加油量(准确到小数点后 3 位)、规格、存油量及加油过程中的问题。船长应在离港电报中将加油的规格及数量(准确到小数点后 3 位)上报公司。如加油中出现争执问题,轮机长应及时将争执的起因、过程及处理情况写成详细的书面报告连同有关的日志摘要寄往公司。

5. 新加装燃油的使用

按惯例,质量投诉有效期一般为 30 天(从加油日期开始计算),最少时为 7 天。因此,加完油后要在 1 周内试用该油,如有问题及时向公司汇报,以便公司及时安排油样化验、分析等取证工作和在索赔有效期(加油后 1 个月内)内进行索赔工作。另外,一些公司要求新加装燃油先送交指定的实验室化验,根据实验室的化验结果确定是否使用及如何使用。因此,待加装燃油结束后,应及时将符合要求的油样委托船舶代理送达或寄送实验室,以免耽误新加装燃油的使用。

当换用新加装的燃油时,主管轮机员应该在机舱告示板上告知后续值班轮机员,并注意检查燃油日用柜和燃油沉淀柜的放残情况。同时,告知各值班人员注意燃油分油机的运转情况和燃油系统过滤器的工作情况。

三、燃油的储存管理

(1) "燃油存量记录簿"由主管轮机员保存记录。一般在加油前后,进出港前以及长航次中间进行测量(一般每周一次),详细记录各油种的存量及存放舱柜。轮机长要定期检查,并签字确认。

(2) 船舶每天的消耗量要准确无误记入轮机日志,误差不应大于 0.5%(有流量表的要定时记录流量表读数)。

(3) 轮机长应认真填报"燃润油航次报告表"、抵离港存油电报、申请加油电报,其填报油量要与实际相符,且存油误差不应大于 1%。

(4) 主管轮机员在交接班时要对燃油存量进行严格核实,并在"燃油存量记录簿"及轮机日志上签字确认。

(5) 轮机长负责监督指导主管轮机员对燃油的正确使用及储存工作,杜绝出现由于不合理用油而发生的混油或不能按计划加油等现象,并对此造成的损失负责。

(6) 船舶在用油中,如油舱或用油设备出现故障,影响下次加油,则应书面报告公司,以便在以后安排加油时予以考虑。

(7) 当船舶污底影响航速时，船舶要及时书面报告公司，由公司根据港口情况负责安排刮船底工作。

(8) 船舶油舱油角、油泥的清除要书面报公司，然后根据公司安排进行处理。

(9) 船舶期租期间，要严格监督租家所定油品规格是否符合合同规定，对于不符合规定的油品要拒绝接受，并电告公司，根据公司的指示执行。

(10) 对于期租期间的燃油质量问题在报租家的同时要抄报公司。

(11) 当船舶退租时，轮机长应根据租家雇用的公证人员测定的船舶存油数量重新修订轮机日志的燃油数量。如果公证人测定的船舶存油数量与轮机日志记录的船舶燃油数量相差较大，则应协商妥善解决。如果不能达成一致，则应及时请示公司。

(12) 每日正午，轮机长应计算当日燃油消耗和存量，并由船长电报公司及租家。每航次结束后，轮机长应根据公司或租家的要求格式填写航次燃油消耗报告，由船长签字后发送公司或租家。

(13) 当船舶转卖时，轮机长记录船舶交船时的存油量并及时上报公司。

(14) 燃油舱的加热温度不宜过高，一般以 40 ℃左右为宜。

四、燃油的使用管理

1. 燃油的取样方法

燃油的取样应使用专用的全程点滴取样器进行。在加油的全程连续点滴取样，加油结束后，将混合均匀的油样分装在 3 个油样瓶内，受、供双方现场铅封，填签油样瓶标签(如果有公证人员在船，也应在场并签字)。双方各保存一瓶，另一瓶寄往实验室化验。

如果船舶未安装专用燃油取样器，则应至少在加油开始、加油中间和加油结束前 3 个时间段进行燃油取样。油样数量与上述要求相同。

2. 燃油存量的计算

船舶燃油消耗和存量都以 t 为计量单位，但船舶舱容表和流量计的读数全是以体积(m^3)为单位，在使用舱容表计算燃油舱、柜存量时，应首先确定燃油的密度。一般船舶加油得到的燃油密度(或实验室化验单提供的燃油密度)都是 15 ℃时的密度，而不同舱的燃油温度不同，在计算时必须分别对密度进行修正。密度 ρ 的修正值由下式获得：

$$\rho = \rho_{15} - A(t - 15)$$

式中：t 为燃油温度；ρ_{15} 为燃油在 15 ℃时的密度；A 为燃油密度/温度修正系数。

由于船舶燃油舱柜的自由液面比较大，各部分的液体测深 S(自由液面到舱底的深度)随船舶不同方向的倾斜而不同，在查取舱容表前应对测深值进行修正。一般船舶舱容表含有 2 方面的修正关系，即船舶前后吃水差(Trim)修正值 T 和船舶左右偏斜(Heel)修正值 H。

3. 劣质燃油的使用与管理

1) 尽量不要混油

当 2 种燃油出现不相容时，就会产生沥青质沉淀，有黑灰色或棕色胶状物质析出，易堵塞泵、管系、滤器及分油机等处，为防止出现此类问题，要求采取下列措施：①分开储存不同来源的燃油，加油前要把储存的燃油集中存放，进行并舱，尽可能避免将2种不同规格的燃油加入同一油舱中。②相同规格不同产地的燃油的混装出现问题的几率为千分之几，尽可能避免1∶1混对。而7∶3混对后需要尽快用完。③注意不要将硫分不同、黏度不同的直馏燃油和催化裂化燃油混放在一起。④新加燃油根据规定的试用程序试用，熟悉其性能，早发现问题及时解决，以减少危害程度、缩短危害时间。

2）认真测量油品数量、取好油样

当前船舶所用的燃油的黏度都很高，通常加油温度高于40 ℃。在取样时要注意油品有代表性，避免瓶内油品与实际供应油品出现差异。这是因为当使用出现问题后，存在争议却没有有效的证据，难以进行索赔。所以，油样要在加油过程中连续滴油取样。

3）认真做好预热加温确保燃油充分雾化燃烧

燃油处理好坏的重要标准就是经过处理后，燃油由喷油嘴射进燃烧室能充分雾化燃烧，在不损坏运动部件状况下，燃油充分发挥热效率推动活塞对外做功，达到最大热效率。在油舱中预热的目的是解决驳运问题，燃油舱必须要有加温装置，不然无法驳运。

燃油从油舱中首先驳入沉淀柜，沉淀柜是燃油处理的第一步。沉淀柜的功能主要是通过加温将燃油中的水分和杂质通过放残管排除，以便于通过放残管放出油样检查燃油质量。因此，沉淀柜要能将燃油所含水分、杂质消除掉就要相应提高预热温度，通常IF0 180 mm^2/s燃油，沉淀柜需加温至70～80 ℃，当杂质、水分含量高时可提高至80～90 ℃。

日用柜是经过滤器、分油机分离后进入燃油，在日用柜中的燃油经加温由高压油泵通过喷油嘴喷入燃烧室。经过国际上许多柴油机厂的试验，二冲程柴油机的最佳喷射黏度为12～16 mm^2/s，即雷氏1号黏度为60～75 S；对于四冲程柴油机的最佳喷射黏度为9～14 mm^2/s，即雷氏1号黏度为50～70 S。如果加温温度过高，则会引起喷射黏度过低，导致燃油汽化，高压油泵、喷油嘴密封不良出现渗漏，过热易出现积垢积碳、咬死现象。当加温温度过低时，即使是同品种燃油也有很大区别。比如，IF0 180 mm^2/s燃油密度最低为0.94 kg/cm^2，最高为0.998 kg/cm^2，甚至达到1.01 kg/cm^2。其他项目相差也很悬殊，因此要根据燃油质量差别采取相应措施。如密度变化了要更换分油机比重环；黏度变化后要相应改预热温度。

4. 燃油化验报告

每次加完油后应立即将油样寄往公司指定的实验室进行化验，一般化验报告1周内即可返船。下面以某实验室的一份燃油化验报告（见表6-1-1）为例，对相关问题进行叙述。

表6-1-1　某船某次加装的燃油的化验报告

Sent：Thursday，April 13，2006 4∶20 AM
Subject：Report：FO604843121—vessel name—RMG 380：conforms—EFN：59
FROM
VISWA LAB
TO
MV. ××××

Fuel Sample	×××××××
VLC Log No.	FO604843121 Date 02/19/06
Bunker Port and Date	×××××××××.　02/15/06
Place and Date Sent	×××××××××.　02/1506

续 表

Supplier	××××××××	
Date Received at VLC	02/19/06	
Same Type per Customer	IFO 380	
Grade	RMG35	
Tamper Proof	510575：Sealed	
Customer Furnised Date		
Density	987.0 kg/m^3	
Quantity	949 m. t	
Specified Parameters for RMG 35		
Density @ 15 ℃	985.9 kg/m^3	(991.0 Max)
API Grade	11.94	(11.20 Min)
Viscosity @ 50 ℃	283.25 cSt	(380.00 Max)
Viscosity @ 100 ℃	30.2 cSt	(35.0.00 Max)
Upper Pour Point	11 ℃	(30.0 Max)
Carbon Residue	14.43% Wt	(18.00 Max)
Ash	0.038% Wt	(0.150 Max)
Water	0.05% Vol	(0.50 Max)
Sulfur	1.49% Wt	(4.5 Max)
Sediment	0.00% Wt	(0.10 Max)
Vanadium	44 Wt. ppm	(300 Max)
Al + Si	57 ppm	(80.00 Max)
Flash Point	>60 ℃	(60 Min)
Additional Parameters		
Si	31 ppm	
Al	16 ppm	
Na	28 ppm	
Ca	29 ppm	
Fe	50 ppm	
Pb	<1 ppm	
Ni	16 ppm	
P	5 ppm	
Zn	2 ppm	
Mg	5 ppm	
CCAI	850	
Calorific Value	40.76 MJ/kg	
Minimum Transfer Temperature	39 ℃	
Injection Temperature (for 13 cSt Viscosity)	130 ℃	
Engine Friendliness Number (EFT:1～1 100)	61	
Grade Conformance		
The fuel sample tested conforms grade		
Comments		
Suggestions & Recommendations to ship owners/operators/technical staff		
Temperature for Injection Viscosity 10 is 142 ℃		
Temperature for Injection Viscosity 15 is 124 ℃		
Catfines		
Observation：Catfines content (Aluminium+Silicon)in fuel is high.		
Catfines cause high wear in rubbing surface of cylinder and fuel system. If the catfines content is less		

续 表

than 20 ppm, wear and tear for the engine will be minimal. Increased catfines content will increase the wear rate. Purify continuously and recirculate the fuel several times to bring down the catfines content. Pour Point Observation: Heat and store this fuel at 10 above the measure pour point temperature. Sulfur Observation: This fuel is has low sulfur. High alkalinity of some cylinder oils can cause scuffing and excess wear of cylinder liners Make sure cylinder oil used can handle low sulfur fuel. CCAI Observation: Ignition delay is indicated by CCAI greater than 840 for medium-speed engines and greater than 870 for low-speed engines. Overall quality Engine Friendliness Number(EFN)is a unique bench-mark of fuei quality evaluated by VISWA LAB from the point of view of engine wear tear resulting from the use of this fuel. Based on EFN, which is calculated form the analysis results listed in this report, the quality of this fuel is good. Note: the conformance of this fuel-to the contracted specifications may have no relationship to the evaluation of this fuel based on EFN.

化验报告提供比较详细的燃油信息，同时还提供主要燃油指标的极限值，有利于比对。化验报告的结尾部分是对此次加装燃油的使用建议和注意事项，如燃油最低驳运温度、雾化温度等。对一些可能影响柴油机正常工作的指标也提出警示，如燃油中的磨料磨损成分偏高（Al + Si）、硫含量等。

一般来说，燃油中含有的铝和硅大部分呈球形，尺寸在 5～150 μm，硬度比钢大。燃油中铝和硅偏高会导致主机的燃油喷射系统的偶件（喷油泵中柱塞套筒、喷油器中针阀偶件等）和活塞环、气缸套产生过度磨损，而且还会对填料函密封圈造成过度磨损，引起填料函漏泄加重。一般要求铝和硅总量在加油时应小于 30 ppm，在进入气缸前应降低到 10 ppm 以下。若加油时它们的总量超过 40 ppm，则一般认为此次加油含有较高的铝和硅的含量。

如果发现船舶已经加装此类燃油，一般应采取以下措施：

（1）提高气缸油注油率。

（2）降低缸套冷却水温度。

（3）尽可能降低扫气温度。

（4）增加燃油沉淀柜和日用柜放残频率。

（5）起动全部分油机并联运行，缩短排渣周期。

（6）如果燃油系统安装了细滤器，不要使其旁通。

（7）当燃油日用柜有高和低 2 个吸口时，使用高位吸口。

（8）尽可能小流量分油，航行中分油机的分油流量控制在比消耗量略大的位置。

如果发现过度磨损已经发生，应尽可能降低主机的负荷，如果有条件应更换硬度更高的活塞。实际上，去除燃油中铝和硅的最有效方法是在燃油系统中安装自动反冲洗细滤器（5～10 μm）。

任务实施

模块　油舱燃油存量计算

【任务要求】

1. 掌握空挡测量油舱存油的方法；
2. 正确计算油舱存油量。

【任务准备】

1. 人员分组：6～8 人为一组，每组指定组长一名，负责分组讨论和提交报告；
2. 多媒体教学设备；
3. 教学资料准备：舱容表，如表 6-1-2 和表 6-1-3 所示。

表 6-1-2　舱容表(横倾修正)

CORRECTION TABLE FOR HEELING (UNIT =MM)									
	PORT (DEG)					STARBOARD (DEG)			
SOUNDING(m)	4	3	2	1	0	1	2	3	4
0.000	3	3	3	3	0				
0.500	2	1	1	0	0	0	−1	−1	−2
1.000	18	13	9	4	0	−4	−9	−13	−18
1.500	31	23	15	8	0	−8	−15	−23	−31
2.000	42	31	21	10	0	−10	−21	−31	−42
2.500	51	38	25	13	0	−13	−25	−38	−51
3.000	58	44	29	14	0	−14	−29	−44	−58
3.500	65	48	32	16	0	−16	−32	−48	−65
4.000	70	53	35	18	0	−18	−35	−53	−70
4.500	75	57	38	19	0	−19	−38	−57	−75
5.000	80	60	40	20	0	−20	−40	−60	−80
5.500	84	63	42	21	0	−21	−42	−63	−84
6.000	88	66	44	22	0	−22	−44	−66	−88
6.500	91	68	45	23	0	−23	−45	−68	−91
7.000	94	70	47	23	0	−23	−47	−70	−94
7.500	96	72	48	24	0	−24	−48	−72	−96
8.000	98	74	49	25	0	−25	−49	−74	−98

续　表

CORRECTION TABLE FOR HEELING（UNIT =MM）									
	PORT (DEG)					STARBOARD (DEG)			
SOUNDING(m)	4	3	2	1	0	1	2	3	4
8.500	100	75	50	25	0	−25	−50	−75	−100
9.000	102	77	51	26	0	−26	−51	−77	−102
9.500	104	78	52	26	0	−26	−52	−78	−104
10.000	105	79	52	26	0	−26	−52	−79	−105
10.500	106	80	53	27	0	−27	−53	−80	−106
11.000	107	81	54	27	0	−27	−54	−81	−107
11.500	108	81	54	27	0	−27	−54	−81	−108
12.000	109	82	55	27	0	−27	−55	−82	−109
12.100									

表 6-1-3　舱容表(纵倾修正)

CORRECTION TABLE FORTRIM										
SOUNDING	TRIM									ULLAGE
(m)	−2.0 m	−1.0 m	0.0 m	1.0 m	2.0 m	3.0 m	4.0 m	5.0 m	6.0 m	(m)
5.990	33.5	33.5	33.5	33.5	33.6	33.6	33.6	33.6	33.6	6.110
6.000	33.6	33.6	33.6	33.6	33.6	33.6	33.7	33.7	33.7	6.100
6.010	33.7	33.7	33.7	33.7	33.7	33.7	33.7	33.8	33.8	6.090
6.020	33.7	33.8	33.8	33.8	33.8	33.8	33.8	33.8	33.9	6.080
6.030	33.8	33.8	33.8	33.9	33.9	33.9	33.9	33.9	33.9	6.070
6.040	33.9	33.9	33.9	33.9	34.0	34.0	34.0	34.0	34.0	6.060
6.050	34.0	34.0	34.0	34.0	34.0	34.1	34.1	34.1	34.1	6.050
6.060	34.1	34.1	34.1	34.1	34.1	34.1	34.2	34.2	34.2	6.040
6.070	34.1	34.2	34.2	34.2	34.2	34.2	34.2	34.2	34.3	6.030
6.080	34.2	34.2	34.3	34.3	34.3	34.3	34.3	34.3	34.3	6.020
6.090	34.3	34.3	34.3	34.4	34.4	34.4	34.4	34.4	34.4	6.010
6.100	34.4	34.4	34.4	34.4	34.4	34.5	34.5	34.5	34.5	6.000
6.110	34.5	34.5	34.5	34.5	34.5	34.5	34.6	34.6	34.6	5.990
6.120	34.6	34.6	34.6	34.6	34.6	34.6	34.6	34.7	34.7	5.980

【任务操作】

1. 燃油的测量

量油时要根据油品选择测量方法。柴油可以实测油深;重油要用测量空当的方法。计算燃油量前要观察出前后吃水。根据舱容表,考虑船舶的纵倾、横倾和油温进行必要的修正。最后算出当前油舱油量。

测量油位有2种方法:实测油位(柴油)和空当测量法(重油)。

空当测量法:空当是指露天测量孔平面至舱内油面的垂直距离。测量孔水平面至油舱舱底深度为12.1 m,油尺放入6 m,测得油位为10 cm,则实际油位为12.1 m－6 m＋0.1 m＝6.20 m,空当为:6 m－0.1 m＝5.9 m。

2. 燃油的计算

舱容表使用:量出舱内油位,根据燃油深度找出相应行的数值,根据船舶吃水差值找到相应列,交叉数值即为舱内燃油容积。

当测深或吃水差在舱容表上未列入时,可以用其值相邻的2个数值的平均数替代。横倾也是如此。

最后进行温度修正,最终得到油舱的实际存量。

【任务评价】

评估要素:测量方法正确;计算方法正确。

任务拓展

本部分内容见附录1～4。

任务2　润滑油的加装和管理

任务概述

润滑油对柴油机的安全运转和无故障寿命意义重大。本任务要求学生了解润滑油的主要性能指标;熟悉船用润滑油的种类;正确管理润滑油。

学习目标

1. 了解润滑油的主要特性指标;
2. 熟悉润滑油加装程序并能够正确操作;
3. 日常工作中能够正确管理曲拐箱油和气缸油。

相关知识

一、船用润滑油的分类

船用润滑油的品种很多,主要分作4类:

(1) Ⅰ类:气缸油,用于大型低速十字头式柴油机活塞与气缸套之间的润滑。

(2) Ⅱ类:系统油,用于大型低速十字头式曲轴箱润滑。

(3) Ⅲ类:中速机油,用于中速筒状活塞式柴油机润滑。

(4) Ⅳ类:其他小品种油,用于不同机械不同部位的透平油、液压油、冷冻机油、齿轮油、压缩机油、导轨油和艉轴管油等。

前3类主要用于船舶主柴油机和发电柴油机,占船用润滑油总用量的90%~95%,Ⅳ类仅为5%~10%。

国产润滑油的品牌主要有:昆仑(中石油),长城(中石化)。国外润滑油的品牌主要有:Exxon Mobil(美国)、Shell(荷兰)、Total(美国)、Castrol(英国)、Bp(英国)。

二、润滑油的主要性能指标

1. 润滑油的理化性能指标

1) 颜色

润滑油的颜色与基础油的精制深度及所加的添加剂有关。在使用或贮存过程则与油品的氧化、变质程度有关。若呈乳白色,则有水或气泡存在;若颜色变深,则氧化变质或污染。

2) 黏度

黏度是润滑油最重要和最基本的性能指标之一。大多数润滑油按运动黏度划分牌号。

润滑油的黏度越大，所形成的油膜越厚，有利于承受高负荷，但其流动性差，增加了机械运动的阻力，或者不能及时流到需要润滑的部位，以致失去润滑作用。

3）黏温特性

当温度变化时，润滑油的黏度也随之变化。温度升高则黏度降低，反之亦然。润滑油的黏度随温度变化的特性称为润滑油的黏温特性，它是润滑油的重要指标之一。

表示润滑油黏温特性的方法有 2 种：一种是黏度比；另一种是黏度指数Ⅵ。黏度指数是由 2 种标准油的假定黏度指数演算而得的。一种油的Ⅵ值越大，表示它的黏度随温度的变化越小，通常认为该油品的黏温特性越好。

4）凝点和倾点

凝点是指在规定的冷却条件下油品停止流动的最高温度，一般润滑油的使用温度应比凝点高 5～7 ℃。

倾点是油品在规定的条件下冷却到能继续流动的最低温度，也是油品流动的极限温度，故能更好地反映油品的低温流动性，其实际使用性比凝点好。润滑油的最低使用温度应高于油品倾点 30 ℃以上。

5）闪点

闪点是表示油品蒸发性的一项指标。油品蒸发性越大，其闪点越低。同时，闪点又是表示石油产品着火危险性的指标。在选用润滑油时，应根据使用温度和润滑油的工作条件进行确定。一般认为，闪点比使用温度高 20～30 ℃即可安全使用。

6）酸值

酸值是指中和 1 g 油样中全部酸性物质所需的氢氧化钾的毫克数，单位是 mgKOH/g。对于新油，酸值表示油品精制的深度或添加剂的加入量（当加有酸性添加剂时）；对于旧油，酸值表示氧化变质的程度。一般润滑油在贮存和使用过程中，由于在一定的温度下与空气中的氧气发生反应，生成一定的有机酸，或由于碱性添加剂的消耗，油品的酸值会发生变化，因此，酸值过大说明氧化变质严重，应考虑换油。

7）水溶性酸碱

这主要用于鉴别油号在精制过程中是否将无机酸碱水洗干净；在贮存、使用过程中，有无受无机酸碱的污染或因包装、保管不当而使油品氧化分解，产生有机酸类，致使油品产生水溶性酸碱。一般，油品中不允许有水溶性酸碱，否则，与水、汽接触的油品容易腐蚀机械设备。

8）机械杂质

机械杂质是指润滑油中不溶于溶剂的沉淀物或胶状悬浮物。它们大部分是砂石和铁屑之类，或由添加剂带来的一些难溶于溶剂的有机金属盐。机械杂质将加速机械设备的正常磨损，严重时将堵塞油路、油嘴和过滤器，破坏正常润滑。此外，金属碎屑在一定的温度下对油起催化作用，会加速油品氧化变质。

9）水分

水分是指润滑油中含水量的质量百分数。润滑油中的水分，一般以 3 种状态存在：①游离水；②乳化水；③溶解水。润滑油中水分的存在会破坏润滑油膜，使润滑效果变差，加速有机酸对金属的腐蚀作用，还会使添加剂（尤其是金属盐类）发生水解反应而失效，从而产生沉淀，堵塞油路，妨碍润滑油的循环和供应。此外，在使用温度接近凝点时，会使润滑油的流动性变差，黏温性能变坏。当使用温度高时，水汽化，这不但破坏油膜而且产生气阻，影响润滑油的循环。

10）灰分

灰分是指在规定的条件下，灼烧后剩下的不燃烧物质，以质量百分数表示。灰分一般是一些金属元素及其盐类。对于基础油或不加添加剂的油品，灰分可用于判断油品的精制深度。对于加有金属盐类添加剂的油品（新油），灰分就成为定量控制添加剂加入量的参照，此时的灰分不是越少越好，而是不得低于某个指标，如内燃机油的产品标准中，既规定了基础油的最高灰分，又规定了最低灰分。

2. 润滑油的使用性能指标

润滑油的使用性能指标是在试验室内模拟机械设备的工作状态和润滑油的使用条件，对油品的性能进行评估，其是润滑油配方筛选和产品质量控制及评定的重要手段。

1）抗腐蚀性

一般采用金属片试验判断润滑油的抗腐蚀性。为提高润滑油的抗腐蚀性，可适当加入防腐添加剂。

2）防锈蚀性

润滑油延缓金属零部件生锈的能力称为防锈蚀性。由于基础油的防锈能力较低，为此常要加入防锈添加剂。

3）抗乳化性

润滑油的抗乳化性是指防止乳化，或一时乳化但经静置，油水能迅速分离的性质。液压油、齿轮油、汽轮机油等工业润滑油，在使用中常常不可避免地要混入一些冷却水，若其抗乳化性不好，将与混入的水形成乳化液，降低润滑性能，损坏机件，且易形成油泥。油品精制深度差，或随着使用时间增长，发生氧化，酸值增大，混入杂质等，都会使抗乳化性变差。因此，为保证油品有良好的抗乳化性，就必须尽可能地提高基础油的精制深度，在调制、贮运和使用过程中，要尽量避免杂质的混入。

4）抗泡性

润滑油的抗泡性，是指油中通入空气时或搅拌时发泡体积的大小及消泡的快慢等性能。润滑油在使用过程中，由于受到振荡、搅拌作用，使空气混入润滑油中而形成泡沫，而这些泡沫造成润滑油的流动性变坏，润滑性能变差，甚至发生气阻而影响供油等，因此，润滑油必须有一定的抗泡性能。

5）氧化安定性

润滑油在一定的外界条件下抵抗氧化作用的能力，称为润滑油的氧化安定性。试验方法是在一定温度并有金属催化剂存在的条件下，向油品通入氧（纯氧气或空气），经过强烈氧化后测定油品质量的变化，以氧化后的酸值、沉淀物数值或黏度增长百分数等表示。氧化后的酸值大，沉淀物多，黏度增长率大，则表明油的氧化安定性差，使用寿命不长。此项试验对于长期循环使用的汽轮机油、液压油、工业齿轮油、压缩机油、变压器油和内燃机油等均有重要意义。

润滑油的氧化主要是由油中溶解的氧与烃反应引起的。氧化作用受油与氧接触程度的影响，因此，搅拌或强烈振荡的油比静止的油更易被氧化。氧化的速度受温度的影响最大，大约温度每升高 8～10 ℃，氧化速度即提高 1 倍。铜、铁等金属和水的存在，可极大地加速氧化过程。为防止或减缓润滑油的氧化变质，即提高润滑油的氧化安定性，在调制润滑油时必须加入抗氧化添加剂。润滑油在贮存和使用过程中，也应避免高温、混入水和杂质等。

6）极压抗磨性

极压抗磨性是衡量润滑油在苛刻工况条件下防止或减轻运动副磨损的润滑能力指标。评价油品极压抗磨性最为普遍的是四球试验机，其次为梯姆肯试验机和 FZG 齿轮试验机等。

7）热安定性

热安定性表示油品的耐高温能力。在隔绝氧气和水蒸气的条件下，油品受到热的作用后发生性质变化的程度越小，其热安定性就越好。热安定性的好坏，在很大程度上取决于基础油的组成和馏分。很多分解温度较低的添加剂，往往对油品的热安定性有不利影响。

8）剪切安定性(抗剪切性)

润滑油在通过泵、阀的间隙及小孔或齿轮轮齿啮合部位、活塞与气缸壁的摩擦部位时，都受到强烈的剪切作用，这时油中的高分子物质就会发生裂解，生成分子量较低的物质，从而导致油品的黏度降低。油品的抵抗剪切作用而使黏度保持稳定的性能，称为剪切安定性(抗剪切性)。一般不含高分子添加剂(如增黏剂)的油品，其抗剪切性都比较好；而含高分子添加剂的油品，其抗剪切性就比较差。

三、润滑油的换油指标

船用油的更换，目前尚无公认的标准可循，但国内航运业根据国外船用发动机制造商、油公司以及国内同行业多年来的监测，推荐的换油指标见表 6-2-1，表 6-2-2。用户可参照推荐的换油标准确定换油与否。

表 6-2-1　某航运公司推荐的船用油换油指标

项目		主机		发电机	
		系统油	中速机油	中速机油	中速机油
燃油种类		IFO	IFO	MGO	MDO
黏度(40 ℃)变化/%		±20	±25	±25	±25
闪点(开口)/℃	最低	180	180	150	150
水分(体积分数)/%	最大	0.5	0.5	0.5	0.5
总碱值/(mgKOH/g)	最低	0.5	3.0	1.0	3.0
戊烷不溶物/%	最大	1.0	1.5	1.5	1.5
苯不溶物/%	最大	0.5	1.0	1.0	1.0

船舶发动机在运转中，必须定期取样，以检查油质的变化。但由于船用油补油量较大，一般在较短时间内油质变化不会太大，建议实验室取样的间隔为 3 000 工作小时。

对润滑油还应有一个换油周期。而换油周期的选择，只有通过对在用油的检测，根据检测结果，才能判断是否应该换油，由于受众多因素的影响，要得到正确的判断往往是困难的。

表 6-2-2　新一代 Wartsila 发动机对润滑油的要求

使用中的润滑油换油指标	
100 ℃运动黏度/cSt	−20%/+25%
40 ℃运动黏度/cSt	−25%/+45%
碱值/(mgKOH/g)	使用重油燃料不小于 20,使用馏份油燃料碱值下降不大于 50%
水含量 vol%，ASTM D95	不大于 0.30
戊烷不溶物	2.0w%
闪点(闭口)PMCC，D93	170 ℃
闪点(开口)COC，D92	190 ℃

四、气缸油

气缸油主要应用于低速二冲程和大功率四冲程柴油机，是“一次性”“全消耗”滑油，管好和用好气缸油对柴油机的安全运转和延长寿命都有重要关系。

1. 气缸油的性能指标

1）密封载荷性

柴油机的气缸油应有足够的黏度，油膜具有一定的承载能力，以确保在活塞环和缸套表面形成的油膜不被破坏。通常，气缸油的黏度在 15～21 cSt 之间(100 ℃运动黏度)，黏度指数在 75～95 之间，这是指气缸油的载荷性。随着柴油机负荷的增加，气缸油黏度的要求也相应提高。

2）扩展性

气缸油要在每个工作行程期间从注油口注入，并迅速向下方、侧面散布，使气缸和活塞环整个表面均布一层油膜，因此要求气缸油具有一定扩展性。影响扩展性的因素很多，气缸扫气形式、气缸及活塞的冷却温度、活塞环的性能、气缸套与活塞环之间的密封情况等都对扩展性有很大影响。

3）清洁分散性

气缸油的工作条件是最恶劣的，要在高温、高压下完成润滑，在每个循环对外做功后，润滑油将暴露在燃烧室中并被烧掉。因此，要求气缸油具有良好的清洁分散性。

4）酸中和性能

气缸油要能够中和掉燃油燃烧生成的酸性产物，防止气缸内表面产生酸性腐蚀(低温腐蚀)。当燃油含硫量变化时，要注意选取相应总碱值的气缸油，一方面可降低油费开支，另一方面对机器维护保养及运转也有益。

5）抗氧化安定性

气缸油应在气缸内高温下有良好的抗氧化性，防止生成积碳沉积物，使活塞环区和气口处沉积物减至最少，使缸壁上的油膜得以保持。

2. 气缸注油率影响因素

气缸注油率通常根据主机负荷、机型、扫气形式、行程缸径比及燃油硫含量等因素确定。

一般，当主机负荷和转速降低时，要求提高气缸注油率；弯流扫气的柴油机比直流扫气的柴油机，要求较高的气缸注油率；新式高效、大冲程缸径比柴油机，气缸注油率也要根据冲程缸径比的加大而增加。

最佳注油率是根据各气缸工作状态、实际需要制订的。对于同一台柴油机的各气缸也因为吊缸检查时间不同，缸套、活塞环、活塞圆周表面及活塞环槽磨损程度的差异，最佳注油率也不一样。最佳气缸注油率必须根据实际检查各缸运转状态确定，在检查中要注意以下几点。

(1) 应保持活塞在自上止点至下止点整个行程中，缸套内表面有一层均匀不间断的油膜，而且能维持缸套、活塞环与活塞的密封，最关键的是在每个工作行程完成之后，不能产生剩余的气缸油及气缸油燃烧产物留在燃烧室或运动部件表面。整个气缸在活塞自上止点至下止点行程中，缸套内表面油膜均匀，既无局部积垢又不出现金属的直接摩擦，缸套内表面为油性暗光，不得出现金属摩擦的金属光泽。

(2) 活塞外观明亮，没有拉伤或沟痕，活塞环第一道较干爽，第二道应保持湿润，在第二道下部应有连续完整的油膜形成。活塞环表面脏污并积垢，说明环被卡死，可能已断裂。

(3) 活塞环槽内没有积垢，说明活塞环转动灵活，有弹性不被卡死，没有断裂。缸套贮油槽及注油口没有积垢。

(4) 气口、扫气箱没有积垢及残油存在，扫气箱放残孔畅通。

3. 气缸注油率的计算

主机在正常运转情况下，如果主机所发出的功率为 P(单位为 kW)，其 24 h 消耗的气缸油量为 Q(单位为 g)，则气缸注油率为 $q=Q/(24 \cdot P)$，单位为 g/(kW·h)。一般主机说明书推荐的气缸注油率范围为 0.95～1.4 g/(kW·h))[或 0.7～1.0 g/(BHP·h)]。

4. 气缸注油率的调整

气缸注油率的调整根据调整范围的不同可分为总调和单调；根据调整方法不同，可分为手动调整和自动调整。

(1) 总调是指通过改变同属一组气缸注油器的总调旋钮，统一增加或减少本组气缸的注油率的调整；单调是指通过某一注油点的微调旋钮，增加或减少单一注油点的注油率的调整。由于气缸注油器的型式不同，调整的方法也不同。

(2) 手动调整是指气缸注油率的调整只能通过人工调整实现(停车时或运转时)的调整；自动调整是指气缸注油率的调整可根据主机负荷的变化自动调整注油率的调整方法。老式的气缸注油器一般仅能进行手动调整，而在现代一些新式的气缸注油器上，一般不仅可进行手动调整，而且还带有自动调整功能。

气缸注油率的调整需要慎重行事。在调整前要做标记，每次调整不能超过半圈。每次调整后，在主机进行一段时间运转后必须及时检查调整效果。最好在主机完车半小时后及时安排气缸扫气口检查。

5. 气缸注油率的选择

气缸注油率的选择主要分为 3 部分。

(1) 第一部分是柴油机磨合期间的气缸注油率的选择与调整。

(2) 第二部分是柴油机完成磨合后在正常航行期间气缸注油率的选择。

(3) 第三部分是柴油机在机动航行期间的气缸注油率的选择。

船舶柴油机磨合期间的气缸注油率一般根据磨合曲线的要求进行调整，并配合严格的气口检查，能满足柴油机在磨合期间的要求。在磨合期间气缸注油率应适当，不是越多越好。如果过多，不但浪费，而且会使过剩的气缸油在活塞顶、活塞环槽、气口等处形成沉淀物，引起活塞环黏着、环面不光亮并使气口和排气通道因积碳严重而变窄，以及缸套磨损加剧，同时多余的气缸油还会沉积在活塞下部空间、扫气箱中，导致扫气箱着火；若注油率太小，则难以形成完整的油膜，导致活塞环和气缸套磨损加剧，漏气增多，漏泄的燃气又会破坏缸壁上的油膜，导致咬缸。

一般直流扫气柴油机的最佳注油率为 1.2～1.3 g/(kW・h)，弯流扫气柴油机的为 1.0～1.4 g/(kW・h)，而筒型活塞式柴油机的为 1.3～2.0 g/(kW・h)。在实际中最佳注油率的选择应根据磨合曲线、活塞环的状态、缸套表面状态等进行综合考虑确定。一般最佳注油率下的缸内状态特征为：缸壁表面湿润、干净；第一道环干燥，第二道环半干半湿，其余环湿润，并且环面光亮，倒角存在。

磨合时间的长短往往根据机型及实际的磨合效果确定，一般存在差异。当达到磨合曲线中规定的正常值后，一般可认为柴油机完成磨合，进入到正常航行期间(一般指柴油机定速航行期间)的第二个磨合部分。在船舶正常营运期间，气缸注油率一般不用调整，如果加装燃油品质变化较大，如燃油中硫的含量超出气缸油现有注油率的中和能力，以及加装含硅和铝超标的燃油等，则可作适当的调整。

第三部分的气缸油的调整是贯穿柴油机的整个使用寿命。当船舶进行机动操纵时，由于柴油机的负荷变化频繁，因此应适当加大气缸注油率，一般增加正常注油率的 20%～50% 为宜。

6. 气缸油定时调整

1) 气缸最佳注油定时

气缸的最佳注油定时应在活塞从下止点上行至注油点位于第一道、第二道活塞环之间的位置时，向气缸内进行定时注油，此时对气缸润滑最有利。一般气缸注油接头都设有一个止回阀，以防止高压燃气吹入注油管中。事实上，只有当气缸内压力低于注油压力时，注油接头的止回阀才开启，油才能注入气缸壁上的布油槽中。这是因为注油器每一工作行程向注油管路排出的油量很少，注油管中的油压的升高不过 0.1～0.2 MPa，这样只有当气缸内压力接近于扫气压力时，止回阀才能开启。

2) 气缸注油定时的调整

可调定时气缸注油器的说明书中一般都给出了调整方法，可以根据其对气缸注油定时进行调整。

五、十字头柴油机曲轴箱润滑油

曲轴箱润滑油又称系统油、循环油。

在柴油机润滑油中，虽然曲轴箱润滑油的消耗量低于气缸油，但用量却最大。为保证可靠连续的润滑，一般柴油机厂家推荐的曲轴箱润滑油量大于等于 1 L/kW。在老式柴油机中一般规定曲轴箱润滑油量为 3～5 L/BHP，而现代柴油机曲轴箱油量已降到 0.5～0.7 L/kW。曲轴箱润滑油主要润滑部件有主轴承、曲柄销(连杆大端)轴承、推力轴承、凸轮轴轴承、活塞销轴承、十字头轴承及导板等。除润滑之外，曲轴箱润滑油还对润滑部件有冷却及清洁功能。

1. 曲轴箱润滑油在使用时要注意的内容

(1) 使用中滑油应定期进行化验分析，掌握所用滑油的主要性能指标，如黏度、闪点、凝点、总碱值、水分、杂质状况等。

(2) 认真做好滑油的净化分离工作，确保水分、杂质含量不超标，保证使用滑油的品质在最佳的状态。

(3) 每次加油量应控制在10%～15%之间。起动滑油泵让其充分混合，在循环中观察混合情况，确信不引起沉淀且没有润滑不良的反应。

(4) 观察滑油压力，若比正常值低10%～20%，虽然属于正常值范围，但在不能降低滑油工作温度提高其黏度的情况下，要将滑油更换为黏度较高的品种，使滑油在应用中压力维持在正常使用标准，不然随着柴油机运转时间增加，磨损间隙的增大，滑油压力会进一步降低，不能建立足够油膜会使运动部件和轴承造成磨损。

(5) 注意环境温度变化对滑油黏度的影响。

2. 曲轴箱油使用状况分析

曲轴箱润滑油遭受的污染主要有气体、液体和固体3种。

1) 气体污染

润滑油在与空气的接触时会使油缓慢被氧化并变质。另外，长时间贮存也容易使添加剂沉淀析出。因此，润滑油存放的时间不宜超过2年。除空气以外，润滑油受高温、高速燃气冲刷，一方面使轻质硫分挥发，另一方面高温燃气中的 SO_2，SO_3 等有害气体进入油中生成盐类，中和掉油中的添加剂的碱性，因此，燃气侵蚀对油污染较重。

水蒸气通过透气管以及机体结合部位与油接触，当柴油机停止工作时，冷却的金属机体隔板生成的冷凝水会渗进润滑油中。

2) 固体污染

固体污染主要来自燃油和气缸油的不完全燃烧产物——炭粒，还有轴承、运动部件磨损、锈蚀脱落下来的金属屑。除此之外，还有来自外界的灰尘、沙粒、胶质、树脂、脱落的油漆片或粉末等。这些以固体形式表现的污染物质，统称为杂质。对于燃烧状况不良的情况，杂质成分多为炭黑，而在润滑状况较差的情况下，金属颗粒占有相当大的比重。

通常油漆脱落是曲轴箱润滑油中混入水分、柴油所致的。正确情况下油漆不会脱落，当曲轴箱着火或爆炸时，曲轴箱侧壁油漆由于受到剧烈的高温、高压燃气的作用会引起脱落。

3) 液体污染

(1) 水对曲轴箱润滑油的污染。海水和淡水都会导致曲轴箱润滑油的污染。海水主要通过冷却器、曲轴箱连接管系渗漏进入，淡水主要是缸套冷却水漏泄造成的。少量的进水可通过分油机去除，但当进水量超过曲轴箱润滑油总量的5%时，就很难通过分油机在短时间内去除，会导致油呈现灰色乳化状态，在有条件时最好将进水的油驳入专用的沉淀柜中，加温将进水沉淀放出。

当曲轴箱进水时，在尽快去除的同时，要尽快找到水的来源。当船舶不允许停车处理时要注意：一是控制曲轴箱润滑油进机温度在允许下限以下；二是要调整润滑油压力使其在上限，以便使乳化和半乳化的油充满被润滑点，形成足够的油膜。除去水分后，须对曲轴箱润滑油进行取样化验，根据化验结果，在公司的指导下进行处理。

(2) 燃油对曲轴箱润滑油的污染。燃油进入曲轴箱润滑油中会导致润滑油性能降低，当严重时会破坏油膜的形成，损坏轴承及运动部件，甚至会造成曲轴箱着火和爆炸，因此，要密切注意燃油的污染。检测燃油进入曲轴箱一般通过化验闪点和黏度2个指标确认。少量的燃油(重油)可通过分油机清除,但需提高分油机的工作温度(98 ℃)。大量的燃油(重油)进入到曲轴箱中一般只能采取换油措施。

(3) 气缸油对曲轴箱润滑油的污染。气缸油对曲轴箱润滑油的污染较为普遍,主要是由于过高的气缸注油率造成的,少量的气缸油混入曲轴箱油中,对曲轴箱油影响不大。如果数量过大,尤其是当气缸油混入是随着主机运转转速而逐渐增加时,就难于控制,可能会导致曲轴箱润滑油黏度过大,总碱值过高并超过标准。

总之,曲轴箱润滑油要定期化验,船舶航行时注意观察曲轴箱润滑油的各种变化,及时发现问题并处理。

六、筒形活塞式柴油机润滑油

筒形活塞式柴油机的润滑油的润滑方式有飞溅、喷注等方式,一般同时用于气缸的润滑,其工作条件比较恶劣。因此,要求筒形活塞式柴油机润滑油要兼有气缸油和曲轴箱油的功能。

1. 筒形活塞式柴油机润滑油的性能要求

1) 抗氧化抗腐蚀性

筒形活塞式柴油机润滑油易受高温燃气直接冲刷,要求润滑油不易被氧化而变质或分解,保持其性能指标不变,同时还要具备足够的碱性,能及时中和燃烧产物中硫的化合物或硫酸,以免其腐蚀被润滑的相关运动部件。

2) 清洁分散性

在所有循环润滑流通部位,能将被润滑部件产生的积垢、磨屑带走,保持润滑部件清洁。这是因为机器本身热负荷和机械负荷较高,燃烧重油又极易产生积垢,要求润滑油具有良好的分散性,随时清除润滑油中的杂质,始终保持润滑油的品质在允许使用状态。

3) 抗磨损及耐压性能

柴油机在大负荷工况下,油膜应有足够的强度保证缸套、活塞、活塞环的润滑和密封,故要求润滑油具有良好的黏温特性。在高温、高压及活塞往复运动的行程中都能形成足够强度的油膜,减少缸套和活塞环的磨损。

2. 筒形活塞式柴油机润滑油的使用要求

由于筒形活塞式柴油机的润滑油通常兼有气缸油及曲轴箱油的双重功能,所以对其使用要求及油品管理也要相应提高。

(1) 筒形活塞式柴油机系统油污染最重。这是因为没有十字头填料函隔离,燃烧产物可直接被活塞环刮下并进入曲轴箱中,系统油一方面被高温燃气冲刷,另一方面又被带进的不完全燃烧产生的炭黑、磨损脱落的金属屑、杂质等污染物污染。

良好的系统油必须被认真地分离和过滤出进入或产生的污染物,如果不能及时分离并清除掉进入系统油中的污染物,随着残留物的增多,系统油的品质将慢慢低于允许的使用标准,并造成设备的损坏。

(2) 筒形活塞式柴油机系统油要同时完成气缸和曲轴箱系统润滑的双重任务,其油膜又要有抗磨损及耐压性能,而且也要具备足够的清洁分散性以保持机器部件的清洁。通常具有抗磨损和耐压的添加剂都难以满足良好清洁分散要求,所以相应系统油处理的困难增加了。因此,对于筒形活塞式柴油机系统油的分离和过滤要求就更严格,如果处理不当,在短时间内就会对运动部件造成剧烈磨损的损坏。

七、润滑油的加装

1. 加油申请

轮机长应特别关注船舶各种润滑油的消耗情况，根据公司的要求及时准确地上报。尤其对于一些消耗大、关系到主机安全运行的润滑油，更应留有必要的应急储备量，如主机气缸油、主机系统油等。其加油申请原则应包括以下几个方面。

(1) 不同的港口，同一品牌同一型号润滑油的供应价格不同，有时相差较大，为节省润滑油费用，应科学选择加油港口和加油量。在船舶配有的润滑油使用相关文件中，一般有关于本船使用品牌的润滑油在世界各地港口加油价格列表，轮机长应根据以后航次任务、船舶润滑油存量及日消耗情况，综合制订出各型号润滑油的补充计划，并报送公司。

(2) 在制订加油计划时，应注意保持各润滑油的最低储存量。在抵达加油港加油时，气缸油应保持至少正常航行 7 天消耗的存量；主机系统油应保持至少主机正常工作循环量的 85%存量。

(3) 加油选择在靠泊装卸货或加装燃油时同时进行，应杜绝因加装润滑油专门挂靠港口。

(4) 如果船舶处于航次租船或期租期间，则应尽可能提前掌握租家的未来航次任务，避免在加油困难的港口补充润滑油。

(5) 各主要品牌的润滑油都有各自的取样瓶，在向公司报送加油计划时，应根据需要一起订购。

2. 加油前的准备工作

(1) 轮机长和主管轮机员应根据加油数量及船舶存油情况，做好加油计划。

(2) 润滑油的加装一般由公司安排，但抵港前船长应主动与代理联系，明确加装润滑油的类型(散装还是桶装)，以便做好相应的准备工作。

(3) 主管轮机员根据公司批准的加油计划做好加油的一切准备工作，如果是桶装润滑油，做好调运和绑扎等准备工作。

(4) 如果加油被供应方延误，造成船舶直接或间接经济损失，船长应向供方提出滞期损失索赔报告，并书面报告公司。

3. 加油中

(1) 轮机长与供油方代表确认加油品种和数量。

(2) 在加装散装润滑油时，轮机长应同供油方代表确定加油量计量方法，并由主管轮机员(一般为大管轮)与供油方代表一起记录供油驳的流量表的初始数值和船舶相关油舱的初始存油量，如果供油驳没有流量表，一般由主管轮机员与供油方代表一起测量供油驳的相关油舱的初始存油量。

(3) 在加装桶装润滑油时，应与甲板部做好桶装润滑油的吊运工作，确保吊装作业的顺利和安全。

(4) 开始加油后，应在数分钟之内核实被注入舱(柜)油量，确定油已经注入指定油舱(柜)中。

(5) 当受油舱(柜)中的油量达到本舱(柜)高度的 3/4 时，应打开下一个舱(柜)的进口阀，防止溢油。注意应先全开下一个受油舱(柜)的进口阀，然后关闭正在装油的舱(柜)的进口阀。

(6) 若主机气缸油与主机系统油同管,则应先加装主机系统油;若主机系统油与副机系统油同管,则应先加装副机系统油。但在换油之前,以应尽量清空管系内的残油,以尽量减少混油数量。

(7) 监督油样的采取,并在油样瓶上做好相关的标记。

4. 加油结束

(1) 等油舱(柜)中的油稳定后,主管轮机员与供油代表一起测量船方的加油舱(柜)的加油量,同时测量供油驳的供油量,确认一致后,由轮机长在供油收据上签字。

(2) 如果发生争议,轮机长应与供油方代表协商,一般应以船方的测量记录为准,如果协商不能达成一致,轮机长应告知船长,由船长决定下一步的措施:①若船期允许,可通过船舶代理申请公证人上船进行公证测量,以公证测量为准,同时将情况上报公司。②如果船期不允许,轮机长在加油收据上加批注,并将情况报告公司。③如果船期不允许,轮机长可以签署书面声明(抗议),并由轮机长与供油方代表签字。

(3) 若加装桶装润滑油,则应尽快驳入油舱(柜)中,在时间不允许的情况下可暂时放在甲板上,但应牢固绑扎,以防被海浪打入海中造成损失及海洋污染。

八、润滑油的管理

1. 日常管理

(1) 做好润滑油的净化分离工作:①滑油分油机的分离温度保持在 70～75 ℃左右。②大型低速柴油机的滑油分油机的分离量为额定流量的 1/4,中速筒形活塞式柴油机的为 1/5。③有比重环的分油机应选择合适的比重环,保持油水分离界面在分离盘架的外边缘;无比重环的分油机应确保水传感器的工作精度,以保证可靠的排水。④停泊期间,如果停泊时间不长(1 周左右),应使滑油分油机连续工作;如果停泊时间较长(10 天以上),可考虑适当地停止滑油分油机一段时间。⑤当柴油机运作时,滑油分离效果更好。

(2) 对于筒形活塞式柴油机,每年对滑油循环舱进行一次清洁,每 2 年对滑油贮存舱进行一次清洁。对于十字头式柴油机,可适当加长清洁时间间隔。

(3) 对于筒形活塞式柴油机,应按说明书的要求定期更换系统润滑油。

(4) 当定期检测发现滑油化验单反映出润滑油的部分指标变化异常或超标时,应及时分析原因,采取措施,并尽快取得公司的技术支持。

(5) 更换或报废主机系统润滑油必须得到公司的批准。

2. 润滑油的化验

(1) 一般船舶具有一套专用的滑油取样器具,包括取样瓶、取样标签、邮寄用的包装物等,随润滑油添加一同订购。在公司的文件中包括各种标签填写说明及要求。

(2) 公司的文件中规定了各种润滑油的取样周期,主要包括主机系统油、副机系统油、艉轴管油、舵机油和甲板液压设备油等。一般主机、副机和艉轴管的取样化验周期为 3～4 个月;甲板机械的取样化验周期为 5～6 个月。

(3) 取样点的选择应能代表使用中的润滑油情况,每次选择同一地点取样。

(4) 取样应在机器运行期间,首先放掉足够的油量,以保证取样的代表性。

(5) 取样标签应至少注明:船名、船舶 IMO 编号、公司名、取样港口、取样日期、设备运行时间、滑油牌号、油样邮寄日期及港口等。

任务实施

模块　润滑油取样化验

【任务要求】

1. 掌握润滑油取样的方法；
2. 正确填写润滑油取样标签；
3. 掌握判断润滑油是否变质的简易方法。

【任务准备】

1. 清洁润滑油和旧润滑油油样；
2. 人员分组：6～8 人一组，每组指派组长一名，负责提交报告；
3. 润滑油简易测试滤纸；
4. 教学资料准备：润滑油系统图，如图 6-2-1 所示。

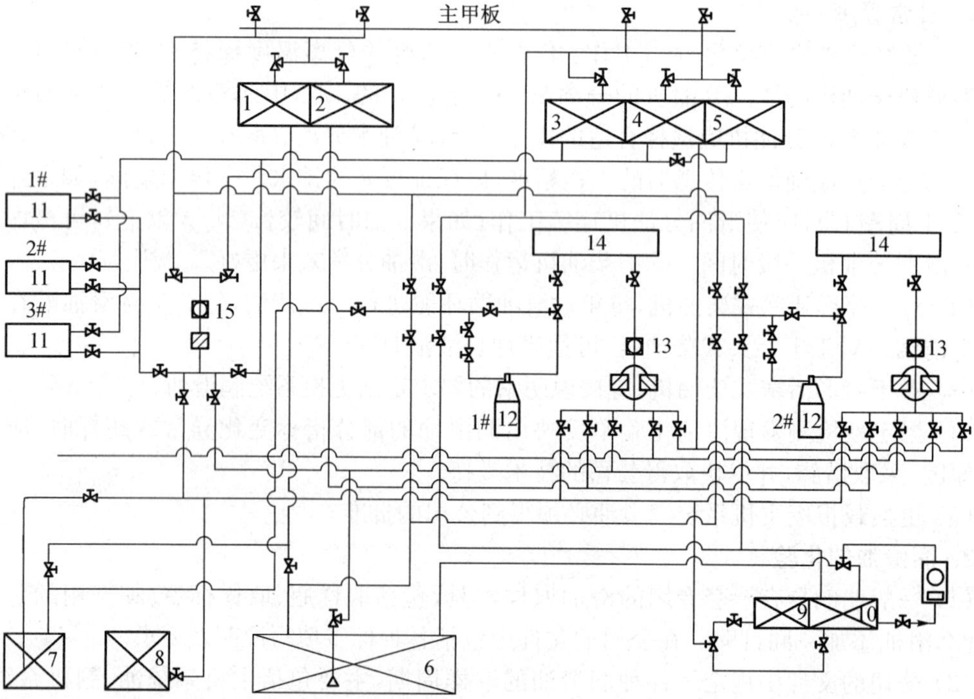

1—润滑油贮存柜；2—润滑油沉淀柜；3—发电机润滑油贮存柜；4—发电机润滑油净油柜；5—发电机润滑油沉淀柜；6—主机润滑油循环舱；7—艉管润滑油泄放柜；8—润滑油泄放柜；9—1＃填料函润滑油泄放柜；10—2＃填料函润滑油泄放柜；11—柴滑发电机；12—润滑油分油机；13—润滑油分油机供给泵；14—分油加热器；15—润滑油输送泵

图 6-2-1　滑油注入储存驳运和净化系统

【任务操作】

1. 认读并填写样品标签。样品标签如表 6-2-3 所示。

表 6-2-3　样品标签一览表

Ship name		Sampling place	
Engine name		Sampling date	
Running time		Sending port	
Chief engineer signature			

2. 船用柴油机润滑油取样

每隔一个季度就应化验曲拐箱油一次。所取油样应能代表润滑油系统的全部情况，通常在分油机前取一个油样即可。油样最好在即将进港前取出，取油样则应在运转中进行。当取油样时，应把放油旋塞抹干净，放掉约 2 倍于留在旋塞管路上的润滑油，以清除旋塞和管路中的杂质，保证所取油样的真实性。

如果船舶停航一段时间又投入营运，为确保发动机的良好润滑，也应取样化验，这时，应从系统最高处的日用油柜和最低点的双层油舱 2 个地方取油样。

3. 简易判断润滑油是否变质

经验丰富的轮机人员从润滑油的外观就能大致判断出润滑油变质的情况。例如，摸一摸润滑油，嗅一下润滑油的气味，看一看润滑油的颜色等，也可用滴油试验的方法了解润滑油的变质程度。

当发动机运转时，从润滑油系统中取出油样，用 1 根清洁的玻璃棒或金属丝（一端带尖）侵入油中，然后把端部的油滴在滤纸上，并在室温下干燥几小时，把所得的油渍与新油试样相比较，油渍愈黑，则说明润滑油愈脏。如果中心黑点较大，黑褐色均匀无颗粒，则表示润滑油已变质，应予以更换；如果黑点较小，色较浅，四周的黄色油迹较大，则表明润滑油尚可使用。

这种试验应定期进行，并把试验结果按次序保存起来，以便查看润滑油污染的发展过程。为便于比较各次滴油试验的结果，应采用相同质量的滤纸。

此外，根据下述情况也可以判断出润滑油已经变质：滑油分油机中出现大量油泥；润滑油气味变得辛辣而又刺鼻；溅在曲轴箱金属面的润滑油呈棕黑色；活塞冷却腔内积碳过多（指油冷活塞）等。利用上述经验方法可以大概了解润滑油变质的一般情况，但不能确切掌握润滑油的变质程度，更难以了解润滑油的变质是由什么原因造成的。因此，除在船上进行上述定性分析外，应定期取出油样送有关部门进行定量的分析。

【任务评价】

评估要素：润滑油取样方法正确；润滑油样品标签填写正确。

任务拓展

一、某公司润滑油的化验和管理规定

1. 润滑油的选择

公司选定润滑油的品牌。各船应按润滑油供应公司提供的资料的要求使用润滑油。未取得公司书面同意,不得随意更改正在使用的润滑油品种。

2. 润滑油的定期检查和化验

在航行时,轮机长每星期须粗略从外观间接判断润滑油性质一次。例如,用手摸润滑油的黏性,嗅一下润滑油的气味,看一看润滑油的颜色和油滴的扩散情况等。

轮机长负责每 3~4 个月取主机及各副机、艉轴等润滑油油样送验。如果根据润滑油变化情况对油质发生怀疑,则可提前取样送验。油样最好在即将进港前取出。取油样应在机器运转、油在热态中及分油机工作时进行。如果要在停车后取油样,则应取运转后仍旧热的油。主机油样每次取 2 瓶,一瓶取自分油机滤器前,一瓶取自分油机后。取完后将瓶封妥,并牢贴油样标签,标签上要写上船名及其编号(如有油公司提供的登记号码)、润滑油牌号、何种机器(及编号)的润滑油、取样日期、运转时间和油样取自何处。对副机润滑油直接定期换新者,可以不要求取样化验。

对于使用外国润滑油的船舶,船舶无论是在国外港口或中国港口,依油公司的规定,将待化验的润滑油样品,放入油公司提供的专用信封并封口,交代理或供油商邮送至油公司指定的润滑油化验所。

送油样化验的同时通知公司。

化验报告由轮机长负责归档。

3. 节约润滑油消耗

在主机、副机安全运转的前提下,要节约润滑油消耗。

节约主机系统油的有效办法是正确使用和管理润滑油、正确操作分油机、保持润滑油系统的严密、经常清理过滤器、检查调整活塞杆填料箱的刮油环、及时更换漏油的填料,查漏堵漏,当发现润滑油变质时,立即采取有效措施,将有害物质排出,查出有害物质渗进润滑油的来源,予以消除。

主机系统油耗量定额为 2.7~6.7 L/(1 000 BHP/天),各船应依据不同类型的主机说明书,制订合理的润滑油日耗油量。若耗量过高,则应即查清原因,予以排除,使其恢复正常耗量。若系统油耗量过大,则应全面检查系统的严密性,如油柜人孔门和油底壳有无裂纹、冷却器有无泄漏、填料情况是否良好、曲柄箱门有无渗漏等。润滑油耗量出现不正常的情况,要及时检查并向公司报告。

对于主机的曲柄箱油,为延长其使用年限,确保柴油机长期而可靠地工作,当柴油机运转时,必须连续地对润滑油进行分离和澄清处理,即将系统中润滑油不断送进分油机进行净化处理。船舶靠泊或抛锚后,当有条件时应每天日间用分油机至少分油 6~7 h。

气缸油注油量与主机负荷有密切关系,应根据柴油机的运转情况,摸索出最佳注油量。气缸油注油量过多会沉积在扫气箱,甚至导致扫气箱起火,同时增加的排气口沉积物,会造成缸壁不正常积碳,加剧气缸磨耗。另外,气缸油过少,会使气缸壁油膜无法形成,导致磨耗剧增，甚至拉缸、咬缸。为判断注油量是否适当，应在清洁检查扫气道时仔细观察气缸壁油膜情况和活塞环槽积碳情况。

副机曲柄箱油耗量定额为 10～16 L/机/天，各船应依据不同类型副机的说明书，制订合理的日耗量。对于副机曲柄箱润滑油，如化验结果证实不能再用，一般采用换油的方法。从副机换出的润滑油不得注入主机润滑油系统使用。

4. 润滑油循环系统的管理

润滑油压力和温度的要求可参阅各主、副机说明书的规定。一般，柴油机运转时的润滑油压力应保持在 1.5～4 kg/cm^2。润滑油进口温度应保持在 35～45 ℃，润滑油出口温度不允许超过 65 ℃。进出冷却器的润滑油温差一般为 10～15 ℃。

当备车时，应对循环油柜的润滑油加温，使其温度不低于 30 ℃。动车前 2 h 开动滑油泵。

停车后，应保持滑油泵继续运转最少 1 h，使润滑油能带走主机运动部件热量，同时润滑油亦不会因局部过热变质。

每班应定时检查系统油循环柜(Sump Tank)的油位，不足时及时补充润滑油，使之维持正常运转所需油量。当停车时正常油量应维持在循环油柜容量的 70%～75%，若发现油位突然升高或下降，则应立刻查明原因，予以排除。

当采用分油机净化机油时，机油应预热至 80～85 ℃，并注意比重环是否合适。

5. 气缸润滑油的管理

气缸油是保证主机活塞在缸套中正常运行和减少磨损的重要润滑剂，在调驳、充注及使用过程中要保持清洁，切忌混杂或污染。

应注意气缸油注油器的油位，观察每个油管的泵油情况。如果发现个别油管不出油，则应及时疏通，保证润滑油注入气缸中。对于磨耗较大、气密较差的气缸，应适当增加注油量。

柴油机在经长期停车后起动时，应在盘车的同时用手摇动注油器，以保证气缸壁有足够油膜。

在大修气缸时，应摇动注油器，证实缸壁各气缸注油孔注油正常。

6. 机油更换牌号和报废

船舶应使用和添装经公司批准的润滑油牌号及规格，如需更换润滑油牌号及规格，必须先向公司机务主管提出报告，经书面批准同意后方可更换。

主机机油应加强平时的使用管理和分油处理。当经油样化验如已变质，需更换或报废时，必须先报公司机务主管批准。

有条件的船舶应根据机务主管的指示努力做好更换下来的污油的净化处理工作，净化处理后的机油在重新使用前，应进行油样化验，并经公司机务主管批准。

7. 润滑油的净化处理方法

检查并清洁净化处理柜。

将机油泵入处理柜内，用蒸汽管加热，使油温保持在 60 ℃左右。停止加温，沉淀 24 h后，放出下部的水分和油泥。在必要时，重复加温、排水、排渣。

净化处理柜内的机油循环分离。

将再生处理后机油用专柜储存，经化验和主管部门批准后使用。

8. 记录

做好记录。

二、润滑油化验分析报告

润滑油化验分析报告(Marine Lubricant Analysis Report)如表 6-2-4 所示。

表 6-2-4　船用润滑油化验报告

Name of Vessel	船名			
Owner	船舶所有人			
Name of Oil Sample	油样名称			
Date of Sampling	取样日期			
Source of Sample	取样部位			
Label No.	油样编号			
Date of Sample Received	收样日期			
Date of Sample Tested	测试日期			
Tested by	测试人			
Testing Number	测试编号			
Test Item	化验项目	Test Results 化验结果		
Kinematic Viscosity (100 ℃/40 ℃), cSt	运动黏度			
Water, %(m/m)	水分			
Flash Point, ℃	闪点			
Sediment , %(m/m) Insoluble, %(m/m)	机械杂质 不溶物			
Total Base Number, mgKOH/g	总碱值			
Note 备注:				
Report from 报告单位: Reported by 报告人: Date of Report 报告日期:				

任务3　备件和其他物料的订购和管理

任务概述

船舶物料包括燃油、润滑油及其他物料；《钢质海船入级规范》对船舶主要备件都有最低要求。本任务要求学生能够根据船舶的航次计划正确订购、验收、管理备件；根据《钢质海船入级规范》要求正确订购、验收、管理物料。

学习目标

1. 能够根据《钢质海船入级规范》要求，正确申请备件、管理备件；
2. 能够根据航次计划正确申请物料、管理物料。

相关知识

一、备件的订购、验收和管理

备件的订购和管理是机舱资源管理的重要组成部分，也是船舶安全营运的一个重要保证。备件的管理包括备件的订购、存放、使用。

1. 备件的数量

为保证船舶的航行安全，船上必须备有主推进装置及辅助设备的主要备件。船舶库存适量的备件，可减少停航时间，但备件数量过多，则需占用大量资金和库存空间。因此，建立一套完善的备件管理系统，做好备件保管工作，及时地从供应商、岸上仓库得到备件，尽可能控制备件库存量，是轮机管理工作的重要组成部分。

备件库存的最少数量应满足船级社规定的最低数量要求，在正常适航情况下，备件数量不得低于这个最少数量。

订货时间系指必须订货的最迟时间；否则将出现库存备件低于最少数量的情况（它与交货时间的长短有关）。

订货的数量主要取决于经济效益。订货量大则占用资金多。库存数量的变化，取决于备件消耗、订货数量和订货次数。

对于船上库存备件的数量、可从下列几个方面来考虑：

（1）从安全上考虑，船上应配有哪些备件。

（2）应满足船级社的备件要求。

（3）适应船舶备件消耗的具体情况。

（4）应估计到备件交货时间的长短。

2. 法规对备件数量的要求

CCS《钢质海船入级规范》和《船舶与海上设施法定检验技术规则》对主要备件的数量都作了明确规定。船上备件如不能满足要求，不仅影响轮机入级证书的签发，而且影响船舶航行安全证书或适航证书的签发。

各船级级社的规定不尽相同，在建造和营运中船舶所有人可引用有利于自己的规定。

1）轮机装置的备件数量

对于装有多机推进装置的船舶，仅需配备1台主机所需备件。如果发电机和空气压缩机的数量多于法规所要求的数量，则可不需要备件。CCS对主机、发电柴油机备件的具体要求分别如表6-3-1和表6-3-2所示。

表6-3-1　主柴油机备件

项目	备件名称	备件数量/套	
		无限航区	有限航区
主轴承	每种尺寸和形式的一个轴承或壳体，包括所有垫片和螺母总成	1	—
主推力轴承	单环式推力轴承的推力块或滚柱轴承的内外垫圈	1	1
气缸套	气缸套，包括密封环和垫圈总成	1	—
气缸盖	气缸盖，包括阀、密封环和垫片总成，对于无缸盖的机器，每个缸组的各种阀	1	—
	一个缸的气缸盖所需的螺栓与螺母	1/2	—
气缸阀	一个缸的排气阀，包括附件总成	2	1
	一个缸的进气阀，包括附件总成	1	1
	起动空气阀，包括附件总成	1	1
	安全阀总成	1	1
	一台机器的每种尺寸和形式的燃油阀，包括所有附件总成	1	1/2
连杆轴承	一个气缸的每种尺寸和形式的下端轴承或轴承壳，包括垫片、螺母和螺母总成	1	—
	一个气缸的每种尺寸和形式的上端轴承或轴承壳，包括垫片、螺母和螺母总成	1	—
活塞	十字头活塞：每种形式的活塞，包括活塞杆、填料函、刮油环、活塞环、螺栓和螺母总成	1	—
	筒状活塞：每种形式的活塞，包括活塞销、刮油环、活塞环、螺栓和螺母和连杆总成	1	—
活塞环	一个缸组的活塞环	1	—
活塞冷却	一个缸组的套管冷却管和附件，或其他相当的设备	1	—
凸轮轴传动齿轮及链环	由船舶所有人决定		—
喷油泵	喷油泵总成或当在海上能够更换时，一台泵工作部件的组合（柱塞、套筒、阀和弹簧等）	1	—

续　表

项目	备件名称	备件数量/套	
		无限航区	有限航区
喷油管	每种尺寸和形式的高压油管,包括接头总成	1	—
扫气鼓风机(包括涡轮增压器)	转子、转子轴、轴承、喷嘴环、齿轮或其他形式的相应工作部件。 注:如一台鼓风机发生故障,但机器能保持船舶操纵所要求的功能时,则备件可省略。当一台鼓风机发生故障时,应能在船上配备机器运转所需的盲板或盖板装置	1	—
扫气系统	每种形式的一台泵的进排气阀	1	—
减速和/或倒车齿轮	齿轮箱中每种尺寸的轴承衬套	1	—
	齿轮箱中每种尺寸的滚子或球座圈	1	—
主机带动空气压缩机	每种尺寸的活塞环	1	—
	每种尺寸的进排气阀总成	1/2	—

表 6-3-2　发电柴油机备件

项目	备件名称	备件数量/套	
		无限航区	有限航区
主轴承	每种尺寸和形式的一个轴承或壳体,包括所有垫片和螺母总成	1	
气缸阀	一个气缸的排气阀,包括附件总成	2	—
	一个气缸的进气阀,包括附件总成	1	—
	起动空气阀,包括附件总成	1	—
	安全阀总成	1	—
	一台机器的每种尺寸和形式的燃油阀,包括所有附件总成	1/2	—
连杆轴承	一个气缸的每种尺寸和形式的下端轴承或轴承壳,包括垫片、螺母和螺母总成	1	—
	筒状活塞:一个曲拐的带有衬套的活塞销	1	—
活塞环	一个缸的活塞环	1	—
活塞冷却	一个缸的活塞冷却附件	1	—
喷油泵	喷油泵总成或当在海上能够更换时,一台泵工作部件的组合(柱塞、套筒、阀和弹簧等)	1	—
喷油管	每种尺寸和形式的高压油管,包括接头总成	1	—
垫片及填料	一个气缸的气缸盖和气缸套的每种尺寸和形式的专用垫片和填料	1	—

2）自动化系统的备件

船上应备有自动化系统的必要备件,以保证自动化系统的可维修性和可靠性。备件一般为完整的单元,但如单元中的易损件易于更换,则可由这些零件代替单元。永久装设在自动化系统的储备元件,可作为规定的备件看待。

下列设备应按所装每一不同规格总数的10%配置备件,且至少应备1件。

(1) 容易损坏的传感器。

(2) 指示仪表。

(3) 控制器。

(4) 执行器(如电磁阀等)。

(5) 继电器。

(6) 熔断器。

(7) 指示灯。

(8) 报警声响器。

(9) 电子计算机(若使用时)的功能模块、外部设备等。

(10) 其他。

3. 备件的订购

船舶备件的订购一般由公司负责。可以从备件系统(设备说明书)里找到备件编码和设备号码,将要订购的备件编码和数量填进去。订购备件必须填写连续的订货号码。此外,还要告知供应厂家要求的交货时间、交货地点等。当公司收到供应厂的备件供应的具体时间、地点后,应及时通知船舶,以便船舶做好备件的接收工作。

对于应急的备件需求,在获得公司的批准后,船舶可通过船舶当地代理直接向备件供应厂家订购备件。一般由轮机长在船上填写 4 份备件订单。将订单分送给供货厂家(原件)和船公司(副本);船上的 1 份副本放在已订购文件夹内,待收到备件后再送给船公司;船上的另 1 份副本存入"已订购"文件夹内长期存查。

备件申请是一项十分细致的工作,必须向供应商或备件制造厂提供本船和机型的详细资料,以便船舶供应商查找到该船所需要的备件。如果缺乏这方面的详细资料,可能购不到需要的备件。

订购单应提供下列资料:

(1) 船名(包括原船名);

(2) 船级社;

(3) 主机机型和气缸编号;

(4) 主机编号;

(5) 主机制造厂;

(6) 所需要的零件名称;

(7) 零件的编号;

(8) 需要的零件数量。

备件申请还应注意下列事项:

(1) 备件改型后是否可以通用。有的柴油机型号和备件编号不变,但某些备件如喷油器等的结构作了改进,应注意到它的适用性。

(2) 备件质量有时差别很大,这是因为备件来源不同,有原制造厂生产的,有备件厂加工生产的,还有翻新的备件,所以要严格把好质量关。

(3) 为节约开支,必须向船舶供应商做好报价工作,以便选购到价格低廉、质量可靠的备件。

(4) 对急需的备件,要求交货迅速,按期送上船。

(5) 做好备件验收工作,凡型号不对、质量不合格、不能使用的备件应及时退货。

4. 备件验收

(1) 每次备件送船时,大管轮应组织机舱人员对到船备件进行分类验收,验收项目应包括：备件号的核实、备件数量核实、备件质量的检查等，对任何有问题的备件应登记，并及时报告轮机长。

(2) 轮机长对有问题（备件号、数量、质量等问题）的备件，如果时间允许应立即联系公司，根据公司的指示进行处理。

(3) 在所有的送船备件被核实后，轮机长应在签收单上签字，一般还应加盖船章。

(4) 签收的备件签收单应随船舶月报表寄往公司。

5. 备件管理

备件管理是一项重要而复杂的技术工作，它不仅关系到备件费用的多少，而且也涉及航行安全和船期。备件数量过多会积压资金，而缺少备件甚至是很小的备件，有时也会影响船舶安全。管理备件是船公司和船舶的共同工作，船舶的及时申请和船公司的及时定购，在备件管理中同等重要。目前正逐渐有效地应用电子计算机技术以提高备件管理水平。

1) 备件的管理原则

(1) 由轮机部、甲板部船员主管的机、电、动力设备和其他设备备用的成品零部件等都属于备件范围之列。

(2) 轮机部备件由大管轮直接管理。大管轮亲自或指定其他轮机员负责备件的接收和登记入库工作，各主管轮机员在详细掌握所管设备备件的库存情况的基础上，具体负责各自设备的备件补充申请工作，经大管轮确认，轮机长审批后报公司。

2) 备件的管理制度

中远总公司所制订的有关船舶备件的管理制度有以下要求。

(1) 各船应加强对备件的管理和合理使用，按备件清册的要求，对备件进行定期清点、登记，并把消耗情况报公司，重大备件消耗要简要说明损坏原因。

(2) 凡申请船舶年度备件，应在该年 2 月份以前向公司提出备件申请单。备件申请单必须准确地注明机型、出厂号、名称、备件号（或图号）、规格和数量等。

(3) 船在国外购买少量急用备件，必须经公司批准后方可购买，如来不及批复也应电告公司，并将订购情况及账单寄回公司，以便结账。除少量急用备件外，一律不要空运。

(4) 船在国内领取备件，应根据船存备件情况，合理地提出备件申领单，并由公司船技部门批准。

(5) 船上备件要有专人保管，并负责填写备件清册，半年统计一次，并列出清单交轮机长审查后上报公司。

二、物料的订购、验收和管理

1. 物料的申请与验收

一般船舶都配有船舶物料手册，手册中有各种物料的编号、规格、性能、材料和图示等，以便指导对物料的选用和订购。

根据公司规定或工作需要，一般每季度或每航次由大管轮填写物料申请单（见表 6-3-4），经轮机长审查后报送公司，公司经审核安排方便港口供应所需物料。在港口购买急需的物料，应需事先经公司批准，一般通过港口代理购买。对于远洋船舶，物料申请一般半年一次。

当物料供应到船舶时，应安排专人负责接收，一般由大管轮或其指定的人员具体负责，并及时清点入库。

2. 物料管理

为保证物料储存的安全和按计划使用，避免丢失和浪费现象的发生，根据物料的化学性质、价值和使用，一般分别集中存放，船舶设有电器物料存储间、易燃易爆物料存储间、易耗物料存储间等。轮机部物料一般由大管轮总负责，可根据船舶类型和配员情况分别指派轮助、机工、电机员等分别负责不同物料的具体保管工作。

船上应该有计划地使用物料，并建立物料消耗记录簿来控制物料的使用。

任务实施

模块 物料和备件的申请

【任务要求】

1. 正确申请物料；
2. 正确申请备件。

【任务准备】

1. 多媒体教学设备；
2. 教学资料准备：空白物料、备件申请单；
3. 人员分组，每组指定组长一名，负责提交备件申请单和物料申请单。

【任务操作】

1. 填写备件申请单

备件申请单(SPARE PARTS REQUISITION)如表 6-3-3 所示。

表 6-3-3 备件申请单

M. V.____________ DEPARTMENT:____________ DATE:____________

Item	Dwg. No.	Parts No.	Description	Unit	Quantity on Hand	Quantity Required	Remarks

2. 填写物料申请单

物料申请单(STORES REQUISITION)如表 6-3-4 所示。

表 6-3-4　物料申请单

M. V. ______________　　DEPARTMENT: ______________　　DATE: ______________

Item	Article	Quantity on Hand	Unit	Quantity Required	Remarks

【任务评价】

评估要素:正确识读填写项目;备件申请正确;物料申请合理。

项目七
船舶营运经济性管理

项目概述

企业经营船舶的最终目的是获取尽可能大的盈利。提高单船经济性的基本方法:一是提高船舶运输能力;二是减少船舶运输成本。本项目从船舶运营航速和船舶余热的利用 2 个方面对船舶营运经济性进行阐述。

任务1　船舶最佳航速的确定

任务概述

燃油费用占船舶营运成本的比例最大，而船舶航速对船舶的燃油消耗影响最大。本任务从认识成本开始，分析船舶营运成本，旨在使学生了解在不同要求下，船舶有不同的最佳航速；在轮机管理中能够主动配合船长，执行适合当时情况的最佳航速。

学习目标

1. 了解船舶营运成本的构成及降低船舶营运成本的途径；
2. 了解3种船舶最佳航速的确定方法。

相关知识

一、船舶营运成本

船舶营运成本是指船舶营运1年或1个航次所消耗的各项费用的总和。通常船舶年营运成本包括1年内的船员工资、折旧费、修理费、保险费、燃料和润料费、港口费及其他开支等。

1. 船员工资

船员工资包括基本工资、伙食费、航行津贴和奖金等直接项目及劳保福利等附加项目，根据船员配备和当时的标准（平均值）进行计算。船员工资中还应考虑编外人员、病假及公休的顶替人员、培训人员的工资。

2. 折旧费

船舶的固定资产在营运过程中，由于发生磨损、锈蚀和老化而引起价值的降低，称为“折旧”。为积累资金，以便对船舶进行修复和更新，必须按期将其磨损等计入运输成本，用货币形式计入运输成本中的价值，称为“折旧费”。我国固定资产折旧采用直线折旧法，每年的折旧费相同，其值是由船舶造价减去船舶的残值（指报废时的价格）后再除以船舶使用年限而得到。随着生产和技术的迅速发展，船舶使用年限不宜过长，现在已降至20～25年，并有进一步降至10～15年的趋势。

3. 修理费

我国现行船舶的修理，分为岁修和特检2种。平均每年的修理费可按船舶造价提成，所提取的百分数分别为：长江船4.5%，沿海船3.5%，远洋船2.5%。

4. 燃、润料费

营运中的船舶，主机、副机和锅炉的燃、润料费都按航次（或月度）燃料消耗报表和加油收据计算。

新建造的船舶，主机服务航速时的功率取为主机最大持续功率的80%～85%。柴油机装置燃用轻油和重油的比例可按实际资料选取，或按远洋船为15%∶85%，长江与沿海船为20%∶80%的比例选取。耗油率取自柴油机资料，燃油单价取当时的价格。

柴油发电机组的使用功率最好按航行、装卸货、无作业停泊3种情况分别计算。使用功率确定后，即可按耗油率、使用时间及油的单价计算航次费用。

辅锅炉的使用时间一般可按航次停泊时间的25%～50%计算，单位时间的耗油量可按与锅炉的蒸汽产量的比例加以估算。航次辅锅炉耗油量乘以锅炉油单价得到航次费用。

润料费最好是主机、副机分别计算。简化算法可取为燃料费的一个百分数，大体上远洋船与沿海船为7%～10%，长江船为16.7%，蒸汽船为2%。

5. 保险费

保险费是指企业向保险公司投保的船舶险和船员险所支付的保险费用。一般根据船舶的使用情况，由航运公司提出保价。为简单起见，年保险费可取为造价的一个百分数，一般干货船为0.55%，油船为0.7%。

6. 港口费

与船舶登记吨有关的港口费用包括拖船、引航、码头、港务和代理等费用，可按与净吨位的比例进行计算。年开支依据与净吨位及年航次数的比例，可按同航线相近的船舶换算。与载货吨有关的费用如装卸费、理货费、代理费和税金等，按年货运量吨数计算并依货种而变。

7. 其他费用

其他费用包括供应品费、企业管理费、其他开支等，一般取为总成本的15%。

二、降低营运成本的途径

根据船舶运输成本的组成可知，降低运输成本的途径主要包括以下几个方面。

1. 提高各类船舶管理人员的工作效率，降低人员费用

确保船舶安全营运，除按照公约的要求为船舶配备必需的船员外，还要有一定的岸基管理人员的支持，所有人员的工资支出都将计入船舶的运输成本中。可通过以下3个方面降低支出。

(1) 科学构建公司的组成结构，提高公司管理人员的工作效率，减少管理人员，以便降低管理人员和船舶数量的比值。

(2) 根据船舶类型、航线、货物等特点，合理安排船员的组成，在保证船舶安全营运的前提下，减少船员的数量。

(3) 可采用公司管理人员与高级船员的轮岗制度，提高管理者和被管理者的相互认知度，进而有效地提高管理效率。

2. 科学管理，降低船舶各类物质的消耗

(1) 减低船舶设备的燃、润料的消耗。如：通过科学管理，降低主机的燃油消耗率，进而降低船舶燃料油的油耗；根据船舶航次计划，合理设定主机的转速，可降低主机的燃油消耗；发电柴油机和辅锅炉在条件许可下尽可能地使用低质燃料油；主机和副机的润滑油应控制在最佳状态，以便降低润滑油的费用。

（2）减少船舶的备件消耗。如：通过对设备的科学维护和管理，减少设备部件的异常损坏的比例，减少无谓的备件消耗；通过合理的备件申购，降低应急备件的采购比例；避免错误和无用备件的采购。

（3）减少船舶物料的消耗；科学管理和使用物料，减少消耗；根据船舶的不同工作年限、航行、货物情况，合理申领物料；避免无用物料的采购。

3. 高效管理，提高船舶运输效率，减低费用支出

船舶在正常运营过程中，一般，高效的货物运输效率是船舶营运追求的目标，其费用支出主要由船舶修理费、港口使费、保险费等组成。

1）减少船舶专修时间，降低修理费用，提高船舶运输效率

根据船龄、航线和运输货物情况，科学制订维修计划，减少船舶的专修时间及修理费用。船舶的专修时间是指船舶中断货物运输，进行修理所消耗的时间，为此：

（1）对主要的动力设备采用定时维修方式，并在此基础上逐步向视情维修方式发展。

定时维修，是以磨损理论为依据，以设备主要零部件的磨损率为基础来预测设备或设备某一部件的维修或更新周期。

视情维修，也称状态监测维修，它不预先对某一设备规定其维修期，而是以设备的运转状况为依据，以工况数据的趋向分析为基础决定设备是否需要维修。视情维修能够发挥设备的最大效益，可有效地减少事故的发生，特别适用于以磨损故障为主的设备上。设备管理体系标准（PMS）中关于状态监控设备的检验正是向视情维修方式跨出了重大一步。

（2）对耐用型设备、低值设备、非生产型设备和维护价格高昂而安全风险低的设备采用事后维修方式。

事后维修，也称故障维修，是指设备发生故障后才进行维修或更换其中损坏部件的维修方式，也就是有坏即修。

（3）除船级社规定的项目外，尽量减少定期维修。定期维修，是以设备的使用频度、用途的重要性、损坏的规律为依据，或某些设备不以磨损为主要特征而拟定出一个平均安全运行期限和确保这一使用期限而需要的全面维修的内容。

2）加强对船舶航行设备的管理，避免或减少船舶的故障时间及故障次数

船舶的保险费率与船舶的可靠性相关，无故障或少故障发生可以降低保险费率，因此通过科学的维护保养，可以提高船舶设备工作的可靠性，进而可降低船舶的费用支出。

3）加强对船舶靠离码头和装卸货物设备的管理，减少船舶的停泊时间

对于配有船载装卸货物设备的船舶，在到港前要对相关设备进行必要的维护保养，确保船舶装卸货物的顺利，避免或减少由于设备故障导致的船舶停泊时间的延长。

优秀的船舶管理者和轮机人员对降低运输成本是有影响的。图7-1-1是某机构在对一定数量的大型油船和散货船在一定期间内进行成本和管理水平评估和分析后，得出的期租成本分布图。

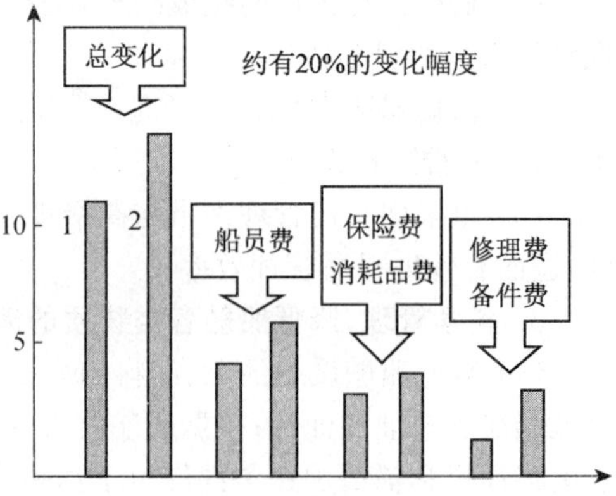

图7-1-1　大型油船或散货船期租成本分布

图 7-1-1 中 1 和 2 分别表示出了优秀的船舶管理者和不优秀的船舶管理者对船舶期租成本的影响。一般，按“期租船合同”规定，船舶所有人应负责船员的薪金、备件、船用物料及船舶保险，保持船舶适航；承租人则负担燃料费、港口使费及运输货物等有关的费用。由图 7-1-1可看出，优秀的船舶管理者可以降低修理费、备件费、保险费和消耗品费，最大期租成本降低幅度可达 20%左右。

三、营运船舶的经济航速

营运船舶经济航速的选择涉及很多经济和技术方面的问题，从不同的角度考虑，可以得到满足不同要求的相应航速。根据船、机、桨间能量的转换关系，螺旋桨所吸收的功率约与转速的立方成正比，故航速的少量降低便可节省大量的燃油消耗。但是，并非航速越小越经济，主要是因为船舶的运输费用除燃料费用外还有其他费用，而且对于一定航线的船舶由于航速降低，航行时间增加，运输效率下降，也会导致经济效益减少。

一般，根据对船舶航速的不同评价需求，可将营运船舶的常用经济航速分为最低油耗率航速、最低燃油费用航速和最高盈利航速等 3 种形式。

1. 最低油耗率航速

柴油机的有效油耗率为 g，是指每千瓦有效功率每小时所消耗的燃油量，单位为 kg/(kW·h)。最低油耗率航速是指保持柴油机油耗率最低时的船舶航速。柴油机的油耗率一般受到喷油量、换气质量、转速等因素的影响，根据柴油机的形式和用途不同，一般船用柴油机的设计最低油耗率在 90%～100%标定功率之间。再考虑配桨过程中的各种功率储备需求，对于工作于推进特性下的船舶柴油机，一般在 85%负荷时 g_e 最小，其变化情况如图7-1-2所示。

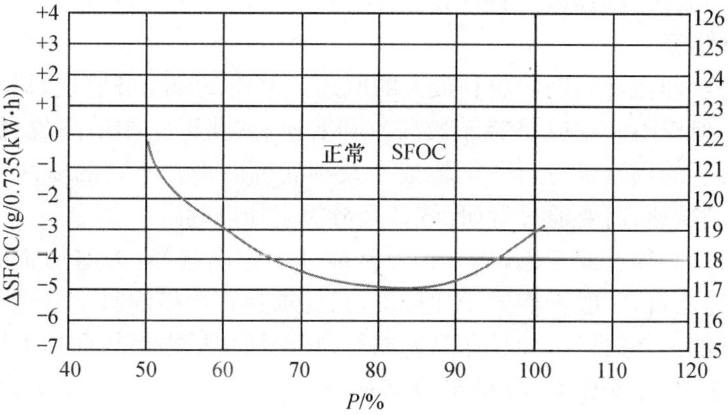

图 7-1-2　柴油机有效油耗率曲线

图 7-1-2 中，P 表示柴油机的标定功率，SFOC(Specific Fuel Oil Consumption)表示船舶燃油消耗率，ΔSFOC 表示船舶燃油消耗率的变化量。显然，柴油机在 g 最小时运转，其燃油消耗率最低，柴油机的经济性最好，而此时的船舶航速即为最低油耗率航速。

根据船舶配桨的特点，如果船舶航行任务多，航次计划比较紧，柴油机在航行时经常处于较高负荷工作，则应尽量调整柴油机工作于最低耗油率工况点，这样可以有效地降低柴油机的燃油消耗。

2. 最低燃油费用航速

最低燃油费用航速是指船舶航行单位距离所消耗的燃油最少的航速。根据船、机、桨间的能量转换关系，船舶单位距离的燃油消耗率 g 随航速的变化是非线性的，先缓慢减少后迅速增加，在船舶的使用航速范围内的变化趋势是增加的；而柴油机的燃油消耗率 g 的变化也是非线性的，但其趋势与 g_n 相反，是先迅速降低后缓慢增加，在柴油机的标定配桨功率范围内的变化趋势是逐渐降低的。图 7-1-3 分别示出 g_n 和 g_e 随船舶航速的变化规律。当船舶降速航行时，虽然 g_e 会增加，但 g_n 会明显地逐渐下降，并出现一个最小值 $g_{n\,min}$，$g_{n\,min}$ 所对应的航速即为最低燃油费用航速 v。如果按照 v 航行，则对于某一固定的航程，其燃油费用最低。

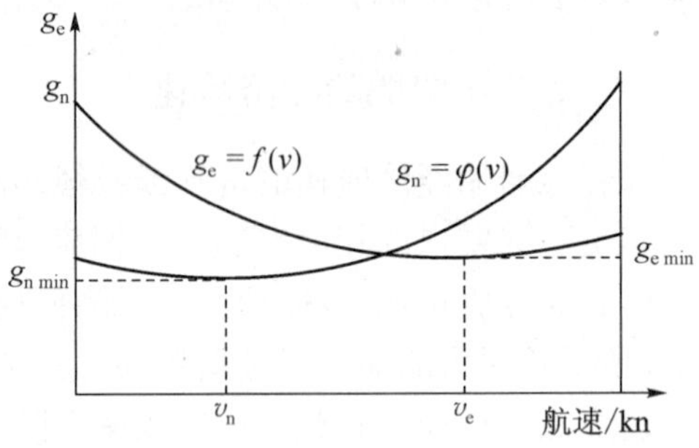

图 7-1-3 g_n 和 g_e 随航速的变化规律

对于常规柴油机来说，在最低燃油费用航速工况点运行时，由于其输出功率较低，因此会带给柴油机许多工作问题，如增压器喘振、低温腐蚀、燃烧恶化和排气通道脏污等，尤其是燃用重油以后会使问题更突出，实际上常规柴油机是无法长时间可靠地运行在最低燃油费用航速工况点的。虽然轮机员可以通过调整柴油机工作参数和采用间歇高负荷运行等方式改善柴油机的工作，但会带来柴油机可靠性下降、寿命降低及备件消耗增加等实际问题，可直接导致船舶日常消耗的增加和使用年限的缩短。对于智能柴油机，其带来的问题会比常规柴油机有很大程度的降低，但还无法做到在低负荷下长时间可靠运行。

对于船舶航行任务宽松，经常停航或待命的船舶，可以根据柴油机的特点和工作状态，尽量使柴油机按照或接近最低燃油费用航速航行。

3. 最高盈利航速

最高盈利航速，即在营运期内盈利最大的航速。上述 2 种经济航速，只考虑柴油机和船舶本身的经济性，所以不一定就是船舶最高盈利航速，欲获得船舶最高盈利航速，尚须考虑船舶的折旧费、客货的周转量、运价、运输成本及利润等因素。不同的航区和船舶类型将有其相应的最大盈利航速，需要通过调研、统计及分析来加以确定。

对于航运企业，必须全面考虑，从 3 种经济航速中作出选择，为增加企业收益和节能服务。利用经济航速运行，一般不需要增加投资，只要求具有严格的科学管理和熟练的操作技术，就能获得显著的经济效果。如长期降速航行，则会增加机损事故和技术维护工作。

营运船舶的最佳经济航速，应是单位运输成本最低的航速，或是最大盈利的航速。

对应于特定的航线和载质量，相应于当时的燃料价格及其他开支，在给定的经济指标下，按单位运输成本可得到最佳航速。图 7-1-4 所示的是航程与航速（$b_T - v$）的关系，其中 v_a 和 v_b 分别代表 2 种航程下单位运输成本最低的航速，曲线 A 的航程比曲线 B 的长，而其停泊时间 t_2 与航次时间 t 的比值比曲线 B 的小，可见长航程船舶的航速可

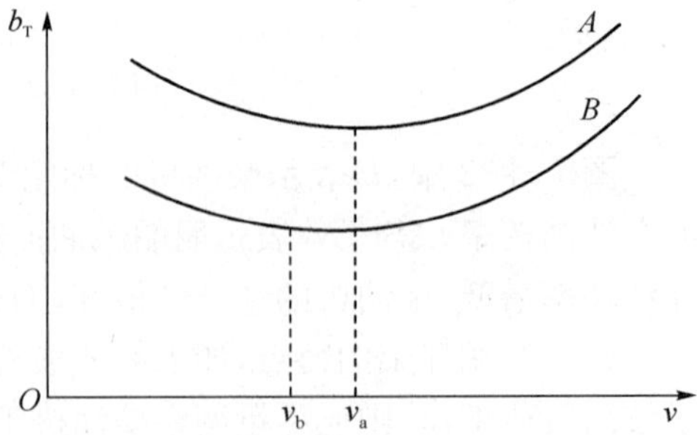

图 7-1-4 单位运输成本最低的航速

以略高。

四、航速对续航力、燃油消耗量的影响

船舶动力装置所用的油料(燃油和滑油)是船舶排水量的一部分,它直接决定船舶的续航力,即

$$L = vt \tag{7-1-1}$$

式中：L 为续航力,n mile；v 为航速,kn；t 为航行时间,h。

如已知燃油储备量 Σm 及其动力装置每小时的消耗量 B,则可求出船舶动力装置的工作时间,即

$$t = \frac{\Sigma m \times 10^3}{B} \tag{7-1-2}$$

式中：Σm 为燃油储备量,t；$B = B_1 + B_2 + B_3$ 分别为主机、副机、锅炉每小时燃油消耗量,kg/h。

考虑到

$$B = g \cdot P \tag{7-1-3}$$

则续航力为

$$L = \frac{\Sigma m \times 10^3}{gp} \tag{7-1-4}$$

式中：g 为动力装置的实际燃油消耗率,kg/(kW·h)；P 为动力装置的实际功率,kW。

分别假定船舶燃油储备量一定和在船舶动力装置燃油消耗率 g 不变的条件下,比较船速为 v_0 和 v_1 的 2 种航行状态,探讨船速对续航力的影响,则

$$L = \frac{P_0}{P_1} \cdot \frac{v_1}{v_0} \cdot L_0 \tag{7-1-5}$$

式中：L_0，P_0，v_0 和 L_1，P_1，v_1 分别为 2 种航行状态下的续航力、功率和航速。

根据 $P = Cv^2$ 的关系,有

$$L_1 = \left(\frac{v_0}{v_1}\right) \cdot L_0 \tag{7-1-6}$$

由于续航力与船速的平方成反比,因此,如果保持续航力 L 不变,同样可以计算出在新的航速 $v_1 > v_0$ 的情况下,所需要的燃油储量将增多,即

$$\Sigma m_1 = \left(\frac{v_0}{v_1}\right) \cdot \Sigma m_0 \tag{7-1-7}$$

由此可知,欲使船舶速度增加 20%,则燃油储备量需要增加 44%。

任务实施

模块 “×××”轮节能效果分析

【任务要求】

1. 掌握最低油耗率航速的内涵；
2. 分析“×××”轮节能的效果。

【任务准备】

1. 多媒体教学设备；
2. 人员分组；
3. 教学资料准备：

(1)“×××”轮0713航次基本情况：2007年6月，“×××”轮在“墨西哥—美国—日本”航线执行0713航次计划，航程共计12 853 n mile，空载3 105 n mile，满载9 748 n mile，计算平均航速为13.40 kn。

(2)“×××”轮2002年指导性经济航速核定标准(见表7-1-1)。

表7-1-1 “×××”轮2002年指导性经济航速核定标准

船舶基本信息				
船舶名称	×××		所属部门	船工一部
船型	巴拿马型		建造完成日期	2002
经济航速指标				
项目	额定航速		经济航速	
	空载	满载	空载	满载
转速/(r/min)	105.0	105.0	96.0	96.0
航速/kn	15.5	15.0	14.6	14.4
主机耗油量/t	41.0	43.0	37.0	38.0
副机耗油量/t	2.5	2.5	2.5	2.5

(3)“×××”轮2007年指导性经济航速核定标准(见表7-1-2)。

表 7-1-2　"×××"轮 2007 年指导性经济航速核定标准

船舶基本信息				
船舶名称	×××		所属部门	船工一部
船型	巴拿马型		建造完成日期	2002
经济航速指标				
项目	额定航速		经济航速	
	空载	满载	空载	满载
转速/(r/min)	105.0	105.0	93.0	93.0
航速/kn	15.5	15.0	14.0	13.5
主机耗油量/t	41.0	43.0	34.0	35.0
副机耗油量/t	2.5	2.5	2.5	2.5

(4)"×××"轮节能对比分析,如表 7-1-3 所示。

表 7-1-3　"×××"轮 0713 航次实际节能对比分析

项目	额定航速指标		2002 经济航速指标		2007 经济航速指标		0713 航次实际数据
	空载	满载	空载	满载	空载	满载	
航行里程/n mile	3 105	9 748	3 105	9 748	3 105	9 748	12 853
总航行时间/h	850.2		889.6		943.9		959.0
转速/(r/min)	105.0	105.0	96.0	96.0	93.0	93.0	93.0
航速/kn	15.5	15.0	14.6	14.4	14.0	13.5	13.4
主机耗油量/(t/d)	41.0	43.0	37.0	38.0	34.0	35.0	33.51
主机耗油量/t	342.2	1 164.3	327.9	1 071.8	314.2	1 053.0	—
主机耗油总量/t	1 506.6		1 399.7		1 367.2		1 339.1

【任务操作】

一、分析指导

用于考核节能减排效果时通常采用最低油耗率航速作为经济航速。船舶航行中,主要是主机耗油。船舶功率与航速是三次方关系,故航速的少量降低便可节省大量的燃油消耗。反之,高航速会使燃油成本大大增加,如图 7-1-5 所示。

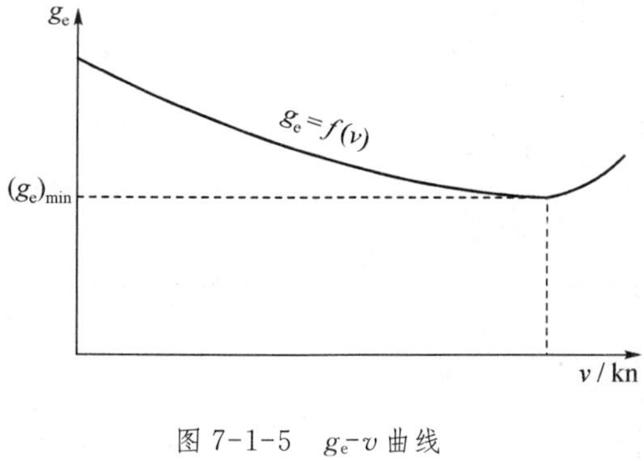

图 7-1-5　g_e-v 曲线

采用最低油耗率航速就是在主机安全转速范围内,结合经营实际,寻求油耗与航速的最佳平衡点。

分析油耗与航速的平衡点，必须结合计算公式与相关因素，选择正确的计算方法，取得针对不同船型、船龄的科学、合理的经济航速指标。船舶管理人员以经济航速和标准油耗为参照，对航行中的船舶进行动态管理与指导，就可以达到节能减排的目的。

二、节能效果分析

(1) 理论经济航速应用的节能效果。通过降低转速、航速的方式得到的 2002 年，2007 年理论经济航速的主机油耗分别为 1 399.7 t 和 1 367.2 t，分别比额定油耗指标少 106.9 t 和 139.3 t。

(2) 0713 航次实际经济航速的节能效果。0713 航次按照 2007 年核定的经济航速指导航行，实际产生的油耗为 1 339.1 t，在单船核定的考核指标范围内，比 2002 年核定的经济航速节能 59.4 t，比额定耗油指标节能 167.5 t。

【任务评价】

评估要素：经济航速的不同内涵；节能管理需要考虑的因素。

任务2　船舶废热的利用和管理

任务概述

船舶动力装置的经济性对船舶营运利润影响最大。现代柴油机，特别是智能柴油机的广泛使用，使船舶动力装置的效率有较大的提高，但仍然有近50％的能量被浪费。本任务阐述通过利用动力装置余热来提高船舶动力装置经济性的途径，旨在使学生能够掌握动力装置的余热在船舶管理时的应用。

学习目标

掌握船舶柴油机废热能量组成和合理使用方法。

相关知识

一、动力装置余热利用方案

船舶动力装置的动力设备主要包括主柴油机、发电柴油机和辅锅炉等。它们都以液体燃料为能源。船舶航行工况下所需要的总热量为

$$Q = Q_m + Q_g + Q_b \qquad (7\text{-}2\text{-}1)$$

式中：Q_m，Q_g，Q_b分别为主柴油机、发电柴油机和辅锅炉所消耗的热量，kW/h。

船舶动力装置热平衡方程式为

$$x + y + z = 1 \qquad (7\text{-}2\text{-}2)$$

式中：$x = Q_m/Q$，$y = Q_g/Q$，$z = Q_b/Q$ 分别为主柴油机、发电柴油机、辅锅炉消耗热量的百分比。

动力装置的能量平衡各成分的值 x，y，z 与船舶用途和动力装置的类型有关。表7-2-1列出各类船舶在主机额定工况下的 x，y，z 的大概分配范围。

表7-2-1　柴油机船能量平衡的组成　　％

船舶类型	机械能 x	电能 y	热能 z
海船干货船	83～92	4～10	4～8
石油运输船	60～82	3～8	10～32
冷藏船	57～76	20～36	4～8

续 表

船舶类型	机械能 x	电能 y	热能 z
河船货船和拖船	94～96	2～4	1～2
石油运输船	82～87	2～4	10～15
客货船	75～80	7～10	10～15

在进行船舶动力装置设计时，必须考虑整个船舶的能量平衡和各个耗能设备的热平衡，以便找出能量综合利用的途径，决定所采用的能量综合利用的装置和方案，从而提高动力装置能量平衡中有效利用热量的比例，以达到节约燃料的目的。

主机产生的能量所占比例最大，其废热利用价值也最高，柴油发电机组、辅锅炉消耗热量所占比例较小，它们产生的废热几乎得不到利用。

燃料在主柴油机中燃烧所发出的全部热量，只有部分转变为机械功，其余部分则分别通过排气、冷却介质和机器表面散热等而损失掉，这部分损失的热量统称为柴油机的废热。根据柴油机热平衡，各类型能量转换的比例范围如下(不同机型其数值上是有差异的)：

(1) 转变为机械功的热 $q_1=35\%\sim50\%$。

(2) 排气带走的热 $q_2=27\%\sim40\%$。

(3) 冷却介质(缸套冷却水、增压空气冷却水、润滑油等)带走的热 $q_3=15\%\sim30\%$。

(4) 其他热损失(辐射热、摩擦损失热)$q_4=2\%\sim8\%$。

由上可知，50%～60%的能量被排气废热和冷却水所带走，如果利用这几部分废热的能量代替(或部分代替)动力装置中柴油发电机组和辅锅炉所消耗的能量(占总能量的 10%～30%)，则可改善动力装置的经济性，这也正是柴油机废热利用的意义。

废热利用是按废热特点进行的。主机排气废热温度高，可利用的单位热量大；而冷却水的温度较低、量大，可利用的热量也不少。在船上对这 2 种废热的利用方法是不同的。

利用废热产生蒸汽和热水，可以减少发电柴油机和辅锅炉的耗油，提高装置经济性。是否利用废热和如何利用废热，需要注意以下几点：

(1) 区别船舶类型和装置功率范围。航行期间，废热的供应与船舶类型有关。远洋货船的主机经常处于额定功率附近工作，它的废热供应比较稳定。而航行于沿海港口间的客船、港内拖船和航行于复杂航道的内河船等，它们的主机工况多变，废热供应不稳定，可能利用的废热量就少。这是决定废热利用与否的因素之一。至于废热利用的方式，也要看装置功率的大小。装置功率比较小、设备比较简单的小型船舶，如 750 kW 以下的沿海及内河船，一般只采用简单的设备，利用主机排气产生热水，供生活用；对于 4 500～6 000 kW 以下的中型客、货船等，则常常利用排气废热产生蒸汽，供生活及燃油加热和制淡等使用。对于 6 000～7 500 kW 以上的大型万吨级远洋船舶，利用排气废热产生蒸汽作动力用。

(2) 要有专门措施保证废热供应和废热消耗两者的平衡。废热利用系统是由废热供应和废热消耗两方面联合组成的有机整体，要求在任何工况下废热的供应和消耗都应处于平衡状态。由于前者是独立的、随发动机负荷而变化的，后者是独立的、根据系统的负载(消耗)而变化的，这 2 方面的变化实际上彼此无一定关系，如无专门措施，系统必然常常处于不平衡状态，即不是过于求就是不用求，因此这样的废热利用系统显然是得不到好的经济效果的，也往往是不可取的。

（3）废热利用的目的是节省燃料，提高经济效益。因此，为利用废热而增加的设备，无论在投资、增加质量和占用空间等方面必须作出详细的计算和比较。废热利用在经济上的收益必须达到可接受的程度才能被采用。

二、动力装置的排气余热利用

1. 废气锅炉的废热利用

采用废气锅炉回收主柴油机排气的热量是船舶柴油机动力装置主要的余热利用形式。废气锅炉的废热利用必须注意以下问题。

1）废气锅炉出口的排烟温度 t_2

t_2越低，能够回收的热量就越多。理论上 t_2 可降至环境温度，但事实上这是不可能的。通常都规定 t_2不得低于 160～170 ℃，其原因有以下几个。

（1）要充分利用排气热量，不仅要大大增加废气锅炉的受热面积，而且要增加排气的流动阻力。柴油机的排气背压提高，会使发动机的排气温度增加和有效热效率降低。发动机制造厂一般都规定排气背压值，二冲程低速柴油机废气锅炉增压器的排气背压一般不宜超过 0.003 MPa。在管理上也要防止烟道脏堵而影响主机功率的发挥。

（2）排烟温度不应低于露点。如低于露点，排气会对排气系统和余热利用设备起低温腐蚀作用。露点的高低与排气中的水蒸气分压有关，也与燃油中的含硫量有关。所用燃油的露点值一般在 120～140 ℃。为最大限度地利用排气热，在标定工况下废气锅炉排气出口的温度为

$$t_2 = \text{露点} + \Delta t \qquad (7\text{-}2\text{-}3)$$

式中：Δt 不应小于 25 ℃。

动力装置长期在部分负荷下工作，t_2过低对废热利用设备的维修和管理是不利的。

（3）保证受热面必需的温差。为保证受热面上任何一个部位排气温度都高于水温，通常使

$$\left.\begin{aligned} \Delta t &= t_2 - t_w \\ \Delta t &= t_2 - t_s \\ \Delta t &\geqslant (40-60)℃ \end{aligned}\right\} \qquad (7\text{-}2\text{-}4)$$

式中：t_w为给水温度，℃；t_s为蒸汽温度，℃。

2）废气进口的温度 t_1

t_1越高，可回收的排气热量就越多。在四冲程柴油机动力装置中，废气锅炉的进口温度约为 400 ℃，大约可利用排气热量的 62%，而在二冲程柴油机动力装置中排气温度较低，在 t_1＝200～300 ℃时，则可利用排气热量的 40%左右。

由于废气涡轮增压器的效率提高，扫气压力增高，柴油机的热效率达 54%，同时为经济航速的需要又按低速经济功率匹配螺旋桨，致使柴油机的排烟温度下降，这对废气锅炉的废热利用是不利的。为确保废气锅炉的一定蒸发量，不得不适当提高柴油机的排气温度。目前，废气锅炉是按进气温度为 255 ℃，排出温度为 188 ℃的标定工况设计的。

3）产气率与蒸汽压力的关系

就充分利用余热而言，出口废气温度 t_2应尽量降低，而且 t_2与蒸汽温度间必须维持一定的传热温差，所以蒸汽压力受到一定的限制。这是因为只有当蒸汽压力和饱和温度有所降低时，才能获得更多的余热和废气锅炉蒸发量；蒸汽压力升高时则相反。

实际上在主机功率为 7 350 kW 左右的油船和干货船上，即使是二冲程低速机，当废气锅炉的出口温度达 200 ℃以上时，就可得到蒸发量约为 2 000 kg/h，压力为 0.7 MPa 的蒸汽，足够航行时全船加热用汽的需要。

2. 废气锅炉烟灰结垢与着火的预防

1）废气锅炉烟灰积垢与着火的分析

废气锅炉着火可分为小的烟垢着火和高温着火。

(1) 小的烟垢着火。在有充分氧气存在时，烟垢的可燃成分在高温下（高于闪点）自由蒸发，被火花或火焰点燃，并保持小范围和有限的火源，称为小的烟垢着火。由于不良的燃烧设备，使一些未燃烧的剩余燃油和滑油沉积于锅炉管上，特别是在柴油机机动操纵和低负荷运转期间这种现象更容易发生。这种着火对锅炉无危险或危险很有限，但应小心维护。着火的热量主要传导给循环水、蒸汽和废气。

烟垢潜在着火温度一般为 300～400 ℃，但存在未燃烧的燃油时着火温度约为 150 ℃，极端情况下甚至低到 120 ℃。这意味着着火也可发生在主机紧急停车之后，主要是因为灼热颗粒（火花）还残留在锅炉管上。

(2) 高温着火。在一定情况下，小的烟垢着火可发展为高温着火。高温着火有氢着火和铸铁着火，可导致废气锅炉损坏。这是因为水可分解为氢和氧，或在一定条件下与碳反应生成一氧化碳和氢气，如温度在 1 000 ℃以上，则氢会着火。铸铁着火即高温下发生的铸铁氧化反应，从反应过程中释放大量热量。在温度超过 1 100 ℃时，铸铁着火可以发生，使锅炉自身燃烧。

2）废气锅炉与柴油机的匹配

日本船级社（NK）的调查统计资料排除一些疑虑，使人们认识到主机的型号及制造工艺对烟垢着火无明显影响。例如，MAN B&W Sulzer 或 Mitsubishi 二冲程主机烟垢着火故障的数量都基本相同，甚至与柴油机冲程的长短无关。当只考虑排气温度自身影响时又并非完全如此，统计资料清楚地表明废气锅炉的进口和出口温度对烟垢着火的发生都没有任何明显影响。尽管进口温度高达 325～350 ℃，出口温度高达 225～250 ℃和出口温度低至 100～150 ℃，许多废气锅炉并未发生烟垢着火故障。

在现代柴油机较低排气温度下，为仍能维持船舶蒸汽消耗的需求，促使与其匹配的废气锅炉被设计得更加高效，这包括利用大受热面、锅炉设计为扩展管表面和低燃气流速等。上述的高效与“超扩展”锅炉的设计和劣质燃油的使用，使废气锅炉管上烟灰沉积有增加的趋势，并导致烟垢着火。挪威船级社（DNV）统计资料所证实的自 1988 年来烟垢着火呈上升趋势的原因基本源于前述情况。

3）新型废气锅炉烟灰沉积和着火的预防措施

要使新型废气锅炉烟灰沉积和着火的危险减到最少，管理上应注意下列参数和问题。

(1) 废气流速不能太低。废气锅炉的废气流速低是烟灰沉积和着火的主要影响参数之一。统计资料证明，设计废气流速低于 10 m/s 的废气锅炉几乎都有着火故障，而高于

20 m/s的废气锅炉却很少发生着火故障。锅炉的实际废气流速较高，烟灰微粒将被吹除，使锅炉有自清洗作用。考虑到柴油机在部分负荷运转流速高达 25～30 m/s 时，烟灰很少沉积，也无需安装吹灰器。当火管废气锅炉的设计排气平均流速高于 20 m/s 时，对烟管也具有自清洗作用。

(2) 烟灰黏性的预防。含有灰分、残炭和硫分的劣质渣油的使用，使烟灰具有黏性，这是烟灰发生沉积的重要因素。关于烟灰黏性，最新资料揭示，由于碳氢化合物的化学反应，使用含有氧化铁的燃油添加剂可使烟灰失去黏性，从而使烟灰沉积减少。这样对烟垢沉积的废气流速限制也可降低，即烟垢沉积将失去对低废气流速的敏感性。

选用什么型号的燃油、润滑油和添加剂，关系到烟灰的黏性大小和废气成分，因此，对低废气流速的限制严格地说应是个"浮动"限制。

(3) 锅炉受热面废气温度不能太低。锅炉废气出口温度应不低于 155 ℃，锅炉进口给水循环温度，对有预热器的应高于 120～130 ℃；否则凝结的硫酸可使烟灰有黏性，增加烟垢形成的趋势。

(4) 锅炉循环水流速度和流量比不能太低。应保持锅炉管表面边界层的废气温度低于烟灰着火温度，减少烟垢点燃的危险。当温度高于 150 ℃时可发生烟垢着火危险，极端情况下在 120 ℃时也有着火危险。

(5) 柴油机排气不允许恶化。保持柴油机良好的燃烧和排气，减少排气微粒。水管锅炉的旁通烟道(在 50% MCR 自动开关)在柴油机低负荷运转时，旁通全部废气，防止锅炉烟垢沉积。

(6) 水管锅炉应装自动吹灰器。为清除烟垢，在全部吹灰过程中，吹灰介质(蒸汽或压缩空气)的压力应尽可能高些，MAN B&W 公司建议每天吹灰 4 次和定期人工清洗。

任务实施

模块 1　远洋船舶柴油机废热能量组成分析和使用

【任务要求】

要利用柴油机的余热，首先要了解船舶柴油机余热的组成，熟悉柴油机余热的特性，才能够合理地、最大程度地利用柴油机余热，提高船舶运营的经济性。

【任务准备】

1. 教学多媒体设备；
2. 人员分组。

【任务操作】

远洋船舶柴油机废热能量主要包括柴油机废气余热和冷却水余热。学生分组讨论柴油机废气余热与冷却水余热的特点，根据这些余热的特点，设计余热利用方法。一般，船舶余热利用主要有以下途径。

1. 柴油机废气余热利用

柴油机废气能量约占燃油总热量的18%左右，其可利用部分也达12%左右，约为柴油机有效功率的1/4。中速机废气涡轮增压器出口温度高达370 ℃左右，以换热器传热温差100 ℃设计，废气的平均传热温度达280 ℃左右，通过废气锅炉、省煤器、过热器受热面的合理布置，可产生280 ℃，0.9 MPa的过热蒸汽驱动汽轮机工作。在这样的热力参数条件下，汽轮机的热效率可达25%左右，以某船在柴油机持续功率为6 752 kW时，按每小时油耗1.17 t估算，可产生机械功率为406.2 kW，即使考虑到船舶需使用一定量的蒸汽，也可满足300 KVA的发电机保证正常航行时船舶的用电。

2. 柴油机冷却水余热利用

柴油机冷却水出口温度为80 ℃左右时，通过热管锅炉换热，冷煤水的温度仍可达70 ℃以上。因冷却水带出的热量占燃油燃烧总热量的16%左右，总热量是非常大的，其热能可满足如下供热情况：

(1) 直接用于船员和旅客日常生活用的热水及重油舱的加热和保温。

(2) 直接作为海水淡化装置的加热源。

(3) 将冷煤水的一部分加热到100 ℃以上，用作冬季空调的热源或夏季吸收式制冷装置的加热源。

(4) 用蒸汽将部分冷煤水加热到100 ℃以上或利用高温热泵将70 ℃的水加热到100 ℃，用于沉淀油柜和日用油柜的加热和保温。

(5) 发电柴油机冷却水余热可以用作主机的暖缸热源。

模块2　船舶余热系统能量传递过程分析

【任务要求】

1. 小组讨论船上2种典型的废热利用系统；
2. 在小组充分讨论后，分别画出海水淡化装置和主机排气系统的系统能量传递图。

【任务准备】

1. 教学多媒体设备；
2. 人员分组；
3. 教学资料准备：沸腾式制淡装置系统，如图7-2-1所示；船舶柴油机动力装置余热发电系统，如图7-2-2所示。

【任务操作】

(1) 分组讨论。废热利用的方法是按废热特点进行的。主机排气废热温度高，可利用的单位热量大；由于排气温度低于125 ℃时，废气中硫的氧化物会造成柴油机等的低温腐蚀，因此为防止低温腐蚀，排入大气中的废气温度最好不低于150 ℃。主机排气废热利用设备主要有涡轮增压器、废气锅炉和锅炉省煤器。这些废气余热利用设备根据利用温度不同，串联在废气排烟通道中。

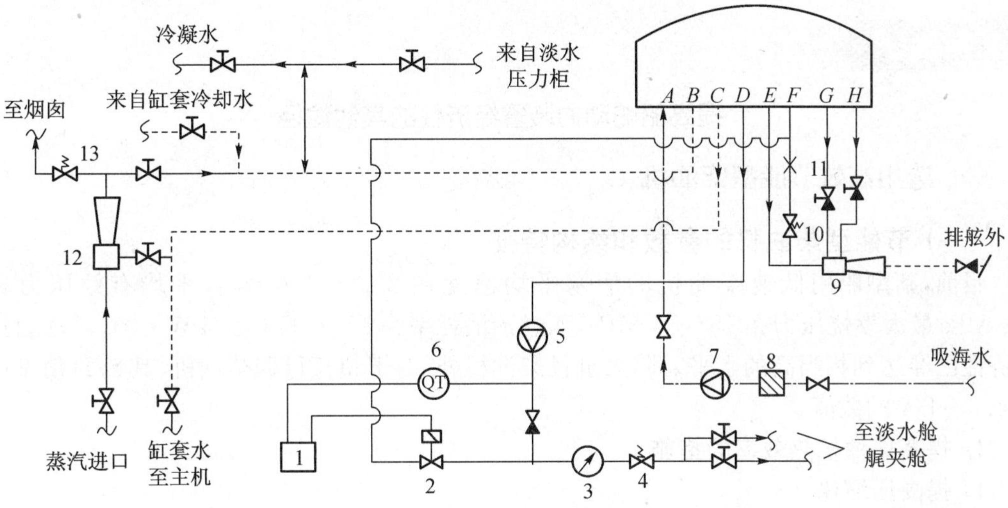

1—控制箱；2—电磁阀；3—流量计；4—弹簧阀；5—淡水泵；6—盐度计；7—海水泵；8—滤器；9—真空/盐水喷射器；10—弹簧阀；11—节流阀；12—蒸汽喷射泵；13—安全阀

图 7-2-1　沸腾式制淡装置系统

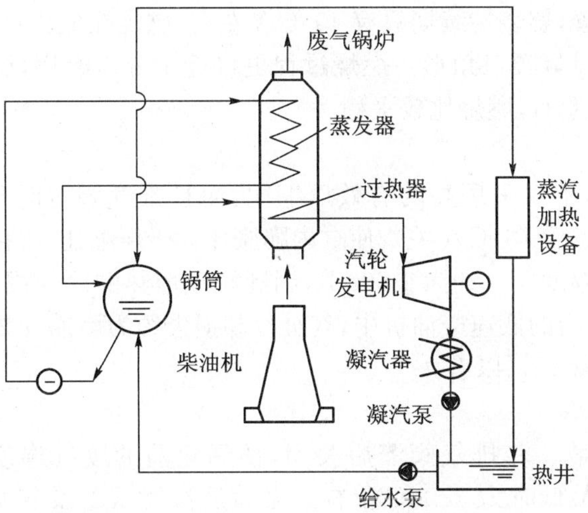

图 7-2-2　船舶柴油机动力装置余热发电系统

冷却水的温度较低，但数量大，可利用的热量也不少。对于远洋船舶，用主机冷却水作为海水淡化装置的加热工质是最适宜的。船舶发电柴油机的冷却水通常还作为主机暖缸热源。

(2) 每组讨论海水淡化系统和主机排气系统的组成，列出能量传递关系图。

【任务评价】

评估要素：柴油机废热能量的种类；柴油机废热能量的特点；柴油机废热能量的使用限制。

任务拓展

提高船舶动力装置经济性的其他途径

一、选用高效节能型柴油机

（一）节能型柴油机的参数和结构特征

目前，新型船用低速柴油机的活塞平均速度在 8.3～8.6 m/s，平均有效压力高达 2.1 MPa最大燃烧压力在 15～16 MPa，而燃油消耗率为 171～174 g/(kW·h)，其动力性和经济性已经达到相当高的水平。除大缸径柴油机外，对于超长行程柴油机，其 S/D 值都已达到 4.0～4.4 的数值。

1. 提高柴油机热效率的措施

1）提高压缩比

有效压缩比在 14 以上，几何压缩比在 18 以上，使爆发压力 P_{max} 提高到 14.2 MPa，平均有效压力达 2.0 MPa。

2）提高过量空气系数 a 和喷射压力 P_{inj}

采用大的燃烧过量空气系数 a（2.4～2.5）和较高的喷射压力 P_{inj}（可达 100～140 MPa)，使燃烧完善，燃烧持续期只有 40 ℃A 左右，燃烧在上止点前 1 ℃A 以内开始，燃烧放热规律的形态如一等腰三角形。燃烧过程更接近于等压燃烧，压缩终点压力与最高爆发压力之差为 1 MPa 左右，燃烧比较平稳。

3)提高扫气效率

为提高循环效率，不仅采用高的有效压缩比，而且排气阀定时延迟关闭（如上止点前 55～68 ℃A 开，下止点后 78 ℃A 关)，使缸内膨胀比大于压缩比，可使扫气效率和循环效率提高。缸内气体最高温度 T_{max} 约为 1 600 K，因此缸壁散热的冷却损失大为减少，即使在缸径较小（如 D=350 mm)的低速柴油机中，气缸冷却损失约为燃油发热量的 6%，而中冷器带走的热量为燃油发热量 10%以上。

4）提高增压器效率

提高过量空气系数 a 和排气阀滞后关闭，使涡轮前的废气温度 t_T 降低，废气能量下降，在标定工况时，t_T 最低时为 380 ℃左右。为满足扫气压差及气缸进气量的要求，需要采用总效率 η_{TK} 较高的废气涡轮增压器，所以废气涡轮增压器的压比与总效率 η_{TK} 随着增压度的提高而不断提高，目前非冷却高效涡轮增压器，其 η_{TK} 已由 65% 提高到 72%～75%。在缸径大于 500 mm 的低速柴油机中，当 η_{TK} 大于 68%时，可以在柴油机涡轮前的排气管上引出 10%左右的废气带动一个动力涡轮（称 PTO 装置)，这种装置用于提高柴油机效率，又称效率增强器。如 Sulzer 公司的 RTA 型柴油机，在 55%～100%标定功率下，可使柴油机有效耗油率降低 2.5～5.5 g/(kW·h)；在 55%标定功率以下时，关掉废气进入动力涡轮的旁通管路，使排气管总的流通截面积减小，涡轮前废气压力 p_T 增大，扫气压力 p_s 增大，过量空气系数 a 增加，改进燃烧，也能使有效耗油率降低 2.5～4.0 g/(kW·h)，全工况性能都得到改善。

5）提高低工况时的热效率

为使柴油机适应特殊船舶的航行方式，提高低工况时的热效率，RTA-T 型柴油机同时配合使用可变排气阀关闭(Variable Exhaust Valve Closing)和可变喷油定时(Variable Injection Time,简称 VIT)2 种装置。可变排气阀关闭装置是在 80%～100% MCR 功率之间运行,在部分负荷下提前关闭排气阀,让压缩压力 p_c 和 p_{max} 保持恒定;可变喷油定时装置,是在 65%～80% MCR 功率时起作用,将喷油定时提前而使 p_{max} 保持不变。两者配合应用,耗油率最大可下降 5 g/(kW·h)。在 UEC75LSⅡ型柴油机上还采用变截面涡轮喷嘴(VGT)来改进低工况性能。

2. 减小发动机重量和尺寸方面的措施

RTA-T 和 SMC-C 柴油机在提高单缸功率的同时,还进行结构优化,使质量和尺寸都有大幅下降。如 SRTA58T 比相同功率的 5RTA62U 长度由 7 855 mm 缩短为 6 960 mm,而单机净质量由 330 t 降为 280 t;6S60MC-C 比 6S60MC 长度由 8 723 mm 缩短为 7 987 mm,单机质量由 391 t 降为 345 t。

RTA-T 系列的结构特点为:

(1) 气缸体高度减少约 16%,质量减轻约 13%,气缸套由冷却套支承,高压油泵固定在气缸体上,凸轮轴从下部拆装,使维护和管理工作简单、方便。

(2) 主轴承上盖采用固紧螺栓固定,取消液压撑杆螺栓,质量减轻 40%。

(3) 气缸套采用压铸材料,形成最佳硬相组织和运行表面,工作表面珩磨,气缸套采用双层注油润滑,上层润滑为 62.5%,下层为 37.5%,由于采用长支承圈结构,缸套伸出气缸体近 1.2 m。

(4) 气缸盖有 3 只 120°分布的喷油嘴器。

(5) 活塞冷却采用振荡加喷射方式,冷却效果改善,活塞温度降低。

(6) 活塞杆填料函采用最新结构设计。

(7) 100%磷青铜刮油环,泄漏率低,并可从上下 2 个方向拆卸。

(8) 凸轮轴传动系统中,曲轴齿轮改为单体式结构,仅用螺栓与曲轴连接,尺寸小、质量轻,质量减轻约 45%。

(二) 节能型柴油机的选用

1. 常规柴油机的特点

1)二冲程柴油机的应用

对于船用主机,经济性、可靠性和使用寿命是第一位的,质量和尺寸是第二位的。据此,低速二冲程柴油机因其效率高、功率大、工作可靠、寿命长、可燃用劣质油以及转速低等优点适于作船舶主机。

柴油机的动力直接通过轴系传给螺旋桨,这种传动方式称为直接传动。在这种传动方式中,主机与螺旋桨之间除传动轴系外,没有减速和离合设备,运转中螺旋桨和主机始终具有相同的转向和转速。

它的主要优点:

(1) 结构简单,维护和管理方便。只要安装时定位正确,平时管理中注意润滑、冷却,一般不会出现大问题。

(2) 经济性好,传动损失少,传动效率高。主机多为耗油率低的大型低速柴油机。螺旋桨转速较低,推进效率较高。

(3) 工作可靠,寿命长。

其缺点是:整个动力装置的质量和尺寸大,要求主机有可反转性能,在非设计工况下运转时经济性差,船舶微速航行速度受到主机最低稳定转速的限制。

2)四冲程柴油机的应用

根据四冲程柴油机的工作特点,对于大功率四冲程中速柴油机,因其尺寸小、质量轻,比较适合作为滚装船和集装箱船的主机,但由于其转速较高,为满足螺旋桨低转速的需求,在柴油机与螺旋桨之间须加装减速齿轮箱。

柴油机与螺旋桨之间的动力传递除经过轴系外,还经过某些特设的中间环节(离合器、减速器等)相连接,这种连接方式称为间接传动。由于柴油机与螺旋桨之间增加了中间设备,会消耗一定的柴油机功率,因此使传动效率降低,但间接传动方式还有以下优点:

(1) 主机转速可以不受螺旋桨低转速要求的限制。只要适当选择减速比,就可使主机的转速适应螺旋桨的转速要求。

(2) 轴系布置比较自由。主机曲轴和螺旋桨轴可以同心布置,也可以不同心布置,以改善螺旋桨的工作条件。

(3) 在带有倒、顺车离合器的装置中,主机不用换向,这使主机的结构简单、工作可靠、管理方便、机动性提高。

另外,船舶发电柴油机(称副机)因其发电机要求功率不大,转速较高以及结构简单,因而一般均采用中、高速四冲程筒形活塞式柴油机。

2. 智能柴油机的特性

与传统的机械控制系统相比,电子控制技术具有控制精度高、控制功能多、适应性强且调试方便等一系列优点。目前,电子控制设备及软件已经应用于船舶柴油机,并成为船舶柴油机的基本组成部分,世界上主要的船舶柴油机制造商都推出了自己的电控柴油机。预计在未来的10年里,电子控制式柴油机将逐步取代传统的机械控制式柴油机,成为船舶柴油机的主流机型。

与传统机械控制式柴油机相比,其主要特点如下。

1) 很强的运转适应性

很强的运转适应性主要表现在燃油喷射系统上。主要包括以下内容。

(1) 能够自由地选择喷射压力。在优化柴油机综合性能的基础上,降低了柴油机在部分负荷时的油耗(SFOC)。

(2) 精确地控制燃油喷油量。在柴油机运转范围内,循环喷油量变动小,各缸供油均匀,柴油机工作稳定。

(3) 可独立地控制喷油正时和喷油速率变化,实现预喷射和多次喷射,达到理想的喷油规律,既能保证良好的动力性和经济性,又能将柴油机的 NO_x 和微粒(PM)排放控制在较小的数值内,以满足排放要求。

(4) 燃料适应性好。对于不同的燃油,特别是劣质燃料油,可根据燃油需要改变喷油正时和气阀定时,并且在任何负荷条件下工作无可见排烟。这些对于凸轮驱动的机械几乎是不可能实现的。此外,冷却系统、增压系统和气缸注油系统也具有很强的运转适应性。

2) 足够的可靠性

足够的可靠性是指发动机具有更长的寿命和维修周期,在整个发动机使用过程中具有很低的故障率和良好的维修性能，并且在整个使用期间发动机的性能维持不变。

3）多种操作模式

各种不同的操作模式是指可以根据不同的要求由操作者选择机器的运转模式，如经济性模式、排放控制模式、低负荷运转模式等，并保证发动机一直处于最优化状态运转。

4）完善的状态监测和控制系统

完善的状态监测和控制系统主要包括一体化的速度控制设备，在线的柴油机故障诊断系统，活塞工作和燃烧可靠性的监测及对气缸注油率的优化等，能够在线监测柴油机的运转状况，确保各缸的负荷均匀分布，防止发动机超负荷，在故障发生前能够早期报警并起动处理程序。

3. 双燃料柴油机的特性

双燃料柴油机是指其工作燃料除燃油外，还可以添加其他气体燃料共同工作的柴油机。ME-GI 柴油机是 MAN B&W 公司生产的电子控制式双燃料柴油机，该柴油机除新增的燃气供给及喷射系统外，其他系统几乎与 ME 柴油机没有区别。由于该柴油机可以燃用 LNG 液货舱的蒸发气体，故若采用该柴油机作为 LNG 船舶的主机，则可以省去再液化装置，从而大大节约了再液化耗能；且天然气为清洁能源，可在一定程度上降低柴油机的排放；同时，在燃油价格节节攀升的情况下，采用相对廉价的天然气又可节约燃料费用。

ME-GI 柴油机可实现以下 4 种操作模式。

1）双燃料经济操作模式

双燃料经济操作模式在柴油机负荷大于 30%时启用，此时，燃气作为主燃料，同时还需要提供不少于 5%的先导油（标定量为 8%），以控制燃烧定时；在 30%～110%负荷之间，可以根据可用蒸发气的多少选择不同的替代比，这种操作模式可在所有正常的操作状况下提供最佳的燃料消耗，可在 60%～100%柴油机负荷范围内实现最经济操作。

双燃料经济操作模式又包括 3 种情况：

（1）先导油量最小的“双燃料模式”，即正常模式。当负荷大于最小先导油量所能提供的功率时，如果负荷变化，控制系统会根据燃气压缩机的设定排出压力与实际排出压力之间的差值，增加或减少燃气的量，但燃油量不变；如果燃气的热值有波动，则根据曲轴转速的测量值，增加或减少燃气的用量。

（2）气体固定模式。当系统所能提供的最大燃气量仍不能满足柴油机的负荷需求时，控制系统会根据负荷的变化增加或减少燃油量，而燃气的量不变。

（3）全燃油模式。当燃气系统故障或 LNG 液货舱空载时，全部使用燃油。

2）低 NO_x 排放模式

在这个模式下，柴油机在所有操作范围内，尤其是在 75%负荷时，可实现一氧化氮排放的最小化。之所以强调 75%负荷，是因为几乎所有的 NO_x 排放法规都关心柴油机在 75%负荷下的排放状况。与“燃油经济模式”相比，在“低 NO_x 排放模式”下，柴油机 NO_x 的排放量会减小 20%～30%。但此时的 SFOC 会略有升高。

“低 NO_x 排放模式”可以用来满足地区规定或者是自发同意的 NO_x 排放减少对策。

3）部分负荷排放模式

这是一个特殊模式，用来满足当船舶准备在较长的时间内使主机工作在部分负荷时的特殊排放需要。

4）特殊排放操作模式

这是一个特殊模式，用来满足船舶航行在对排放有特殊要求的区域内的情况。

柴油机控制系统包含所有操作模式，通过主操作板(Main Operating Panel, MOP)上的一个按钮来完成从一个模式到另一个模式的转换。主机操作系统会在几秒钟内识别出模式的转换，并保证将新模式参数立即输入。

二、提高船、机、桨的匹配性能

(一) 船、机、桨的能量转换关系

船舶推进装置是把燃料在主机内燃烧所得到的热量转换成螺旋桨产生的推力，克服船舶阻力使船舶运动的一套装置。通常它有四大部分配合共同工作。

(1) 船舶主机。它是把燃料的热能转换为机械能，其机械能是用输出轴的扭矩和转速来表征的。其工作实质是消耗燃油并输出扭矩。

(2) 传动设备。常包括轴系和传动设备。它是把发动机传来的机械能传递到螺旋桨。最常见的传动形式是机械传动，最简单的传动形式是直接传动。但是，通常它包括齿轮减速设备，还包括各种型式的离合器、制动器和联轴节等。如果是电力传动，则使用电动机、发电机、电缆和开关装置。但是，不论其传动形式如何，它总是从回转轴的一端接受能量并传递到回转轴的另一端。其工作实质是输入扭矩，输出扭矩。

(3) 螺旋桨。它接受传动设备传递来的扭矩，把它转换成加速液体的压力能，或转换成推力能，最常见的推进器是螺旋桨。其工作实质是输入扭矩，输出推力。

(4) 船体。它接受推进系统轴系传递来的推力，克服船体的各种阻力，使船体以一定的速度前进或后退。

船舶在航行中，船舶主机—传动设备—螺旋桨—船体，这几部分相互联系、相互作用组成了保障船舶运动的一个统一体系。从能量的角度看，船舶主机是机械能的“能量发生器”，传动设备是机械能的“能量传递器”，螺旋桨是使发动机扭矩转变为液体推力的“能量转换器”，船体是推力能的“能量消费者”。由于传动设备在此能量传递系统中只是简单地传递能量，只是使能量在经过传递后在数量上减少，因此可将其以效率的形式纳入整个系统考虑即可，这样上述的能量传递和转化系统可简化为：船舶主机—螺旋桨—船体。图 7-2-3 为船、机、桨能量转换关系图。

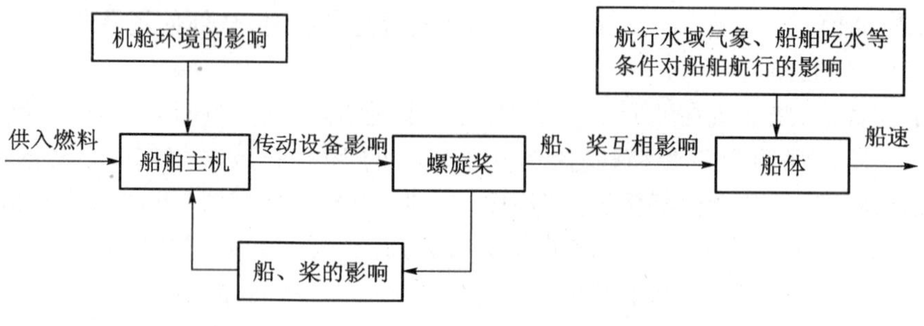

图 7-2-3　船、机、桨能量转换关系

(二) 船体的阻力特性

船舶在航行时，其水下部分受到水的阻力，水上部分受到空气的阻力。在一般气候情况下(3～4 级风)，水阻力是主要的，空气阻力很小，可忽略不计。但当风力较强时，空气阻力也不可忽略。

船舶的水阻力按其产生的原因及阻力的性质可分为：摩擦阻力、形状阻力(黏性阻力)和兴波阻力。这 3 种阻力均随船速的增大而增加，所以船舶的总阻力(三者合成)也随船速的增大而增加。

同一艘船，船速低时，摩擦阻力是主要的，当船速提高时，兴波阻力则变成主要的了。针对这一性质，要最有效地改善船舶的航行特性，就要切实地考虑兴波阻力的特性。

采用哪种措施减少船舶阻力，首先取决于船舶的类型。例如：对于低速的油船和散货船，应从减少黏性阻力着手；对于高速的客船和集装箱船，则主要从减少兴波阻力着手。一般，降低船舶阻力，从而降低主机的配置功率，通常可采用以下 2 种方法，以得到优良的船型和良好的船舶阻力特性。

(1) 改进船型等设计，减少航行水阻力；

(2) 改进适航性能，减少船体运动阻力。

(三) 利用主机减额输出方式选配柴油机

提高柴油机的热效率，即降低柴油机耗油率的方法之一，是提高气缸内最大爆发压力 P_{max} 和平均有效压力 p_e 之间的比值。运行中，一般把最大持续功率 MCR 时的 p_e 定为额定值。当减额输出时，把 MCR 时的 p_e 降低作为新的额定点。此时，对柴油机的喷油系统、冷却系统和增压器等进行优化调整使 P_{max} 值仍维持与 MCR 时的相对应值不变。这样提高 P_{max} 与 p_e 的比值，从而实现比 MCR 低的燃油消耗率。

MAN 公司宣布，参照其减额输出原理，恰当地选择节油运行点，可使总油耗率下降 4.3%，其中桨速降低，η_p 提高可节油 2.3%，p_e 降低使油耗率降低 2%。同样，瓦锡兰公司宣布 Sulzer 柴油机的减额输出的最佳节油可比 MCR 低 8.17 g/(kW·h)。

减额输出的实质是配置较大功率的柴油机产生较小的输出功率，即用增加初投资换取节油收益。

(四) 主机经济选型

船舶主机选型是根据船舶设计任务书中的技术要求以及船体设计所提供的资料进行的，与螺旋桨的设计密切相关，也包括推进装置的选型等。实际上是通过船、机、桨匹配计算和分析选定螺旋桨参数和主机型号，在满足设计的技术要求(如航速、转速、功率)基础上，同时考虑质量和尺寸、油耗、造价、可靠性、使用寿命、振动噪声等因素下，选择一套从主机到螺旋桨的最佳推进装置。

以前对同一缸径及冲程的柴油机只有一个额定功率输出点(Maximum Continuous Rating, MCR)。这在一定程度上不能使某一已定船舶的螺旋桨达到最佳转速和发出所需功率。另外，吨位差异较大的船舶，往往能供匹配的主机甚少，很难达到所需主机与螺旋桨的最佳匹配。目前，可供选择的柴油机类型众多，加上柴油机具有减额输出区，这为正确选择主机创造较好的优选条件，可以实现主机和螺旋桨的最佳匹配。

在确定船舶类型、尺寸、航速和航线后，按船舶特性，估算海况储备的连续运行功率(Continuous Service Rating, CSR 又称连续服务功率)，再加上主机功率储备，确定主机最大连续输出功率(Specified MCR)及其相应的转速。

三、提高螺旋桨的推进效率

(一) 采用低转速、大直径螺旋桨,提高推进效率

过去,低速螺旋桨的设计,转速常在 120 r/min 以上,桨效率一般为 0.5～0.7。现在,国内外普遍采用低转速、大直径的螺旋桨。当转速从 120 r/min 下降至 60 r/min 时,螺旋桨效率的提高可节约 16%～18%主机功率,可以较大幅度地改善装置经济性。在常用航速范围内,螺旋桨转速降低 1%,在航速及载货量不变的条件下,可减少油耗0.2%～0.3%。

(二) 选配节能型螺旋桨

目前,不大可能对普通的螺旋桨设计作更多的改进,除非冶金学家能研制出相当坚韧的材料,这种材料能使桨叶制造得更薄而且具有更好的效率。除采用低转速、大直径螺旋桨以提高推进效率外,还可采用导管螺旋浆、可调螺距螺旋桨等节能型螺旋桨,针对不同的船型以提高推进效率。

附录1 某公司船舶加油工作计划

航次加油港　数量1.　2.　　吃水：F　　mA　　m

作业开始时间　　作业结束时间　　日期　　年　月　日

一、加/移油检查表

内容	责任人	检查人	检查结果
需加油的油舱、数量已和大副商定			
各油舱的存量已测量			
甲板落水孔已堵塞，信号旗或信号灯已悬挂或开启			
加油管另一舷的盲板和阀门已关闭，受油舱柜的透气孔已检查			
已悬挂“禁止吸烟”的警告牌，并备妥消防防油污器材，严禁明火作业			
已和供油方商定装油顺序，联系方法，最大泵油量和泵速			
确认供方接装油管紧密牢固			
各受油舱的阀门位置得到确认，并正确开启			
已指派专人测量油位，确认船内联系方式			
是否采集油样，与供应商提供的燃油技术标准进行核对、签字封存			

二、加/移油计划表

舱名	F. O No. 1P/S	No. 2P/S	No. 3P/S	No. 4P/S	No. 5P/S	D. O No. 1P/S	No. 2P/S	No. 3P/S
最大舱容								
90%舱容								
加油前高度								
加油前存量								
预计高度								
预计加油量								
实际高度								
实际加油量								
合计	F. O　　MT					D. O　MT		

三、计划评估实施状况

A计划制订评估		B计划实施评估
制订人：	审批意见：	轮机长：
审核人：	批准人：	船长：

注意事项：1. 加/移油由船长总指挥，轮机长现场指挥，主管轮机员具体实施。

2. 各部门应通力协作，做好应急准备。加油过程中应勤测量，多观察。

附录 2　某公司供、受油作业安全检查表
BUNKERING SAFETY CHECK LIST

供油方　　受油方
Supplier　Receiver ________
油种　　　数量
Kind of the Oil ____　Quantity ____
作业日期、地点
Date and Place of the Bunkering Operation：
填表须知 INCTRUCTIONS FOR COMPLETION

双方按表内所列项目检查、落实，对符合要求者用“√”表示，不符合要求者在备注内说明。

All the items of the list must be checked and implemented. Items agreed to be done shall be marked with “√” while items disagreed explained in the column of remarks.

检查项目 Items	供油方 Supplier	受油方 Receiver	备注 Remark
1. 双方是否安全系泊？ All the ships securely moored?			
2. 船舶间通道是否安全可靠？ Is there safe access between supplying ship and receiving ship?			
3. 输油管是否完好？ Are bunkering hoses in good condition?			
4. 输油管是否接妥并在接合处放置了集油容器？ Are bunkering hoses correctly connected and drip collecting trays in position at the joining part?			
5. 油管吊杆是否处于良好工作状态？ If the pump handle wheels were in good condition?			
6. 受油舱阀门是否已打开？ Is the valve of receiving tank open?			
7. 量油管和空气管是否畅通？ Are the sounding pipes and air pipes unblocked?			
8. 双方的操作程序是否已商定？ Is the operation procedure agreed on by both parties?			
9. 双方是否约定了联络方法？ Is the communication system agreed on by both parties?			
10. 应急停泵信号和应急关闭程序是否已商定？ If the agreements on the emergency pump stopping signal and emergency stopping procedure reached?			
11. 双方是否安排了专人值班？ Are duty personnel assigned by both parties?			

续　表

检查项目 Items	供油方 Supplier	受油方 Receiver	备注 Remark
12. 有关明火作业及吸烟的各项规定是否得到执行? Are naked light and smoking regulations being observed?			
13. 双方是否已派专人根据天气、潮汐和船舶吃水变化随时调整输油管布设及弯曲半径、角度和系泊缆绳的收放? Has the ship appointed a special watchman for adjusting the radius and angels of the transfer hoses and mooring rope according to the changes of weather and tides and draughts of the ship?			
14. 是否已就油污染应急措施达成协议? Was there any agreement for the emergency of oil pollution?			
15. 双方是否备妥了应付意外油污染事故所必需的吸附材料? Are necessary absorbing materials available for dealing with accidental escape of oil?			

供油方负责人姓名：　　　　　　受油方负责人姓名：

Person in charge from the Supplier ____　Person in charge from the Receiver ____

注：如供油方提供类似检查确认表，船方按要求检查签署并保存；否则，船方应按本表与供油方共同核查签署并留船备查。

附录 3　某公司船舶加油记录表

RECORD OF BUNKERING

<table>
<tr><td rowspan="2">编号</td><td>船名 ship's name</td><td></td><td>港口 port</td><td></td><td>日期 date</td><td></td></tr>
<tr><td colspan="4">项目 item</td><td>内容 content</td><td>备注 remark</td></tr>
<tr><td>01</td><td colspan="4">供燃油船舶的名称 name of receiving ship</td><td></td><td></td></tr>
<tr><td>02</td><td colspan="4">供燃油船舶的 IMO 号 IMO of receiving ship</td><td></td><td></td></tr>
<tr><td>03</td><td colspan="4">加装的港口 port of bunker</td><td></td><td></td></tr>
<tr><td>04</td><td colspan="4">供应开始的日期 date of commencement of delivery</td><td></td><td></td></tr>
<tr><td>05</td><td colspan="4">供应结束的时间 date of complete of delivery</td><td></td><td></td></tr>
<tr><td>06</td><td colspan="4">燃油供应商的名称 name of marine fuel oil supplier</td><td></td><td></td></tr>
<tr><td>07</td><td colspan="4">燃油供应商的地址 address of marine fuel oil supplier</td><td></td><td></td></tr>
<tr><td>08</td><td colspan="4">燃油供应商的电话号码 telephone number of marine fuel oil supplier</td><td></td><td></td></tr>
<tr><td>09</td><td colspan="4">燃油供应商的联系人 linkman of supplier</td><td></td><td></td></tr>
<tr><td>10</td><td colspan="4">本次加装的燃油品名 product name(s)</td><td></td><td></td></tr>
<tr><td>11</td><td colspan="4">本次加装的数量(以公吨计)quantity of supply(metric tons)</td><td></td><td></td></tr>
<tr><td>12</td><td colspan="4">15 ℃时的密度（根据 ISO3675 试验，单位：kg/m^3）density at 15 ℃（kg/m^3）fuel oil should be tested in accordance with ISO 3675）</td><td></td><td></td></tr>
<tr><td>13</td><td colspan="4">含硫量（根据 ISO8754 试验，单位：% m/m）sulphur content（%m/m）fuel oil should be tested in accordance with ISO 8754）</td><td></td><td></td></tr>
</table>

附油品报告单 1 份。Attachment of report of the fuel oil quality.

燃油供应商代表签字/日期：
Signature of supplier/date：

记录人(轮机长)签字/日期：
Signature of chief engineer/date：

附录4　某公司加油移油作业安全规定

1. 目的

本规定旨在为船舶储备保证安全航行的燃、润料和在加装燃、润料时正确操作，为避免发生污染事故提供操作依据。

2. 适用范围

本规定适用于公司所有船舶加油或移油。

3. 职责

3.1　船长：船舶加油、移油的总指挥。

3.2　轮机长：船舶燃、润料加装、移油时的现场指挥。

3.3　二管轮：制订加油计划；负责加油、移油过程的安全操作。

3.4　机工长：按轮机长和主管轮机员要求，做好相应工作。

3.5　机工：按主管轮机员要求，配合机工长做好相应工作。

3.6　值班驾驶员：按船长、轮机长的要求，配合主管轮机员做好相应工作。

3.7　值班水手：按值班驾驶员要求，配合轮机部做好相应工作。

4. 定义

4.1　加油：指油船(驳)向本船油舱加装燃、润油。

4.2　移油：船存燃、润料各舱柜间的互相移驳、调出、向舱柜中添加等。

4.3　SO_x：硫氧化物。

4.4　SO_x排放控制区：指 MARPOL 公约附则 I 第 10(1)(b)条定义中的波罗的海、北海区域，或由 IMO 根据附则 VI 附录 III 中所包含的有关防止船舶造成大气污染的 SO_x排放控制区的确定标准和程序而指定的任何其他海域包括港口区域。

5. 加油操作

5.1　加油前

5.1.1　轮机长在加油前应要求供油商提供燃油的技术标准报告，确保燃油的含硫量小于 4.5%，用于 SO_x排放控制区域的燃油含硫量小于 1.5%，以确保船舶机器安全使用及防污染，如果不符合标准，拒绝接收。

5.1.2　如供油方提供“供、受油作业安全检查表”，船方应按要求检查签署并保存；否则，船方应按本文件的“供、受油作业安全检查表”与供油方共同核查签署并留船备查。

5.1.3　由二管轮负责编制“加油工作计划”，经轮机长审核后，由轮机长报船长批准。

5.1.4　轮机长应与大副商定，需加油的油舱及添加量，以配合装卸货和水尺调整。

5.1.5　主管轮机员负责测量各油舱的存量，并尽最大努力将同种规格油品并舱，加油时严禁将不同规格的油品混装。

5.1.6　加油前要检查加油管路阀门的开关位置是否准确，装油管另一舷的盲板和阀门要关闭，检查受油舱柜的透气孔，并采取必要的防溢油措施。

5.1.7 通知木匠堵塞甲板流水孔。

5.1.8 值班驾驶员要做好安全措施，加油前应根据港口的规定，悬挂信号“B”旗，夜间应开桅顶红色信号灯一盏。

5.1.9 轮机长和主管轮机员要与供油方商定：

.1 装油的先后顺序及装油过程中双方的联系方法；

.2 最大泵油量和加油过程中泵油速度的控制。

5.1.10 如船舶位于 SO_x 排放控制区内且使用的燃油不符合该区域的要求，在其进入 SO_x 排放控制区前应有足够的时间使燃油供应系统经过全面地冲洗，以去除所有硫含量超过1.5%的燃料，在燃料转换作业完成时应将每一燃油舱中的低硫燃油(硫含量小于或等于1.5%)的容积以及日期时间和船舶位置记录在主管机关规定的航海日志中。

5.2 加油中

5.2.1 装油前，应在油气可能扩散到的区域，悬挂“禁止吸烟”的警告牌，并应备妥消防器材严禁明火作业。

5.2.2 供油方接装油管时，要督促接装紧密牢固，以防渗漏。

5.2.3 检查加油舱管路阀门正确开启后，通知供油方开始供油。

5.2.4 开装后数分钟应测量受油柜，倾听该油柜装油管路的流油声，检查该油柜的透气孔的透气情况，确认油已正确地装入指定的油柜中。

5.2.5 在加油过程中，轮机长应负责采取油样(参照新加坡加油取样程序)，签字铅封在船保存不少于12个月。轮机长应在“燃油油样记录本”(FUEL SAMPLE LOGBOOK)中做好记录。在整个加油过程中要勤快准确测量，要注意装油引起船舶倾斜对测量的影响及可能造成油面首先封住透气管引起跑油的现象发生；注意装油速度是否合适，在必要时与供油方联系调整。

5.2.6 当受油柜中的油位已达到本柜的3/4时，应打开下一个受油柜的进口阀若干圈。受油柜的加油量一般不得超过其舱容的85%，最大加油量不得超过其舱容的90%。

5.2.7 换装油柜时，应先全开下一个受油柜的进口阀，然后关闭正在装油的受油柜的进口阀，次序不得颠倒。

5.2.8 在寒冷天气装油时，应适当加温，防止油入柜后温度下降，影响流动性和测量，导致跑油。

5.2.9 抽吸桶装润滑油时，应注意督促供油方尽可能抽空。

5.2.10 轮机长必须组织主管轮机员和其他人员，在加油全过程中进行现场监装。

5.3 加油完毕后

5.3.1 加装完毕后，轮机长和主管轮机员与供油方代表一起测量供方油驳的所有舱柜、记录流量计，并按温度、比重计算出剩余量，确认供油量。

5.3.2 待受油柜中的油气稳定后，测量本船的存油量，计算实际受油数字。

5.3.3 双方确认数字相符后，轮机长在供油方提供的加油收据上签字，加油单据在船保存3年，并将有关内容填入“油类记录簿”。

5.3.4 如受油数量发生争议，轮机长应与供方代表交涉并报告船长，在加油单据上批注实际受油量，并注明有争议。事后轮机长应及时将争议的起因过程和处理情况，写出详细的书面报告立即报公司。

5.3.5　轮机长应将加油的有关细节记入“加油记录表”，记录表应记录接受燃油供应船舶的名称和 IMO 编号，加装港口、供应开始/结束日期、燃油供应商的名称、地址和电话号码、燃油品名，加装数量（以 t 计），15 ℃时的密度（根据 ISO 3675 试验，单位：kg/m^3）、燃油含硫量（根据 ISO 8754 试验，单位：%）以及燃油供应商的符合声明，燃油记录表必须经燃油供应商及轮机长签字确认。

6. 移油操作

6.1　主管轮机员制订并张贴“船用油移油操作方案图”和“燃油润滑油移油作业计划”。

6.2　移油作业计划的内容包括：作业时间、移油的舱柜、舱柜存油量、计划移油量、移油品种、使用的管系、阀门、泵浦、现场作业负责人、除油器具存放地点、安全防范措施和所在港口的规定。

6.3　燃油移油作业计划由主管轮机员编制，轮机长审定，报船长批准后，由主管轮机员实施；滑油移油作业由大管轮负责编制，轮机长审定，报船长批准后，由大管轮实施。

6.4　移油数量较大时，主管轮机员在制订移油作业计划前应与大副协商，合理选用舱柜。大副在制订配载计划，遇有必须进行移油作业才能满足安全要求的情况时，应与轮机长商定，由轮机长通知主管轮机员按照编制的计划作业。

7. 紧急情况

在加油或移油过程中如发生污染事故应按“船上油污应急计划”执行。

8. 记录

船舶加油工作计划；供、受油作业安全检查表；加油记录表；“燃油油样记录本”（FUEL SAMPLE LOGBOOK）。

9. 相关文件

“船上油污应急计划”；MARPOL 73/78 公约附则Ⅰ，Ⅵ。

参考文献

[1] 中国海事服务中心. 船舶管理[M]. 大连：大连海事大学出版社，2012.
[2] 许乐平. 船舶管理[M]. 大连：大连海事大学出版社，2000.
[3] 刘万鹤. 船舶管理[M]. 北京：人民交通出版社，2002.
[4] 方泉根. 驾驶台资源管理[M]. 北京：人民交通出版社，2006.
[5] 蒋德志，李品芳. 机舱资源管理[M]. 大连：大连海事大学出版社，2011.
[6] 詹玉龙，张兴芝. 轮机长业务[M]. 大连：大连海事大学出版社，2007.
[7] Raymond A. Noe. Human Resource Management[M]. 北京：中国人民大学出版社，2011.
[8] Stephen P. Robbins. Fundamentals of Management[M]. 北京：中国人民大学出版社，2013.
[9] 葛玉飞，王方华. 人力资源管理[M]. 北京：清华大学出版社，2012.
[10] 关培兰. 组织行为学[M]. 北京：中国人民大学出版社，2011.
[11] Petersen D. Human Error Reduction and Safety Management[M]. John wiley & Sons Inc，1996.
[12] 付玉惠. 海事事故中人为失误的作用机理[J]. 大连海事大学学报，2004，30(3)：106-108，112.
[13] Parker Tony W.，Hubinger Lyle M.，Green S.，etl. A Survey of the Health，Stress and Fatigue of Australian Seafarers. Australian Maritime Safety Authority，1997.
[14] 海安论坛. www. safetysea. org，2007-06-01.
[15] 王仕军. 某公司船舶主柴油机故障人为因素分析与评价[D]. 上海：上海海事大学，2010.
[16] 哈佛商学院出版公司. 时间管理[M]. 胡浩，译. 北京：商务印书馆，2009.
[17] 哈佛商学院出版公司. 压力管理[M]. 王春颖，译. 北京：商务印书馆，2011.
[18] 哈佛商学院出版公司. 团队管理[M]. 王春颖，译. 北京：商务印书馆，2009.